新唐書

四部備要

史部

上海中華書局據武英殿本校刊

桐鄉　陸費逵總勘

杭縣　高時顯　吳汝霖輯校

杭縣　丁輔之監造

唐書卷四十六

宋 翰 林 學 士 歐 陽 修 撰

志第三十六

百官志

唐之官制其名號祿秩雖因時增損而大抵皆沿隋故其官司之別曰省曰臺曰寺曰監曰衞曰府各統其屬以分職定位其辨貴賤敘勞能則有品有爵有勳有階以時考覈而升降之所以任羣材治百事其爲法則精而密其施於事則簡而易行所以然者由職有常守而位有常員也方唐之盛時其制如此蓋其始未嘗不欲立制度明紀綱爲萬世法而常至於交侵紛亂者由其時君不能愼守而徇一切之苟且故其事愈繁而官益冗至失其職業而卒不能復初太宗省內外官定制爲七百三十員曰吾以此待天下賢材足矣然是時已有員外置其後又有特置同正員至於檢校兼守判知之類皆非本制又有置使之名或因事而置事已則罷或遂置而不廢其名類繁多莫能徧舉自中世已

後盜起兵興又有軍功之官遂不勝其濫矣故採其綱目條理可爲後法及事雖非正後世遵用因仍而不能改者著于篇宰相之職佐天子總百官治萬事其任重矣然自漢以來位號不同而唐世宰相名尤不正初唐因隋制以三省之長中書令侍中尚書令共議國政此宰相職也其後以太宗嘗爲尚書令臣下避不敢居其職由是僕射爲尚書省長官與侍中中書令號爲宰相其品位既崇不欲輕以授人故常以他官居宰相職而假以他名自太宗時杜淹以吏部尚書參議朝政魏徵以祕書監參預朝政其後或曰參議得失參知政事之類其名非一皆宰相職也貞觀八年僕射李靖以疾辭位詔疾小瘳三兩日一至中書門下平章事而平章事之名蓋起於此其後李勣以太子詹事同中書門下三品謂同侍中中書令也而同三品之名蓋起於此然二名不專用而佗官居職者猶假佗名如故自高宗以後爲宰相者必加同中書門下三品雖品高者亦然惟三公三師中書令則否其後改易官名而張文瓘以東臺侍郎同東西臺三品同三品入銜自文瓘始永淳元年以黃門侍郎郭待舉兵部侍郎

岑長倩等同中書門下平章事平章事入銜自待舉等始自是以後終唐之世不能改初三省長官議事于門下省之政事堂其後裴炎自侍中遷中書令乃徙政事堂於中書省開元中張說爲相又改政事堂號中書門下列五房于其後一曰吏房二曰樞機房三曰兵房四曰戶房五曰刑禮房分曹以主衆務焉宰相事無不統故不以一職名官自開元以後常以領他職實欲重其事而反輕宰相之體故時方用兵則爲節度使時崇儒學則爲大學士時急財用則爲鹽鐵轉運使又其甚則爲延資庫使至於國史太清宮之類其名頗多皆不足取法故不著其詳學士之職本以文學言語被顧問出入侍從因得參謀議納諫諍其禮尤寵而翰林院者待詔之所也唐制乘輿所在必有文詞經學之士下至卜醫伎術之流皆直於別院以備宴見而文書詔令則中書舍人掌之自太宗時名儒學士時時召以草制然猶未有名號乾封以後始號北門學士玄宗初置翰林待詔以張說陸堅張九齡等爲之掌四方表疏批答應和文章既而又以中書務劇文書多壅滯乃選文學之士號翰林供奉與集賢院學士分

掌制詔書敕開元二十六年又改翰林供奉爲學士別置學士院專掌內命凡拜免將相號令征伐皆用白麻其後選用益重而禮遇益親至號爲內相又以爲天子私人凡充其職者無定員自諸曹尚書下至校書郎皆得與選入院一歲則遷知制誥未知制誥者不作文書班次各以其官內宴則居宰相之下一品之上憲宗時又置學士承旨唐之學士弘文集賢分隸中書門下省而翰林學士獨無所屬故附列於此云

三師三公

太師太傅太保各一人是爲三師太尉司徒司空各一人是爲三公皆正一品三師天子所師法無所總職非其人則闕三公佐天子理陰陽平邦國無所不統親王拜者不親事祭祀闕則攝隋廢三師貞觀十一年復置與三公皆不設官屬

尚書省尚書令一人正二品掌典領百官其屬有六尚書一曰吏部二曰戶部三曰禮部四曰兵部五曰刑部六曰工部六尚書兵部吏部爲前行刑部戶部爲中行工部禮部爲後行行總四司以本行爲頭司餘爲子司庶務皆會決焉凡上之逮下其制有六一曰制二曰勑三曰冊天

子用之四曰令皇太子用之五曰教親王公主用之六曰符省下於州州下於縣縣下於鄉下之達上其制有六一曰表二曰狀三曰牋四曰啓五曰辭六曰牒諸司相質其制有三一曰關二曰刺三曰移凡授內外百司之事皆印其發日爲程一曰受二曰報諸州計奏達京師以事大小多少爲之節凡符移關牒必遣於都省乃下天下大事不決者皆上尚書省凡制敕計奏之數省符宣告之節以歲終爲斷龍朔二年改尚書省曰中臺廢尚書令尚書曰太常伯侍郎曰少常伯光宅元年改尚書省曰文昌臺俄曰文昌都省垂拱元年曰都臺長安三年曰中臺

左右僕射各一人從二品掌統理六官爲令之貳令闕則總省事劾御史糾不當者龍朔二年改左右僕射曰左右匡政光宅元年曰文昌左右相開元元年曰左右丞相天寶元年復

左丞一人正四品上右丞一人正四品下掌辨六官之儀糾正省內劾御史舉不當者吏部戶部禮部左丞總焉兵部刑部工部右丞總焉郎中各一人從五品上員外郎各一人從六品上掌付諸司之務舉稽違署符目知宿直爲丞之貳以都事受事發辰察稽失監印給紙筆以主事令史書令史署覆文案出符

目以亭長啓閉傳禁約以掌固守當倉庫及陳設諸司皆如之隋尚書省諸司郎及承務郎各一人而廢左右司武德三年改諸司郎爲郎中承務郎爲員外郎貞觀元年復置左右司郎中龍朔元年改左右丞曰左右肅機郎中曰左右承務諸司郎中曰大夫永昌元年復置員外郎神龍元年省明年復置初有馹驛百人掌乘傳送符後廢

都事各六人從七品上主事各六人從八品下吏部考功禮部主書皆如之諸司主事從九品上有令史各十八人書令史各三十六人亭長各六人掌固各十四人

吏部尚書一人正三品侍郎二人正四品上郎中二人正五品上員外郎二人從六品上掌文選勳封考課之政以三銓之法官天下之材以身言書判德行才用勞效較其優劣而定其留放爲之注擬五品以上以名上而聽制授六品以下量資而任之其屬有四一曰吏部二曰司封三曰司勳四曰考功吏部郎中掌文官階品朝集祿賜給其告身假使一人掌選補流外官員外郎二人從六品上一人判南曹皆爲尚書侍郎之貳凡文官九品有正有從自正四品以下有上下爲三十等凡文散階二十九從一品曰開府儀同三司正二品曰特進從二品曰光祿大夫正三品曰金紫光祿大夫從三品曰銀青光祿大夫正

四品上曰正議大夫正四品下曰通議大夫從四品上曰太中大夫從四品下曰中大夫正五品上曰中散大夫正五品下曰朝議大夫從五品上曰朝請大夫從五品下曰朝散大夫正六品上曰朝議郎正六品下曰承議郎從六品上曰奉議郎從六品下曰通直郎正七品上曰朝請郎正七品下曰宣德郎從七品上曰朝散郎從七品下曰宣義郎正八品上曰給事郎正八品下曰徵事郎從八品上曰承奉郎從八品下曰承務郎正九品上曰儒林郎正九品下曰登仕郎從九品上曰文林郎從九品下曰將仕郎自四品皆番上於吏部不上者歲輸資錢三品以上六百六品以下一千水旱蟲霜減半資有文藝樂京上者每州七人六十不樂簡選者罷輸勳官亦如之以征鎮功得護軍以上者納資減三之一凡流外九品取其書計時務其校試銓注與流內略同謂之小選吏部主事四人司封主事二人司勳主事四人考功主事三人武德五年改選部曰吏部七年省侍郎貞觀二年復置龍朔元年改吏部曰司列主爵曰司封考功曰司績武后光宅元年改吏部曰天官垂拱元年改主爵曰司封天寶十一載改吏部曰文部至德二載復舊有吏部令史三十人書令史六十人制書令史十四人甲庫令史十一人亭長八人掌固十二人司封令史四人書令史九人掌固四人司勳

令史三十三人書令史六十七人掌固四人
考功令史十五人書令史三十人掌固四人

司封郎中一人從五品上員外郎一人從六品上諸郎中員外郎品皆如之掌封命朝會賜予之級凡爵九等一曰王食邑萬戶正一品二曰嗣王郡王食邑五千戶從一品三曰國公食邑三千戶從一品四曰開國郡公食邑二千戶正二品五曰開國縣公食邑千五百戶從二品六曰開國縣侯食邑千戶從三品七曰開國縣伯食邑七百戶正四品上八曰開國縣子食邑五百戶正五品上九曰開國縣男食邑三百戶從五品上皇兄弟皇子皆封國爲親王皇太子子爲郡王親王之子承嫡者爲嗣王諸子爲郡公以恩進者封郡王襲郡王嗣王者封國公皇姑爲大長公主正一品姊爲長公主女爲公主皆視一品皇太子女爲郡主從一品親王女爲縣主從二品凡王公十五以上預朝集宗親女婦諸王長女月二參內命婦一品母爲正四品郡君二品母爲從四品郡君三品四品母爲正五品縣君凡諸王公主外戚之家卜祝占相不入門王妃公主郡縣主嫠居有子者不再嫁凡外命婦有六王嗣王郡王之母妻爲妃文武官一

品國公之母妻爲國夫人三品以上母妻爲郡夫人四品母妻爲郡君五品母妻爲縣君勳官四品有封者母妻爲鄉君凡外命婦朝參視夫子之品諸蕃三品以上母妻授封以制流外技術官不封母妻親王孺人二人視正五品媵十人視從六品二品媵八人視正七品國公及三品媵六人視從七品四品媵四人視正八品五品媵三人視從八品凡置媵上其數補以告身散官三品以上皆置媵凡封戸三丁以上爲率歲租三之一入于朝廷食實封者得真戸分食諸州皇后諸王公主食邑皆有課戸名山大川畿內之地皆不以封

司勳郎中一人員外郎二人掌官吏勳級凡十有二轉爲上柱國視正二品十有一轉爲柱國視從二品十轉爲上護軍視正三品九轉爲護軍視從三品八轉爲上輕車都尉視正四品七轉爲輕車都尉視從四品六轉爲上騎都尉視正五品五轉爲騎都尉視從五品四轉爲驍騎尉視正六品三轉爲飛騎尉視從六品二轉爲雲騎尉視正七品一轉爲武騎尉視從七品凡以功授者覆實然後奏擬戰功則計殺獲之數堅城苦戰功第一者三轉出少擊多曰上陣兵

數相當曰中陣出多擊少曰下陣矢石未交陷堅突衆敵因而敗者曰跳盪殺獲十之四曰上獲十之二曰中獲十之一曰下獲凡酬功之等見任前資常選曰上資文武散官衞官勳官五品以上曰次資五品以上子孫上柱國柱國子勳官六品以下曰下資白丁衞士曰無資跳盪人上資加二階次資下資無資以次降凡上陣上獲五轉中獲四轉下獲三轉第二第三等遞降焉中陣之上獲眡上陣之中獲中獲眡上陣之下獲下獲兩轉下陣之上獲眡中陣之中獲中獲眡中陣之下獲下獲一轉破蠻獠上陣上獲比兩番降二轉凡勳官九百人無職任者番上於兵部眡遠近爲十二番以彊幹者爲番頭留宿衞者爲番月上外州分五番主城門倉庫執刀上柱國以下番上四年驍騎尉以下番上五年簡於兵部授散官不第者五品以上復番上四年六品以下五年簡如初再不中者十二年則番上六年八年則番上四年勳至上柱國有餘則授周以上親無者賜物太常音聲人得五品以上勳非征討功不除簿諸州授勳人歲第勳之高下三月一報戶部有蠲免必驗

考功郎中員外郎各一人掌文武百官功過善惡之考法及其行狀若死而傳於史官諡于太常則以其行狀質其當不其欲銘于碑者則會百官議其宜述者以聞報其家其考法凡百司之長歲較其屬功過差以九等大合衆而讀之流內之官敘以四善一曰德義有聞二曰清慎明著三曰公平可稱四曰恪勤匪懈善狀之外有二十七最一曰獻可替否拾遺補闕爲近侍之最二曰銓衡人物擢盡才良爲選司之最三曰揚清激濁褒貶必當爲考校之最四曰禮制儀式動合經典爲禮官之最五曰音律克諧不失節奏爲樂官之最六曰決斷不滯與奪合理爲判事之最七曰部統有方警守無失爲宿衞之最八曰兵士調習戎裝充備爲督領之最九曰推鞫得情處斷平允爲法官之最十曰讎校精審明於刊定爲校正之最十一曰承旨敷奏吐納明敏爲宣納之最十二曰訓導有方生徒克業爲學官之最十三曰賞罰嚴明攻戰必勝爲軍將之最十四曰禮義興行肅清所部爲政教之最十五曰詳錄典正詞理兼舉爲文史之最十六曰訪察精審彈舉必當爲糾正之最十七曰明於勘覆稽失無隱爲句

檢之最十八曰職事脩理供承彊濟爲監掌之最十九曰功課皆充丁匠無怨爲役使之最二十曰耕耨以時收穫成課爲屯官之最二十一曰謹於蓋藏明於出納爲倉庫之最二十二曰推步盈虛究理精密爲曆官之最二十三曰占候醫卜效驗多者爲方術之最二十四曰檢察有方行旅無壅爲關津之最二十五曰市廛弗擾姦濫不行爲市司之最二十六曰牧養肥碩蕃息孳多爲牧官之最二十七曰邊境清肅城隍脩理爲鎮防之最一最四善爲上上一最三善爲上中一最二善爲上下無最而有二善爲中上無最而有一善爲中中職事粗理善最不聞爲中下愛憎任情處斷乖理爲下上背公向私職務廢闕爲下中居官飾詐貪濁有狀爲下下凡定考皆集於尚書省唱第然後奏親王及中書門下京官三品以上都督刺史都護節度觀察使則奏功過狀以覈考行之上下每歲尚書省諸司具州牧刺史縣令殊功異行災蝗祥瑞戶口賦役增減盜賊多少皆上於考司監領之官以能撫養役使者爲功有耗亡者以十分爲率一分爲一殿博士助教計講授多少爲差親勳翊衛以行能功過爲三等

親勳翊衛備身東宮親勳翊衛備身王府執仗親事執乘親事及親勳翊衛主帥校尉直長品子雜任飛騎皆上中下考有二上第者加階番考別爲簿以侍郎顓掌之流外官以行能功過爲四等清謹勤公爲上執事無私爲中不勤其職爲下貪濁有狀爲下下凡考中上以上每進一等加祿一季中中守本祿中下以下每退一等奪祿一季中品以下四考皆中中者進一階一中上考復進一階一上下考進二階計當進而參有下考者以一中上覆一中下以一上下覆二中下上中以上雖有下考從上第有下下考者解任凡制勑不便有執奏者進其考貞觀初歲定京官望高者二人分校京官外官考給事中中書舍人各一人涖之號監中外官考使考功郎中判京官考員外郎判外官考其後屢置監考校考知考使故事考簿朱書吏緣爲姦咸通十四年始以墨

戸部尚書一人正三品侍郎二人正四品下掌天下土地人民錢穀之政貢賦之差其屬有四一曰戸部二曰度支三曰金部四曰倉部戸部郎中員外郎掌戸口土田賦役貢獻蠲免優復婣婚繼嗣之事以男女之黃小中丁老爲之帳

籍以永業口分園宅均其土田以租庸調斂其物以九等定天下之戶以爲尚書侍郎之貳其後以諸行郎官判錢穀而戶部度支郎官失其職矣會昌二年著令以本行郎官分判錢穀戶部巡官二人主事四人度支主事二人金部主事三人倉部主事三人高宗即位改民部曰戶部龍朔三年改戶部曰司元度支曰司度金部曰司珍倉部曰司庾光宅元年改戶部曰地官天寶十一載改金部曰司金倉部曰司儲有戶部令史十七人書令史三十四人計史一人亭長六人掌固十人度支令史十六人書令史三十三人計史一人掌固四人金部主事三人令史十人書令史二十一人計史一人掌固四人倉部令史十二人書令史二十三人計史一人掌固四人

度支郎中員外郎各一人掌天下租賦物產豐約之宜水陸道涂之利歲計所出而支調之以近及遠與中書門下議定乃奏

金部郎中員外郎各一人掌天下庫藏出納權衡度量之數兩京市互市和市宮市交易之事百官軍鎮蕃客之賜及給宮人王妃官奴婢衣服

倉部郎中員外郎各一人掌天下軍儲出納租稅祿糧倉廩之事以木契百合諸司出給之數以義倉常平倉備凶年平穀價

禮部尚書一人正三品侍郎一人正四品下掌禮儀祭享貢舉之政其屬有四

一曰禮部二曰祠部三曰膳部四曰主客禮部郎中員外郎掌禮樂學校衣冠符印表疏圖書册命祥瑞鋪設及百官宮人喪葬贈賻之數爲尙書侍郎之貳五禮之儀一曰吉禮二曰賓禮三曰軍禮四曰嘉禮五曰凶禮凡齊衰心喪以上奪情從職及周喪未練大功未葬皆不預宴大功以上喪受册涖官鼓吹從而不作戎事則否凡朝晚入失儀御史錄名奪俸三奪者奏彈凡出蕃册授弔贈者給衣冠皇帝巡幸兩京文武官職事五品以上月朔以表參起居近州刺史遣使一參留守月遣使起居北都則四時遣使起居諸司奏大事者前期三日具狀長官躬署對仗伏奏仗下中書門下涖讀河南太原府父老每歲上表願駕幸遣使以聞駕在都則京兆府亦如之凡景雲慶雲爲大瑞其名物六十有四白狼赤兔爲上瑞其名物三十有八蒼烏朱鴈爲中瑞其名物三十有二嘉禾芝草木連理爲下瑞其名物十四大瑞則百官詣闕奉賀餘瑞歲終員外郎以聞有司告廟凡喪二品以上稱薨五品以上稱卒自六品達于庶人稱死皇親三等以上喪舉哀有司帳具給食諸蕃首領喪則主客鴻臚月奏禮部主

事二人祠部主事二人膳部主事二人主客主事二人武德三年改儀曹郎曰禮部郎中司藩郎曰主客郎中龍朔二年改禮部曰司禮祠部曰司禋膳部曰司膳光宅元年改禮部曰春官有禮部令史五人書令史十三人亭長六人掌固八人祠部令史六人書令史十三人掌固四人主客令史四人書令史九人掌固四人

祠部郎中員外郎各一人掌祠祀享祭天文漏刻國忌廟諱卜筮醫藥僧尼之事珠玉珍寶供祭者不求於市駕部比部歲會牲之死亡輸皮於太府郊祭酒醴脯醢黍稷果實所司長官封署以供兩京及磧西諸州火祆歲再祀而禁民祈祭凡巡幸路次名山大川聖帝明王名臣墓州縣以官告祭二王後享廟則給牲牢祭器而完其帷帟几案主客以四時省問凡國忌廢務日內教太常停習樂兩京文武五品以上及清官七品以上行香於寺觀凡名醫子弟試療病長官涖覆三年有驗者以名聞

膳部郎中員外郎各一人掌陵廟之牲豆酒膳諸司供奉口味躬鐍其舉乃遣進胙亦如之非大禮大慶不獻食不進口味凡羊至廚而乳者釋之長生大齋日尚食進蔬食釋所殺羊爲長生供奉凡獻食進口味不殺犢尚食有猝須別

索必奏覆月終而會之凡尚食進食以種取而別嘗之殿中省主膳上食於諸陵以番上下四時遣食醫主食各一人涖之

主客郎中員外郎各一人掌二王後諸蕃朝見之事二王後子孫視正三品酅公歲賜絹三百米粟亦如之介公減三之一殊俗入朝者始至之州給牒覆其人數謂之邊牒蕃州都督刺史朝集日視品給以衣冠袴褶乘傳者日四驛乘驛者六驛供客食料以四時輸鴻臚季終句會之客初至及辭設會第一等視三品第二等視四品第三等視五品蕃望非高者視散官而減半參日設食路由大海者給祈羊豕皆一西南蕃使還者給入海程糧西北諸蕃則給度磧程糧蕃客請宿衞者奏狀貌年齒突厥使置市坊有貿易錄奏為質其輕重太府丞一人涖之蕃王首領死子孫襲初授官兄弟子降一品兄弟子代攝者嫡年十五還以政使絕域者還上聞見及風俗之宜供饋贈貺之數

兵部尚書一人正三品侍郎二人正四品下掌武選地圖車馬甲械之政其屬有四一曰兵部二曰職方三曰駕部四曰庫部凡將出征告廟授斧鉞軍不從

令大將專決還日具上其罪凡發兵降勅書於尚書尚書下文符放十人發十
馬軍器出十皆不待勅衛士番直發一人以上必覆奏諸蕃首領至則備威儀
郊導凡俘馘酬以絹入鈔之俘歸於司農郎中一人判帳及武官階品衛府衆
寡校考給告身之事一人判簿及軍戎調遣之名數朝集祿賜假告之常員外
郎一人掌貢舉雜請一人判南曹歲選解狀則覈簿書資歷考課皆爲尚書侍
郎之貳武散階四十有五從一品曰驃騎大將軍正二品曰輔國大將軍從二
品曰鎮軍大將軍正三品上曰冠軍大將軍懷化大將軍正三品下曰懷化將
軍從三品上曰雲麾將軍歸德大將軍從三品下曰歸德將軍正四品上曰忠
武將軍正四品下曰壯武將軍懷化中郎將從四品上曰宣威將軍從四品下
曰明威將軍歸德中郎將正五品上曰定遠將軍正五品下曰寧遠將軍懷化
郎將從五品上曰游騎將軍從五品下曰游擊將軍歸德郎將正六品上曰昭
武校尉正六品下曰昭武副尉懷化司階從六品上曰振威校尉從六品下曰
振威副尉歸德司階正七品上曰致果校尉正七品下曰致果副尉懷化中候

從七品上曰翊麾校尉從七品下曰翊麾副尉歸德中候正八品上曰宣節校尉正八品下曰宣節副尉懷化司戈從八品上曰禦侮校尉從八品下曰禦侮副尉歸德司戈正九品上曰仁勇校尉正九品下曰仁勇副尉懷化執戟長上從九品上曰陪戎校尉從九品下曰陪戎副尉歸德執戟長上自四品以上皆番上於兵部以遠近爲八番三月以上三千里外者免番輸資如文散官唯追集乃上六品以下尙書省送符懷化大將軍歸德大將軍配諸衞上下餘直諸衞爲十二番皆月上忠武將軍以下游擊將軍以上每番閱彊毅者直諸衞番滿有將略者以名聞兵部主事四人職方主事二人駕部主事二人庫部主事二人龍朔二年改兵部曰司戎職方曰司城駕部曰司輿庫部曰司庫光宅元年改兵部曰夏官天寶十一載曰武部駕部曰司駕有兵部令史三十人書令史六十人制書令史十三人甲庫令史十三人亭長八人掌固十二人職方令史四人書令史九人掌固四人駕部令史十人書令史二十四人掌固四人庫部令史七人書令史十五人掌固四人

職方郎中員外郎各一人掌地圖城隍鎭戍烽候防人道路之遠近及四夷歸化之事凡圖經非州縣增廢五年乃脩歲與版籍偕上凡蕃客至鴻臚訊其國

山川風土爲圖奏之副上於職方殊俗入朝者圖其容狀衣服以聞
駕部郎中員外郎各一人掌輿輦車乘傳驛廐牧馬牛雜畜之籍凡給馬者一品八匹二品六匹三品五匹四品五品四匹六品三匹七品以下二匹給傳乘者一品十馬二品九馬三品八馬四品五品四馬六品七品二馬八品九品一馬三品以上勅召者給四馬五品三馬六品以下有差凡驛馬給地四頃蒔以苜蓿凡三十里有驛驛有長舉天下四方之所達爲驛千六百三十九阻險無水草鎮戍者視路要隙置官馬水驛有舟凡傳驛馬驢每歲上其死損肥瘠之數
庫部郎中員外郎各一人掌戎器鹵簿儀仗元日冬至陳設祠祀喪葬辨其名數而供焉凡戎器色別而異處以衛尉幕士暴涼之京衛旗畫蹲獸立禽行幸則給飛走旗凡諸衛儀仗以御史涖其庋掌武庫器仗則兵部長官涖其脩完京官五品以上征行者假甲纛旗幡矟諸衛給弓千牛給甲
刑部尚書一人正三品侍郎一人正四品下掌律令刑法徒隸按覆讞禁之政

其屬有四一曰刑部二曰都官三曰比部四曰司門刑部郎中員外郎掌律法按覆大理及天下奏讞爲尚書侍郎之貳凡刑法之書有四一曰律二曰令三曰格四曰式凡鞫大獄以尚書侍郎與御史中丞大理卿爲三司使凡國有大赦集囚徒于闕下以聽刑部主事四人都官主事二人比部主事四人司門主事二人龍朔二年改刑部曰司刑都官曰司僕比部曰司計司門曰司關光宅元年改刑部曰秋官天寶十一載改刑部曰司憲比部曰司計有刑部令史十九人書令史三十八人亭長六人掌固十人都官令史九人書令史十二人掌固四人比部令史十四人書令史二十七人計史一人掌固四人司門令史六人書令史十三人掌固四人

都官郎中員外郎各一人掌俘隸簿錄給衣糧醫藥而理其訴免凡反逆相坐沒其家配官曹長役爲官奴婢一免者一歲三番役再免爲雜戶亦曰官戶二歲五番役每番皆一月三免爲良人六十以上及廢疾者爲官戶七十爲良人每歲孟春上其籍自黃口以上印臂仲冬送於都官條其生息而按比之樂工獸醫騙馬調馬羣頭栽接之人皆取焉附貫州縣者按比如平民不番上歲督丁資爲錢一千五百丁婢中男五輸其一侍丁殘疾半輸凡居作者差以三等

四歲以上爲小十一以上爲中二十以上爲丁丁奴三當二役中奴丁婢二當一役中婢三當一役

比部郎中員外郎各一人掌句會內外賦斂經費俸祿公廨勳賜贓贖徒役課程逋欠之物及軍資械器和糴屯收所入京師倉庫三月一比諸司諸使京都四時句會於尚書省以後季句前季諸州則歲終總句焉

司門郎中員外郎各一人掌門關出入之籍及闌遺之物凡著籍月一易之流內記官爵姓名流外記年齒貌狀非遷解不除凡有名者降墨勑勘銅魚木契然後入監門校尉巡日送平安凡奏事遣官送之晝題時刻夜題更籌命婦諸親朝參者內侍監校尉涖索凡輦輿車不入宮門闌遺之物揭於門外牓以物色朞年沒官天下關二十六有上中下之差度者本司給過所出塞踰月者給行牒獵手所過給長籍三月一易蕃客往來閱其裝重入一關者餘關不譏

工部尚書一人正三品侍郎一人正四品下掌山澤屯田工匠諸司公廨紙筆墨之事其屬有四一曰工部二曰屯田三曰虞部四曰水部工部郎中員外郎

各一人掌城池土木之工役程式爲尙書侍郎之貳凡京都營繕皆下少府將作共其用役千功者先奏凡工匠以州縣爲團五人爲火五火置長一人四月至七月爲長功二月三月八月九月爲中功十月至正月爲短功雇者日爲絹三尺內中尙巧匠無作則納資凡津梁道路治以九月工部主事三人屯田主事二人虞部主事二人水部主事二人武德三年改起部曰工部龍朔二年曰司平屯田曰司田虞部曰司虞水部曰司川光宅元年改工部曰冬官天寶十一載改虞部曰司虞水部曰司水工部有令史十二人書令史二十一人計史一人亭長六人掌固八人屯田令史七人書令史十二人計史一人掌固四人虞部令史四人書令史九人掌固四人水部令史四人書令史九人掌固四人

屯田郎中員外郎各一人掌天下屯田及京文武職田諸司公廨田以品給焉

虞部郎中員外郎各一人掌京都衢衕苑囿山澤草木及百官蕃客時蔬薪炭供頓畋獵之事每歲春以戶小兒戶婢仗內蒔種溉灌冬則謹其蒙覆凡郊祠神壇五岳名山樵採芻牧皆有禁距壝三十步外得耕種春夏不伐木京兆河南府三百里內正月五月九月禁弋獵山澤有寶可供用者以聞

水部郎中員外郎各一人掌津濟船艫渠梁堤堰溝洫漁捕運漕碾磑之事凡

坑陷井穴皆有標京畿有渠長斗門長諸州堤堰刺史縣令以時檢行而涖其
決築有埭則以下戶分牽禁爭利者

唐書卷四十六

唐書卷四十六考證

百官志一兵部正三品下曰懷化將軍○舊書無

都官六十以上及廢疾者爲官戶○舊書作蕃戶

唐書卷四十六考證

唐書卷四十七

宋 翰 林 學 士 歐 陽 修 撰

志第三十七

百官志

門下省侍中二人正二品掌出納帝命相禮儀凡國家之務與中書令參總而顓判省事下之通上其制有六一曰奏鈔以支度國用授六品以下官斷流以下罪及除免官用之二曰奏彈三曰露布四曰議五曰表六曰狀自露布以上乃審其餘覆奏畫制可而授尚書省行幸則負寶以從版奏中嚴外辦還宮則請降輅解嚴皇帝齋則請就齋室將奠則奉玉幣盥則奉匜取盤酌罍水贊洗酌泛齊受虛爵進福酒皆左右其儀饗宗廟進瓚而贊酌鬱酒既祼贊酌醴齊籍田則奉耒四夷朝見則承詔勞問臨軒命使冊皇后皇太子則承詔降宣命慰問聘召則泚封題發驛遣使則給魚符凡官爵廢置刑政損益授之史官既書復泚其記注職事官六品以下進擬則審其稱否而進退之武德元年改侍內曰納言三年

曰侍中龍朔二年改門下省曰東臺侍中曰左相武后光宅元年曰納言垂拱元年改門下省曰鸞臺開元元年曰黃門省侍中曰監天寶元年曰左相

門下侍郎二人正三品掌貳侍中之職大祭祀則從盥則奉巾既帨奠巾奉匏爵贊獻元日冬至奏天下祥瑞侍中闕則涖封符券給傳驛龍朔二年改黃門侍郎曰東臺侍郎武后垂拱元年曰鸞臺侍郎天寶元年曰門下侍郎乾元元年曰黃門侍郎大曆二年復舊

左散騎常侍二人正三品下掌規諷過失侍從顧問隋廢散騎常侍貞觀元年復置十七年爲職事官顯慶二年分左右隸門下中書省皆金蟬珥貂左散騎與侍中爲左貂右散騎與中書令爲右貂謂之八貂龍朔二年曰侍極

左諫議大夫四人正四品下掌諫諭得失侍從贊相武后垂拱二年有魚保宗者上書請置匭以受四方之書乃鑄銅匭四塗以方色列于朝堂青匭曰延恩在東告養人勸農之事者投之丹匭曰招諫在南論時政得失者投之白匭曰伸冤在西陳抑屈者投之黑匭曰通玄在北告天文祕謀者投之以諫議大夫補闕拾遺一人充使知匭事御史中丞侍御史一人爲理匭使其後同爲一匭天寶九載玄宗以匭聲近鬼改理匭使爲獻納使至德元年復舊寶應元年命中書門下擇正直清白官一人知匭以給事中中書舍人爲理匭使建中二年

以御史中丞爲理匭使諫議大夫一人爲知匭使投匭者使先驗副本開成三年知匭使李中敏以爲非所以廣聽明而慮幽枉也乃奏罷驗副封武德元年置諫議大夫龍朔二年曰正諫大夫貞元四年分左右

給事中四人正五品上掌侍左右分判省事察弘文館繕寫讎校之課凡百司奏抄侍中既審則駁正違失詔勅不便者塗竄而奏還謂之塗歸季終奏駁正之目凡大事覆奏小事署而頒之三司詳決失中則裁其輕重發驛遣使則與侍郎審其事宜六品以下奏擬則校功狀殿最行藝非其人則白侍中而更焉與御史中書舍人聽天下冤滯而申理之門下省有錄事四人從七品上主事四人從八品下有令史二十二人書令史四十三人甲庫令史十三人能書一人傳制二人亭長六人掌固十四人脩補制勅匠五人裝潢一人起居郎領令史三人贊者六人武德三年改給事郎曰給事中

左補闕六人從七品上左拾遺六人從八品上掌供奉諷諫大事廷議小則上封事武后垂拱元年置補闕拾遺左右各二員

起居郎二人從六品上掌錄天子起居法度天子御正殿則郎居左舍人居右

有命俯陛以聽退而書之季終以授史官貞觀初以給事中諫議大夫兼知起居注或知起居事每仗下議政事起居郎一人執筆記錄于前史官隨之其後復置起居舍人分侍左右秉筆隨宰相入殿若仗在紫宸內閤則夾香案分立殿下直第二螭首和墨濡筆皆即坳處時號螭頭高宗臨朝不決事有所奏唯辭見而已許敬宗李義府爲相奏請多畏人之知也命起居郎舍人對仗承旨仗下與百官皆出不復聞機務矣長壽中宰相姚璹建議仗下後宰相一人錄軍國政要爲時政紀月送史館然率推美讓善事非其實未幾亦罷而起居郎猶因制勅稍稍筆削以廣國史之闕起居舍人本記言之職唯編詔書不及宅事開元初復詔修史官非供奉者皆隨仗而入位於起居郎舍人之次及李林甫專權又廢太和九年詔入閤日起居郎舍人具紙筆立螭頭下復貞觀故事有令史三人贊者六人貞觀三年置起居郎廢舍人龍朔二年曰左史天授元年亦如之

典儀二人從九品下掌贊唱及殿中版位之次侍中版奏中嚴外辦亦贊焉隋謁者臺有典儀武德五年復置隸門下省

城門郎四人從六品上掌京城皇城宮殿諸門開闔之節奉管鑰而出納之開則先外後內闔則先內後外啓閉有時不以時則詣閤覆奏有令史二人書令史二人武德五年置門僕八百人番上送管鑰

符寶郎四人從六品上掌天子八寶及國之符節有事則請於內既事則奉而藏之大朝會則奉寶進于御座行幸則奉以從焉大事出符則藏其左而班其右以合中外之契兼以勅書小事則降符函封使合而行之凡命將遣使皆請旌節旌以顓賞節以顓殺有令史二人書令史三人主寶二人主符四人主節四人武后延載元年改符璽郎曰符寶郎開元元年亦曰符寶郎

弘文館學士掌詳正圖籍教授生徒朝廷制度沿革禮儀輕重皆參議焉武德四年置修文館于門下省九年改曰弘文館貞觀元年詔京官職事五品已上子嗜書者二十四人隸館習書出禁中書法以授之其後又置講經博士儀鳳中置詳正學士校理圖籍武德後五品以上曰學士六品以上曰直學士又有文學直館皆它官領之武后垂拱後以宰相兼領館務號館主給事中一人判館事神龍元年改弘文館曰昭文館以避孝敬皇帝之名二年曰修文館景龍二年置大學士四人以象四時學士八人以象八節直學士十二人以象十二時景雲中減其員數復爲昭文館開元七年曰弘文館置校書郎又有校理讎校錯誤等官長慶三年與詳正學士講經博士皆罷顓以五品以上曰學士六品以

下曰直學士未登朝爲直館

校書郎二人從九品上掌校理典籍刊正錯謬凡學生教授考試如國子之制有學生三十八人令史二人楷書十二人供進筆二人典書二人搨書手三人筆匠三人熟紙裝潢匠八人亭長二人掌固四人

中書省中書令二人正二品掌佐天子執大政而總判省事凡王言之制有七一曰冊書立皇后皇太子封諸王臨軒冊命則用之二曰制書大賞罰赦宥慮囚大除授則用之三曰慰勞制書褒勉贊勞則用之四曰發勅廢置州縣增減官吏發兵除免官爵授六品以上官則用之五曰勅旨百官奏請施行則用之六曰論事勅書戒約臣下則用之七曰勅牒隨事承制不易於舊則用之皆宣署申覆然後行焉大祭祀則相禮親征纂嚴則戒飭百官臨軒冊命則讀冊若命於朝則宣授而已冊太子則授璽綬凡制詔文章獻納以授記事之官武德三年改內書省曰中書省內書令曰中書令龍朔元年改中書省曰西臺中書令曰右相光宅元年改中書省曰鳳閣中書令曰內史開元元年改中書省曰紫微省中書令曰紫微令天寶元年曰右相至大曆五年紫微侍郎乃復爲中書侍郎

侍郎二人正三品掌貳令之職朝廷大政參議焉臨軒冊命爲使則持冊書授

之四夷來朝則受其表疏而奏之獻贄幣則受以付有司

舍人六人正五品上掌侍進奏參議表章凡詔旨制勅璽書冊命皆起草進畫既下則署行其禁有四一曰漏洩二曰稽緩三曰違失四曰忘誤制勅既行有誤則奏改之大朝會諸方起居則受其表狀大捷祥瑞百寮表賀亦如之冊命大臣則使持節讀冊命將帥有功及大賓客則勞問與給事中及御史三司鞫冤滯百司奏議考課皆預裁焉以久次者一人爲閤老判本省雜事又一人知制誥顓進畫給食于政事堂其餘分署制勅以六員分押尚書六曹佐宰相判案同署乃奏唯樞密遷授不預姚崇爲紫微令奏大事舍人爲商量狀與本狀皆下紫微令判二狀之是否然後乃奏開元初以宅官掌詔勅策命謂之兼知制誥肅宗即位又以宅官知中書舍人事兵興急於權便政去臺閣決遣顓出宰相自是舍人不復押六曹之奏會昌末宰相李德裕建議臺閣常務州縣奏請復以舍人平處可否先是知制誥率用前行正郎宣宗時選尚書郎爲之主書四人從七品上主事四人從八品下有令史二十三人書令史五十人能書四人蓄書譯語十人乘驛二十人傳制

十人亭長十八人掌固二十四人裝制勑匠一人修補制勑匠五十人掌函掌案各二十人

右散騎常侍二人右諫議大夫四人右補闕六人右拾遺六人掌如門下省

起居舍人二人從六品上掌修記言之史錄制誥德音如記事之制季終以授國史有楷書手四人典二人

通事舍人十六人從六品上掌朝見引納殿庭通奏凡近臣入侍文武就列則導其進退而贊其拜起出入之節蠻夷納貢皆受而進之軍出則受命勞遣既行則每月存問將士之家視其疾苦凱還則郊迓有令史十人典謁十人亭長十八人掌固二十四人武德四年廢謁者臺改通事謁者曰通事舍人

集賢殿書院學士直學士侍讀學士修撰官掌刊緝經籍凡圖書遺逸賢才隱滯則承旨以求之謀慮可施於時著述可行於世者考其學術以聞凡承旨撰集文章校理經籍月終則進課於內歲終則考最於外開元五年乾元殿寫四部書置乾元院使有刊正官四人以一人判事押院中使一人掌出入宣奏領中官監守院門知書官八人分掌四庫書六年乾元院更號麗正修書院置使及檢校官改修書官爲麗正殿直學士八年加文學直又加修撰校理刊正校勘官十一年置麗正院修書學士光順門外亦置書院十二年東都明福門外亦置麗正書院十三年

改麗正修書院爲集賢殿書院五品以上爲學士六品以下爲直學士宰相一人爲學士知院事常侍一人爲副知院事又置判院一人押院中使一人玄宗嘗選耆儒日一人侍讀以質史籍疑義至是置集賢院侍講學士侍讀直學士其後又增修撰官校理官待制官留院官知檢討官文學直之員募能書者爲書直及寫御書人其後亦以前資常選三衛散官五品以上子孫爲之又置畫直至十九年以書直畫直搨書有官者爲直院至德二年置大學士貞元初置編錄官四年罷大學士八年罷校理置校書四人正字二人元和二年復置集賢校理罷校書正字四年集賢御書院學士直學士皆用五品如開元故事以學士一人年高者判院事非登朝官者爲校理餘皆罷初太宗即位命京官五品以上更宿中書門下兩省以備訪問永徽中命弘文館學士一人日待制于武德殿西門文明元年詔京官五品以上清官日一人待制于章善明福門先天末又命朝集使六品以上二人隨仗待制永泰時勳臣罷節制無職事皆待制于集賢門凡十三人崔祐甫爲相建議文官一品以上更直待制其後著令正衙待制官日二人

校書四人正九品下正字二人從九品上有中使一人孔目官一人專知御書檢討八人知書官八人書直寫御書手九十人書直六人裝書直十四人造筆直四人搨書六人典四人

史館修撰四人掌修國史貞觀三年置史館於門下省以宅官兼領或卑位有才者亦以直館稱以宰相涖修撰又於中書省置秘書內省修五代史開元二十年李林甫以宰相監修國史建議以爲中書切密之地史官記事隸門下省疏遠於是諫議大夫史館修撰尹愔奏徙于中書省天寶後宅官兼史職者曰史館修撰初入爲直館元和六年宰相裴垍建議登朝官領史職者爲修撰以官高一人判館事未登朝官皆爲直館大中八年廢史館直館二員增修撰四人分掌四季有令史二人楷書十二人寫國史楷書十八人楷書手二十五人典書二人亭長二人掌固四人熟紙匠六人

祕書省監一人從三品少監二人從四品上丞一人從五品上監掌經籍圖書之事領著作局少監爲之貳（武德四年改少令曰少監龍朔二年改祕書省曰蘭臺監曰太史少監曰侍郎丞曰大夫祕書郎曰蘭臺郎武后垂拱元年祕書省曰麟臺太極元年曰祕書省有典書四人楷書十人令史四人書令史九人亭長六人掌固八人熟紙匠十人裝潢匠十人筆匠六人）

祕書郎三人從六品上掌四部圖籍以甲乙丙丁爲部皆有三本一曰正二曰副三曰貯凡課寫功程皆分判

校書郎十人正九品上正字四人正九品下掌讎校典籍刊正文章

著作局郎二人從五品上著作佐郎二人從六品上校書郎二人正九品上正字二人正九品下著作郎掌撰碑誌祝文祭文與佐郎分判局事（武德四年改著作曹曰局龍朔元年曰司文局郎曰郎中佐郎曰司文郎有楷書五人書令史一人書吏二人掌固四人）

司天臺監一人正三品少監二人正四品上丞一人正六品上主簿二人正七品上主事一人正八品下監掌察天文稽曆數凡日月星辰風雲氣色之異率其屬而占有通玄院以藝學召至京師者居之凡天文圖書器物非其任不得

與焉每季錄祥眚送門下中書省紀于起居注歲終上送史館歲頒曆于天下武德四年改太史監曰太史局隸秘書省七年廢監候龍朔二年改太史局曰秘書閣局令曰秘書閣郎中武后光宅元年改太史局曰渾天監不隸麟臺俄曰改曰渾儀監置副監及丞主簿改司辰師曰司辰長安二年渾儀監復曰太史局廢副監及丞隸麟臺如故改天文博士曰靈臺郎歷博士曰保章正景龍二年改太史局曰太史監不隸秘書省復置丞景雲元年又爲局隸秘書省踰月爲監歲中復爲局二年改曰渾儀監開元二年復曰太史監改令爲監置少監十四年太史監復爲局以監爲令而廢少監天寶元年太史局復爲監自是不隸秘書省乾元元年曰司天臺藝術人韓穎劉恆建議改令爲監置通玄院及主簿置五官監候及五官禮生十五人掌布諸壇神位五官楷書手五人掌寫御書有令史五人天文觀生九十人天文生五十人曆生五十五人初有天文博士二人正八品下曆博士一人從八品上司辰師五人正九品下裝書曆生掌候天文掌教習天文氣色掌寫御曆後皆省

春官夏官秋官冬官中官正各一人正五品上副正各一人正六品上掌司四時各司其方之變異冠加一星珠以應五緯衣從其方色元日冬至朔望朝會及大禮各奏方事而服以朝見乾元三年置五官正及副正

五官保章正二人從七品上五官監候三人正八品下五官司曆二人從八品上掌曆法及測景分至表準

五官靈臺郎各一人正七品下掌候天文之變五官挈壺正二人正八品上五

官司辰八人正九品上漏刻博士六人從九品下掌知漏刻凡孔壺爲漏浮箭爲刻以考中星昏明更以擊鼓爲節點以擊鐘爲節武后長安二年置挈壺正乾元元年與靈臺郎保章正司曆司辰皆加五官之名有漏刻生四十人典鐘典鼓三百五十人初有刻漏視品刻漏典事掌知刻漏檢校刻漏後皆省

殿中省監一人從三品少監二人從四品上丞二人從五品上監掌天子服御之事其屬有六局曰尚食尚藥尚衣尚乘尚舍尚輦少監爲之貳凡聽朝率屬執繖扇列于左右大朝會祭祀則進爵行幸則侍奉仗內驂乘百司皆納印而藏之大事聽焉有行從百司之印左右仗廄左曰奔星右曰內駒兩仗內又有六廄一曰左飛二曰右飛三曰左萬四曰右萬五曰東南內六曰西南內園苑有官馬坊每歲河隴羣牧進其良者以供御六閑馬以殿中監及尚乘主之武后萬歲通天元年置仗內六閑一曰飛龍二曰祥麟三曰鳳苑四曰鵷鸞五曰吉良六曰六羣亦號六廄以殿中丞檢校仗內閑廄以中官爲內飛龍使聖曆中置閑廄使以殿中監承恩遇者爲之分領殿中太僕之事而專掌輿輦牛馬自是宴游供奉殿中監皆不豫開元初閑廄馬至萬餘匹駱駝巨象皆養焉以

駝馬隸閑廄而尚乘局名存而已閑廄使押五坊以供時狩一曰鵰坊二曰鶻坊三曰鷂坊四曰鷹坊五曰狗坊侍御尚醫二人正六品上主事二人從九品上武德元年改殿內監曰殿中省龍朔二年曰中御府監曰大監丞曰大夫有令史四人書令史十二人左右仗千牛各十人掌固亭長各八人舊有天藏府開元二十二年省

進馬五人正七品上掌大陳設戎服執鞭居立仗馬之左視馬進退天寶八載罷南衙立仗馬因省進馬十二載復置乾元後又省大曆十四年復

尚食局奉御二人正五品下直長五人正七品上諸奉御直長品皆如之食醫八人正九品下奉御掌儲供直長爲之貳進御必辨時禁先嘗之饗百官賓客則與光祿視品秩而供凡諸陵月享視膳乃獻龍朔二年改尚食局曰奉膳局諸局奉御皆曰大夫有書令史二人書吏五人主食十六人主膳八百四十人掌固八人

尚藥局奉御二人直長二人掌和御藥診視凡藥供御中書門下長官及諸衛上將軍各一人與監奉御涖之藥成醫佐以上先嘗疏本方具歲月日涖者署奏餌日奉御先嘗殿中監次之皇太子又次之然後進御太常每季閱送上藥

而還其朽腐者左右羽林軍給藥飛騎萬騎病者頒焉龍朔二年改尚藥局曰奉醫局有按摩師四人呪禁師四人書令史二人書吏四人直官十人主藥十二人藥童三十人合口脂匠一人掌固四人

侍御醫四人從六品上掌供奉診候

司醫五人正八品下醫佐十人正九品下掌分療衆疾皆貞觀中置

尚衣局奉御二人直長四人掌供冕服几案祭祀則奉鎮圭於監而進于天子大朝會設案龍朔二年改尚衣局曰奉冕局有書令史三人書吏四人主衣十六人掌固四人

尚舍局奉御二人直長六人掌殿庭祭祀張設湯沐燈燭汎掃行幸則設三部帳幕有古帳大帳次帳小次帳小帳凡五等各三部其外則蔽以排城大朝會設黼扆施蹕席薰鑪朔望設幄而已龍朔二年改尚舍局曰奉扆局有書令史三人書吏七人掌固十人幕士八十人舊有給使百二十人掌供御湯沐燈燭雜使貞觀中省

尚乘局奉御二人直長十人掌內外閑廄之馬左右六閑一曰飛黃二曰吉良三曰龍媒四曰騊駼五曰駃騠六曰天苑凡外牧歲進良馬印以三花飛鳳之字飛龍廄日以八馬列宮門之外號南衙立仗馬仗下乃退大陳設則居樂縣

之北與象相次龍朔二年改尚乘局曰奉駕局有書令史六人書吏十四人直官二十人習馭五百人掌閑五千人典事五人獸醫七十人掌固四人習馭掌調六閑之馬掌閑掌飼六閑之馬治其乘具鞍轡典事掌六閑芻粟太宗置司廩司庫高宗置習馭獸醫

司廩司庫各一人正九品下掌六閑槀秸出納奉乘十八人正九品下掌飼習御馬

尚輦局奉御二人直長三人尚輦二人正九品下掌輿輦繖扇大朝會則陳于庭大祭祀則陳于廟皆繖二翰一扇一百五十有六既事而藏之常朝則去扇左右留者三龍朔二年改尚輦局曰奉輦局有書令史二人書吏四人七輦主輦各六人掌扇六十人掌翰三十人掌輦四十二人奉輦十五人掌固六人掌扇掌翰掌執繖扇紙筆硯雜供奉之事掌輦掌率主輦以供其事高宗置掌翰

內侍省監二人從三品少監二人內侍四人皆從四品上監掌內侍奉宣制令其屬六局曰掖庭宮闈奚官內僕內府內坊少監內侍爲之貳皇后親蠶則升壇執儀大駕出入爲夾引武德四年改長秋監曰內侍監內承奉曰內常侍內承直曰內給事龍朔二年改監爲省武后垂拱元年曰司宮臺天寶十三年置內侍監改內侍曰少監尋更置內侍有高品一千六百九十六人品官白身二千九百三十二人令史八人書令史十六人

內常侍六人正五品下通判省事

內給事十人從五品下掌承旨勞問分判省事凡元日冬至百官賀皇后則出入宣傳宮人衣服費用則具品秩計其多少春秋宣送于中書主事二人從九品下

內謁者監十人正六品下掌儀法宣奏承勅令及外命婦名帳凡諸親命婦朝會者籍其數上內侍省命婦下車則導至朝堂奏聞（唐廢內謁者局置內典引十八人掌諸親命婦朝參出入導引有內亭長六人掌固八人）

內謁者十二人從八品下掌諸親命婦朝集班位分涖諸門

內寺伯六人正七品下掌糺察宮內不法歲儺則莅出入

寺人六人從七品下掌皇后出入執御刀冗從

掖庭局令二人從七品下丞三人從八品下掌宮人簿帳女工凡宮人名籍司其除附公桑養蠶會其課業供奉物皆取焉婦人以罪配沒工縫巧者隸之無技能者隸司農諸司營作須女功者取於戶婢（有書令史四人書吏八人計史二人典事十人掌固四人計史掌料工程）

宮教博士二人從九品下掌教習宮人書算衆藝初內文學館隸中書省以儒學者一人爲學士掌教宮人武后如意元年改曰習藝館又改曰萬林內教坊尋復舊有內教博士十八人經學五人史子集綴文三人楷書二人莊老太一篆書律令吟詠飛白書弈碁各一人開元末館廢以內教博士以下隸內侍省中官爲之

監作四人從九品下掌監涖雜作典工役

宮闈局令二人從七品下丞二人從八品下掌侍宮闈出入管籥凡享太廟皇后神主出入則帥其屬輿之總小給使學生之籍給以糧稟有書令史三人書史六人內閽史二十人內掌扇十六人內給使無常員小給使學生五十人掌固四人凡無官品者號曰內給使掌諸門進物之曆內閽史掌承傳諸門出納管籥內掌扇掌中宮織扇

奚官局令二人正八品下丞二人正九品下掌奚隸工役宮官之品宮人病則供醫藥死給衣服各視其品陪陵而葬者將作給匠戶衛士營冢三品葬給百人四品八十人五品六十人六品七品十人八品九品七人無品者斂以松棺五釘葬以犢車給三人皆監門校尉直長涖之內命婦五品以上無親戚者以近冢同姓中男一人主祭于墓無同姓者春秋祠以少牢有書令史三人書吏六人典事藥直掌固

各四人

內僕局令三人正八品下丞二人正九品下掌中宮車乘皇后出則令居左丞居右夾引有書令史二人書吏四人駕士百四十人典事八人掌固八人駕士掌習御車輿雜畜

內府局令二人正八品下丞二人正九品下掌中藏寶貨給納之數及供燈燭湯沐張設凡朝會五品已上及有功將士蕃酋辭還皆賜於庭有書令史二人書吏典史掌固各四人典事六人

太子內坊局令二人從五品下丞二人從七品下掌東宮閤內及宮人糧稟坊事五人從八品下初內坊隸東宮開元二十七年隸內侍省為局改典內曰令置丞坊事及導客舍人六人掌序導賓客閤帥六人掌帥閤人內給使以供其事內閽人八人掌承諸門出入管籥內織扇燈燭內廄尉二人掌車乘有錄事一人令史三人書令史五人典事二人駕士三十人亭長掌固各二人

典直四人正九品下掌宮內儀式導引通傳勞問糺劾非違察出納

內官貴妃惠妃麗妃華妃各一人正一品掌佐皇后論婦禮於內無所不統唐因隋制有貴妃淑妃德妃賢妃各一人為夫人正一品昭儀昭容昭媛修儀修容修媛充儀充容充媛各一人為九嬪正二品婕妤九人正三品美人四人正四

品才人五人正五品寶林二十七人正六品御女二十七人正七品采女二十七人正八品六尚亦曰諸尚書正三品二十四司亦曰諸司事正四品二十四典亦曰諸典事正六品二十四掌亦曰諸掌事龍朔二年置贊德二人正一品宣儀四人正二品承閨五人正四品承旨五人正五品衞仙六人正六品供奉八人正七品侍櫛二十人正八品侍巾三十人正九品咸亨復舊開元中玄宗以后妃四星一爲后有后而復置四妃非典法乃置惠妃麗妃華妃以代三夫人又置六儀美人才人增尚宮尚儀尚服三局諸司諸典自六品至九品而止其後復置貴妃

淑儀德儀賢儀順儀婉儀芳儀各一人正二品掌教九御四德率其屬以贊后禮

美人四人正三品掌率女官修祭祀賓客之事

才人七人正四品掌敘燕寢理絲枲以獻歲功

宮官尚宮局尚宮二人正五品六尚皆如之掌導引中宮總司記司言司簿司闈凡六尚事物出納文籍皆涖其印署有女史六人掌執文書

司記二人正六品二十四司皆如之掌宮內文簿入出錄爲抄目審付行焉牒狀無違然後加印典記佐之

典記二人正七品二十四典皆如之

掌記二人正八品二十四掌皆如之

司言典言各二人掌承勅宣付別鈔以授司闈傳外

掌言二人掌宣傳外司附奏受事者奏聞承勅處分則錄所奏爲案記有女史四人

司簿典簿掌簿各二人掌女史以上名簿稟賜則品別條錄爲等有女史六人

司闈六人掌諸閤管鑰

典闈掌闈各六人掌分涖啓閉有女史四人

尙儀局尙儀二人掌禮儀起居總司籍司樂司賓司贊

司籍典籍掌籍各二人掌供御經籍分四部部別爲目以時暴涼教學則簿記

課業供奉几案紙筆皆預脩焉有女史十人

司樂典樂掌樂各四人掌宮縣及諸樂陳布之儀涖其閱習有女史二人

司賓典賓掌賓各二人掌賓客朝見受名以聞宴會則具品數以授尙食有賜

物與尙功涖給有女史二人

司贊典贊掌贊各二人掌賓客朝見宴食贊相導引會日引客立于殿庭司言

宣勅坐然後引卽席酒至起再拜食至亦起皆相其儀

彤史二人正六品（有女史二人）

尙服局尙服二人掌供服用采章之數總司寶司衣司飾司仗

司寶二人掌神寶受命寶六寶及符契皆識其行用記以文簿

典寶掌寶各二人凡出付皆旬別案記還則朱書注入（有女史四人）

司衣典衣掌衣各二人掌宮內御服首飾整比以時進奉（有女史四人）

司飾典飾掌飾各二人掌湯沐巾櫛凡供進識其寒温之節（有女史二人）

司仗典仗掌仗各二人掌仗衞之器凡立儀衞尙服率司仗等供其事（有女史二人）

尙食局尙食二人掌供膳羞品齊總司膳司醞司藥司饎凡進食先嘗

司膳二人掌烹煎及膳羞米麪薪炭凡供奉口味皆種別封印

典膳掌膳各四人掌調和御食温涼寒熱以時供進則嘗之（有女史四人）

司醞典醞掌醞各二人掌酒醴酏飲以時進御（有女史二人）

司藥典藥掌藥各二人掌醫方凡藥外進者簿案種別（有女史二人）

司饎典饎掌饎各二人掌給宮人廩食薪炭皆有等級受付則旬別案記（有女史四人）

尚寢局尚寢二人掌燕見進御之次敘總司設司輿司苑司燈

司設典設掌設各二人掌牀帷茵席鋪設久故者以狀聞凡汛掃之事典設以下分視（有女史四人）

司輿典輿掌輿各二人掌輿輦繖扇文物羽旄以時暴涼典輿以下分察（有女史二人）

司苑典苑掌苑各二人掌園苑蒔植蔬果典苑以下分察之果熟進御（有女史二人）

司燈典燈掌燈各二人掌門閤燈燭晝漏盡一刻典燈以下分察（有女史二人）

尚功局尚功二人掌女功之程總司製司珍司綵司計

司製典製掌製各二人掌供御衣服裁縫（有女史二人）

司珍典珍掌珍各二人掌珠珍錢貨（有女史六人）

司綵典綵掌綵各二人掌錦綵縑帛絲枲有賜用則旬別案記（有女史二人）

司計典計掌計各二人給衣服飲食薪炭有女史二人

宮正一人正五品司正二人正六品典正二人正七品宮正掌戒令糺禁謫罰之事宮人不供職者司正以牒取裁小事決罰大事奏聞有女史四人阿監副監視七品

太子內官良娣二人正三品良媛六人正四品承徽十人正五品昭訓十六人正七品奉儀二十四人正九品

司閨二人從六品三司皆如之掌導引妃及宮人名簿總掌正掌書掌筵

掌正三人從八品九掌皆如之掌文書出入管鑰糺察推罰有女史三人

掌書三人掌符契經籍宣傳啓奏教學稟賜紙筆有女史三人

掌筵三人掌幄帟牀褥几案輿繖汛掃鋪設

司則二人掌禮儀參見總掌嚴掌縫掌藏

掌嚴三人掌首飾衣服巾櫛膏沐服玩仗衛有女史三人

掌縫三人掌裁紉織績有女史三人

掌藏三人掌財貨珠寶縑綵

司饌二人掌進食先嘗總掌食掌醫掌園有女史四人

掌食三人掌膳羞酒醴燈燭薪炭器皿有女史四人

掌醫三人掌方藥優樂有女史二人

掌園三人掌種植蔬果有女史二人

唐書卷四十七

唐書卷四十七考證

百官志二內侍省監二人從三品○舊書作正三品

唐書卷四十七考證

唐書卷四十八

宋　翰　林　學　士　歐　陽　修　撰

志第三十八

百官志

御史臺大夫一人正三品中丞三人正四品下大夫掌以刑法典章糾正百官之罪惡中丞爲之貳其屬有三院一曰臺院侍御史隸焉二曰殿院殿中侍御史隸焉三曰察院監察御史隸焉凡冤而無告者三司詰之三司謂御史大夫中書門下也大事奏裁小事專達凡有彈劾御史以白大夫大事以方幅小事署名而已有制覆囚則與刑部尚書平閱行幸乘輅車爲導朝會則率其屬正百官之班序遲明列於兩觀監察御史二人押班侍御史顯舉不如法者文武官職事九品以上及二王後朝朔望文官五品以上及兩省供奉官監察御史員外郎太常博士日參號常參官武官三品以上三日一朝號九參官五品以上及折衝當番者五日一朝號六參官弘文崇文館國子監學生四時參凡諸

王入朝及以恩追至者曰參九品以上自十月至二月袴褶以朝五品以上有珂蕃官及四品非清官則否凡朝位以官職事同者先爵爵同以齒致仕官居上職事與散官勳官合班則文散官居職事之下武散官次之勳官又次之官同者異姓爲後親王嗣王任文武官者從其班官卑者從王品郡王任三品以下職事者居同階品之上非任文武官者嗣王居太子太保之下郡王次之國公居三品之下郡公居從三品之下縣公居四品之下侯居從四品之下伯居五品之下子居從五品之上男居從五品之下以前官召見者居本品見任之上以理解者居同品之下本司參集者以職事爲上下文武三品非職事官者朝參名簿皆稱曰諸公凡出不踰四面關則不辭見都督刺史都護既辭候旨於側門左右僕射侍中中書令初拜以表讓中書門下五品以上及諸司長官謝於正衙復進狀謝於側門兩班三品以朔望朝就食廊下殿中侍御史二人爲使涖之高宗改治書侍御史中丞以避帝名龍朔二年改御史臺曰憲臺大夫曰大司憲中丞曰司憲大夫武后文明元年改御史臺曰肅政臺光宅元年分左右臺左臺知百司監軍旅右臺察州縣省風俗尋命左臺兼察州縣兩臺歲再發使八人春曰風俗秋曰廉察以四十八條察州縣兩臺御史

有假有檢校有員外有試至神龍初皆廢景雲三年以兩臺望齊糾舉苛察百僚厭其煩乃廢右臺延和元年復置歲中以尚書省隸左臺月餘而右臺復廢至德後諸道使府參佐皆以御史爲之謂之外臺復有檢校裏行內供奉或兼或攝諸使下官亦如之會昌初升大夫中丞品東都留臺有中丞一人侍御史一人殿中侍御史二人監察御史三人元和後不置中丞以侍御史殿中侍御史監察御史主留臺務而三院御史亦不常備

侍御史六人從六品下掌糾舉百寮及入閣承詔知推彈雜事凡三司理事與給事中中書舍人更直朝堂若三司所按而非其長官則與刑部郎中員外郎大理司直評事往訊彈劾則大夫中丞押奏大事法冠朱衣纁裳白紗中單小事常服久次者一人知雜事謂之雜端殿中監察職掌進名遷改及令史考第臺內事顓決亦號臺端次一人知公廨次一人知彈分京城諸司及諸州爲東西次一人知西推贓贖三司受事號副端次一人知東推理匭等有不糾舉者罰之以殿中侍御史第一人同知東推蒞太倉出納第一人同知西推蒞左藏出納號四推御史隻日臺院受事雙日殿院受事次侍御史一人分司東都臺凡御史以下遇長官於路去戴下馬長官斂轡止之出入行止殿中以下視以爲法先後有罰入朝則與殿中侍御史隨仗分入東則居侍中黃門侍郎給事

中之次西則居中書令侍郎舍人之次各居中丞大夫下每一人東嚮承詔五日有旨召御史不呼名則承詔者出樂彥瑋爲大夫以嘗召兩御史乃加副承詔一人闕則殿中承乏監察御史分日直朝堂入自側門非奏事不至殿庭正門無籍天授中詔側門置籍得至殿庭開元七年又詔隨仗入閤分左右巡糾察違失左巡知京城內右巡知京城外盡雍洛二州之境月一代將晦即巡刑部大理東西徒坊金吾縣獄蒐狩則監圍察斷絕失禽者其後以殿中掌左右巡尋以務劇選用京畿縣尉又置御史裏行使侍御史裏行使殿中裏行使監察裏行使以未爲正官無員數唐法殿中侍御史遷拜及職事與侍御史鈞開元以降權屬侍御史而殿中兼知庫藏宮門內事故事御史臺不受訟有訴可聞者略其姓名託以風聞其後御史嫉惡者少通狀壅絕十四年乃定授事御史一人知其日劾狀題告事人姓名其後宰相以御史權重建議彈奏先白中丞大夫復通狀中書門下然後得奏自是御史之任輕矣建中元年以侍御史分掌公廨推彈自是雜端之任輕矣元和八年命四推御史受事周而復始罷

東西分日之限隋末廢殿內侍御史義寧元年丞相府置察非掾二人武德元年改曰殿中侍御史龍朔元年置監察御史裏行武后文明元年置殿中裏行後亦顯以裏行名官長安二年置內供奉

主簿一人從七品下掌印受事發辰覈臺務主公廨及戶奴婢勳散官之職錄事二人從九品下有主事二人臺院有令史十八人書令史二十五人亭長六人掌固十一人殿院有令史八人書令史十八人察院有計史三十四人令史十人掌固十二人

殿中侍御史九人從七品下掌殿庭供奉之儀京畿諸州兵皆隸焉正班列於閤門之外糾離班語不肅者元日冬至朝會則乘馬具服戴黑豸升殿巡幸則往來門旗之內檢校文物虧失者一人同知東推監太倉出納二人同知西推監左藏出納二人爲廊下食使二人分知左右巡三人內供奉

監察御史十五人正八品下掌分察百寮巡按州縣獄訟軍戎祭祀營作太府出納皆涖焉知朝堂左右廂及百司綱目凡十道巡按以判官二人爲佐務繁則有支使其一察官人善惡其二察戶口流散籍帳隱沒賦役不均其三察農桑不勤倉庫減耗其四察妖猾盜賊不事生業爲私蠹害其五察德行孝悌茂

才異等藏器晦跡應時用者其六察黠吏豪宗兼并縱暴貧弱冤苦不能自申者凡戰伐大克獲則數俘馘審功賞然後奏之屯田鑄錢嶺南黔府選補亦視功過糾察決囚徒則與中書舍人金吾將軍莅之國忌齋則與殿中侍御史分察寺觀莅宴射習射及大祠中祠視不如儀者以聞初開元中兼巡傳驛至二十五年以監察御史檢校兩京館驛大曆十四年兩京以御史一人知館驛號館驛使監察御史分察尚書省六司繇下第一人爲始出使亦然與元元年以第一人察吏部禮部兼監察使第二人察兵部工部兼館驛使第三人察戶部刑部歲終議殿最元和中以新人不出使無以觀能否乃命顓察尚書省號曰六察官開元十九年以監察御史二人莅太倉左藏庫三院御史皆初領繁劇外府推事其後以殿中侍御史上一人爲監太倉使第二人爲監左藏庫使凡諸使下三院御史內供奉其班居正臺監察御史之上

太常寺卿一人正三品少卿二人正四品上掌禮樂郊廟社稷之事總郊社太樂鼓吹太醫太卜廩犧諸祠廟等署少卿爲之貳凡大禮則贊引有司攝事則

爲亞獻三公行園陵則爲副大祭祀省牲器則謁者爲之導小祀及公卿嘉禮命謁者贊相凡巡幸出師克獲皆擇日告太廟凡藏大享之器服有四院一曰天府院藏瑞應及伐國所獲之寶禘祫則陳于廟庭二曰御衣院藏天子祭服三曰樂縣院藏六樂之器四曰神廚院藏御廩及諸器官奴婢初有衣冠署令正八品上貞觀元年署廢高宗即位改治禮郎曰奉禮郎以避帝名龍朔二年改太常寺曰奉常寺九寺卿皆曰正卿少卿曰大夫武后光宅元年復改太常寺曰司常寺

丞二人從五品下掌判寺事凡享太廟則脩七祀于西門之內主簿二人從七品上

博士四人從七品上掌辨五禮按王公三品以上功過善惡爲之謚大禮則贊卿導引

太祝六人正九品上掌出納神主祭祀則跪讀祝文卿省牲則循牲告充牽以授太官

奉禮郎二人從九品上掌君臣版位以奉朝會祭祀之禮宗廟則設皇帝位於庭九廟子孫列焉昭穆異位去爵從齒凡樽彝勺冪篚坫簠簋登鉶籩豆皆辨

其位凡祭祀朝會在位拜跪之節皆贊導之公卿巡行諸陵則主其威儀鼓吹而相其禮

協律郎二人正八品上掌和律呂錄事二人從九品上八寺錄事品同有禮院脩撰檢討官各一人府十一人史二十三人謁者十人贊引二十人贊者四人祝史六人贊者十六人太常寺禮院禮生各三十五人亭長八人掌固十二人

兩京郊社署令各一人從七品下丞各一人從八品上令掌五郊社稷明堂之位與奉禮郎設樽罍篚冪而太官令實之立燎壇積柴合朔有變則巡察四門以俟變過明則罷有府二人史四人典事五人掌固五人門僕八人齋郎百一十人齋郎掌供郊廟之役太廟九室室有長三人以主樽罍篚冪鎖鑰又有罍洗二人郊壇有掌座二十四人以主神御之物皆禮部奏補凡室長十年掌座十二年皆授官祭饗而員少兼取三館學生皆絳衣絳幘更一番者戶部下蠲符歲一申考諸署所擇者太常以十月申解於禮部如貢舉法帖論語及一大經中第者錄奏吏部注冬集散官否者番上如初六試而紬授散官唐初以郊社太樂鼓吹太醫太官左藏乘黃典廐典客上林太倉平準常平典牧左尚右尚爲上署鉤盾右藏織染掌冶爲中署珍羞良醞掌醞守宮武器車府司儀崇玄導官甄官河渠弩坊甲坊舟楫太卜廩犧中校左校右校爲下署

太樂署令二人從七品下丞一人從八品下樂正八人從九品下令掌調鍾律以供祭饗凡習樂立師以教而歲考其師之課業爲三等以上禮部十年大校

未成則五年而校以番上下有故及不任供奉則輸資錢以充伎衣樂器之用散樂閏月人出資錢百六十長上者復繇役音聲人納資者歲錢二千博士教之功多者爲上第功少者爲中第不勤者爲下第禮部覆之十五年有五上考七中考者授散官直本司年滿考少者不敘教長上弟子四考難色二人次難色二人業成者進考得難曲五十以上任供奉者爲業成習難色大部伎三年而成次部二年而成易色小部伎一年而成皆入等第三爲業成業成行脩謹者爲助教博士缺以次補之長上及別教未得十曲給資三之一不成者隸鼓吹署習大小橫吹難色四番而成易色三番而成不成者博士有讁內教博士及弟子長教者給資錢而留之武德後置內教坊于禁中武后如意元年改曰雲韶府以中官爲使開元二年又置內教坊于蓬萊宮側有音聲博士第一曹博士第二曹博士京都置左右教坊掌俳優雜技自是不隸太常以中官爲教坊使唐改太樂爲樂正有府三人史六人典事八人掌固六人文武二舞郎一百四十人散樂二百八十二人仗內散樂一千人音聲人一萬二十七人有別教院開成三年改法曲所處院曰仙韶院

鼓吹署令二人從七品下丞二人從八品下樂正四人從九品下令掌鼓吹之節合朔有變則帥工人設五鼓于太社執麾旒于四門之塾置龍牀有變則舉麾擊鼓變復而止馬射設掆鼓金鉦施龍牀大儺帥鼓角以助侲子之唱有府三人史六人典事四人掌固四人唐幷清商鼓吹爲一署增令一人

太醫署令二人從七品下丞二人醫監四人並從八品下醫正八人從九品下令掌醫療之法其屬有四一曰醫師二曰針師三曰按摩師四曰呪禁師皆教以博士考試登用如國子監醫師醫正醫工療病書其全之多少爲考課歲給藥以防民疾凡陵寢廟皆儲以藥尚藥太常醫各一人受之宮人患坊有藥庫監門莅出給醫師醫監醫正番別一人莅坊凡課藥之州置採藥師一人京師以良田爲園庶人十六以上爲藥園生業成者爲師凡藥辨其所出擇其良者進焉有府二人史四人主藥八人藥童二十四人藥園師二人藥園生八人掌固四人醫師二十人醫工百人醫生四十人典藥一人針工三十人針生二十人按摩工五十六人按摩生十五人呪禁師二人呪禁工八人呪禁生十人

醫博士一人正八品上助教一人從九品上掌教授諸生以本草甲乙脈經分

而爲業一曰體療二曰瘡腫三曰少小四曰耳目口齒五曰角法

針博士一人從八品上助教一人針師十人並從九品下掌教針生以經脈孔穴教如醫生

按摩博士一人按摩師四人並從九品下掌教導引之法以除疾損傷折跌者正之

呪禁博士一人從九品下掌教呪禁祓除爲厲者齋戒以受焉

太卜署令一人從七品下丞二人從八品下卜正博士各二人從九品下掌卜筮之法一曰龜二曰五兆三曰易四曰式祭祀大事率卜正卜日示高於卿退而命龜既灼而占先上旬次中旬次下旬小祀小事者則卜正示高命龜作而太卜令佐莅之季冬帥侲子堂贈大儺天子六隊太子二隊方相氏右執戈左執楯而導之唱十二神名以逐惡鬼儺者出磔雄雞于宮門城門有卜助教二人卜師二十人巫師十五人卜筮生四十五人府一人史二人掌固二人

廪犧署令一人從八品下丞二人正九品下掌犧牲粢盛之事祀用太牢者三

牲加酒脯醢與太祝牽牲就牓位卿省牲則北面告腯以授太官籍田則供耒于司農卿卿以授侍中籍田所收以供粢盛五齊三酒之用以餘及槀飼犧牲有府一人史二人典事二人掌固二人

汾祠署令一人從七品下丞一人從八品上掌享祭灑掃之制有府二人史四人廟幹二人開元二十一年置署

三皇五帝以前帝王三皇五帝周文王周武王漢高祖兩京武成王廟令一人從六品下丞一人正八品下掌開闔灑掃釋奠之禮有錄事一人府二人史四人廟幹二人掌固四人門僕八人神龍二年兩京置齊太公廟署其後廢開元十九年復置天寶三載初置周文王廟署六載置三皇五帝廟署七載置三皇五帝以前帝王廟署九載置周武王漢高祖廟署上元元年改齊太公廟署為武成王廟署朱全忠曰武明

光祿寺卿一人從三品少卿二人從四品上丞二人從六品上主簿一人從七品上掌酒醴膳羞之政總太官珍羞良醞掌醢四署凡祭祀省牲鑊濯漑三公攝祭則為終獻朝會享則節其等差錄事二人龍朔二年改光祿寺曰司宰寺武后光宅元年曰司膳寺有府十一人史二十一人亭長六人掌固六人

太官署令二人從七品下丞四人從八品下掌供祠宴朝會膳食祭日令白卿詣廚省牲鑊取明水明火帥宰人割牲取毛血實豆遂烹又實簠簋設于饌幕之內有府四人史八人監膳十人監膳史十五人供膳二千四百人掌固四人

珍羞署令一人正八品下丞二人正九品下掌供祭祀朝會賓客之庶羞榛栗脯脩魚鹽菱芡之名數武后垂拱元年改肴藏署曰珍羞署神龍元年復舊開元元年又改有府三人史六人典書八人餳匠五人掌固四人

良醞署令二人正八品下丞二人正九品下掌供五齊三酒享太廟則供鬱鬯以實六彝進御則供春暴秋清酴醾桑落之酒有府三人史六人監事二人掌醞二十人酒匠十三人奉觶百二十人掌固四人

掌醢署令一人正八品下丞二人正九品下掌供醢醯之物一曰鹿醢二曰兔醢三曰羊醢四曰魚醢宗廟用菹以實豆賓客百官用醯醬以和羹有府二人史二人主醢十人醬匠二十三人酢匠十二人豉匠十二人菹醯匠八人掌固四人

衛尉寺卿一人從三品少卿二人從四品上丞二人從六品上掌器械文物總

武庫武器守宮三署兵器入者皆籍其名數祭祀朝會則供羽儀節鉞金鼓帷帟茵席凡供宮衛者歲再閱有敝則脩於少府主簿二人從七品上錄事一人龍朔二年改曰司衛寺武后光宅元年又改有府六人史十一人亭長四人掌固六人

丞掌判寺事辨器械出納之數大事承制敕小事則聽於尚書省

兩京武庫署令各二人從六品下丞各二人從八品下掌藏兵械有赦建金雞置鼓宮城門之右大理及府縣囚徒至則擊之監事各一人正九品上諸署監事品同有府各六人史各六人典事各二人掌固各五人開元二十五年東都亦置署

武器署令一人正八品下丞二人正九品下掌外戎器祭祀巡幸則納於武庫給六品以上葬鹵簿棨戟凡戟廟社宮殿之門二十有四東宮之門一十八一品之門十六二品及京兆河南太原尹大都督大都護之門十四三品及上都督中都督上都護上州之門十二下都督下都護中州下州之門各十衣幡壞者五歲一易之薨卒者既葬追還監事二人有府二人史六人典事二人掌固四人貞觀中東都亦置署

守宮署令一人正八品下丞二人正九品下掌供帳帟祭祀巡幸則設王公百

官之位吏部兵部禮部試貢舉人則供帷幕王公婚禮亦供帳具京諸司長上官以品給其牀罽供蕃客帷帟則題歲月席壽三年氈壽五年褥壽七年不及期而壞有罰監事二人有府二人史四人掌設六人幕士八十人掌固四人

宗正寺卿一人從三品少卿二人從四品上丞二人從六品上掌天子族親屬籍以別昭穆領陵臺崇玄二署凡親有五等先定於司封一曰皇帝周親皇后父母視三品二曰皇帝大功親小功尊屬太皇太后皇太后皇后周親視四品三曰皇帝小功親緦麻尊屬太皇太后皇太后皇后大功親視五品四曰皇帝緦麻親袒免尊屬太皇太后皇太后皇后小功親五曰皇帝袒免親太皇太后小功卑屬皇太后皇后緦麻親視六品皇帝親之夫婦男女降本親二等餘親降三等尊屬進一等降而過五等者不爲親諸王大長公主長公主親本品嗣王郡王非三等親者亦視五品駙馬都尉視諸親祭祀冊命朝會陪位襲封者皆以簿書上司封主簿二人從七品上知圖譜官一人修玉牒官一人知宗子表疏官一人錄事二人武德二年置宗師一人後省龍朔二年改宗正寺曰司宗寺武后光宅元年曰司屬寺有府五人史五人亭長

四人掌固四人京都太廟齋郎各一百三十人門僕各三十三人主簿錄事各二人

諸陵臺令各一人從五品上丞各一人從七品下建初啓運興寧永康陵令各一人從七品下丞各一人從八品下掌守衞山陵凡陪葬以文武分左右子孫從父祖者亦如之宮人陪葬則陵戶成墳諸陵四至有封禁民葬唯故墳不毀開元二十四年以宗廟所奉不可名以署太常少卿韋縚奏廢太廟署以少卿一人知太廟事二十五年濮陽王徹爲宗正卿恩遇甚厚建議以宗正司屬籍乃請以陵寢宗廟隸宗正天寶十二載駙馬都尉張垍爲太常卿得幸又以太廟諸陵署隸太常十載改獻昭乾定橋五陵署爲臺升令品永康興寧二陵稱署如故至德二年復以陵廟隸宗正永泰元年太常卿姜慶初復奏以陵廟隸太常大曆二年復舊陵臺有錄事各一人府各二人史各四人主衣主輦主藥各四人典事各三人掌固各二人陵戶各三百人昭陵乾陵橋陵增百人諸陵有錄事各一人府各一人史各二人典事各二人掌固各二人陵戶各百人

諸太子廟令各一人從八品上丞各一人正九品下錄事各一人令掌灑掃開闔之節四時享祭焉有府各一人史各二人典事各二人掌固各一人

諸太子陵令各一人從八品下丞各一人從九品下錄事各一人有府各一人史各二人典事各二人掌固各一人陵戶各三十人太常舊有太廟署令一人從七品下丞二人從八品下齋郎二十四人

崇玄署令一人正八品下丞一人正九品下掌京都諸親名數與道士帳籍齋

醮之事新羅日本僧入朝學問九年不還者編諸籍道士女冠僧尼見天子必
拜凡止民家不過三夜出踰宿者立案連署不過七日路遠者州縣給程天下
觀一千六百八十七道士七百七十六女冠九百八十八寺五千三百五十八
僧七萬五千五百二十四尼五萬五百七十六兩京度僧尼道士女冠御史一
人涖之每三歲州縣爲籍一以留縣一以留州僧尼一以上祠部道士女冠一
以上宗正一以上司封有府二人史三人典事六人掌固二人崇玄學博士一人學生百人隋以署隸鴻臚又有道場玄壇唐置諸寺觀監隸鴻臚寺每寺觀有監一人貞觀中廢寺觀監上元二年置漆園監尋廢開元二十五年置崇玄學於玄元皇帝廟天寶元年兩京置博士助教各一員學生百人每祠享以學生代齋郎二載改崇玄學曰崇賢館博士曰學士助教曰直學士置大學士一人以宰相爲之領兩京玄元宮及道院改天下崇玄學爲通道學博士曰道德博士未幾而罷寶應永泰間學生存者亡幾大曆三年復增至百人初天下僧尼道士女冠皆隸鴻臚寺武后延載元年以僧尼隸祠部開元二十四年道士女冠隸宗正寺天寶二載以道士隸司封貞元四年崇玄館罷大學士後復置左右街大功德使東都功德使脩功德使總僧尼之籍及功役元和二年以道士女冠隸左右街功德使會昌二年以僧尼隸主客太清宮置玄元館亦有學士至六年廢而僧尼復隸兩街功德使
太僕寺卿一人從三品少卿二人從四品上丞四人從六品上主簿二人從七
品上錄事二人卿掌廄牧輦輿之政總乘黃典廄典牧車府四署及諸監牧行

幸供五路屬車凡監牧籍帳歲受而會之上駕部以議考課永徽中太僕寺曰司馭寺武后光宅元年改曰司僕寺有府十七人史三十四人獸醫六百人獸醫博士四人學生百人亭長四人掌固六人

乘黃署令一人從七品下丞一人從八品下掌供車路及馴馭之法凡有事前期四十日率駕士調習尚乘隨路色供馬前期二十日調習於內侍省有府一人史二人駕士一百四十人羊車小史十四人掌固六人

典廐署令二人從七品下丞四人從八品下掌飼馬牛給養雜畜良馬一丁中馬二丁駑馬三丁乳駒乳犢十給一丁有府四人史八人主乘六人典事八人執馭百人駕士八百人掌固六人

典牧署令三人正八品上丞六人從九品上掌諸牧雜畜給納及酥酪脯腊之事羣牧所送羊犢以供廩犧尚食監事八人有府四人史八人典事十六人主酪七十四人駕士百六十人掌固四人

車府署令一人正八品下丞一人正九品下掌王公以下車路及馴馭之法從官三品以上昏葬給駕士凡路車之馬牛率馭士調習有府一人史二人典書四人馭士百七十五人掌固六人

諸牧監上牧監監各一人從五品下副監各二人正六品下丞各二人正八品上主簿各一人正九品下中牧監監正六品下副監從六品下丞從八品上主簿從九品上下牧監監從六品下副監正七品下丞正九品上主簿從九品下中牧監副監丞減上牧監一員南使西使丞各三人從七品下錄事各一人從九品下北使鹽州使丞各二人從七品下掌羣牧孳課凡馬五千爲上監三千爲中監不及爲下監馬牛之羣有牧長有尉馬之駑良皆著籍良馬稱左駑馬稱右每歲孟秋羣牧使以諸監之籍合爲一以仲秋上於寺送細馬則有牽夫識馬小兒獸醫等凡馬游牝以三月駒犢在牧者三歲別羣孳生過分有賞死耗亦以率除之歲終監牧使巡按以功過相除爲考課上牧監有錄事各一人府各三人史各六人典事各八人掌固各四人中牧監減府一人史典事各減二人下牧監典事掌固減三人南使西使錄事史各一人府各五人史各九人北使鹽州使錄事以下員數及品如南使麟德中置八使分總監坊秦蘭原渭四州及河曲之地凡監四十有八南使有監十五西使有監十六北使有監七鹽州使有監八嵐州使有監二自京師西屬隴右有七馬坊置隴右三使領之又有沙苑樓煩天馬監沙苑監掌畜隴右諸牧牛羊給宴祭及尚食所用每歲與典牧署供焉自監以下品數如下牧監至開元二十三年廢監

東宮九牧監丞二人正八品上錄事一人從九品下掌牧養馬牛以供皇太子之用有錄事史各一人府三人史六人初監有監副監丞主簿錄事各一人府二人史四人典事四人掌固二人自監以下品同下牧監又有馬牧使有丞以下官

大理寺卿一人從三品少卿二人從五品下掌折獄詳刑凡罪抵流死皆上刑部覆於中書門下繫者五日一慮龍朔二年改曰詳刑寺武后光宅元年改曰司刑寺中宗時廢獄丞有府二十八人史五十六人司直史十二人評事史二十四人獄史六人亭長四人掌固十八人問事百人

正二人從五品下掌議獄正科條凡丞斷罪不當則以法正之五品以上論者涖決巡幸則留總持寺事

丞六人從六品上掌分判寺事正刑之輕重徒以上囚則呼與家屬告罪問其服否

主簿二人從七品上掌印省署鈔目句檢稽失凡官吏抵罪及雪免皆立簿私罪贖銅一斤公罪二斤皆爲一負十負爲一殿每歲吏部兵部牒覆選人殿負錄報焉

獄丞二人從九品下掌率獄史知囚徒貴賤男女異獄五品以上月一沐暑則置漿禁紙筆金刃錢物杵梃入者囚病給醫藥重者脫械鎖家人入侍

司直六人從六品上評事八人從八品下掌出使推按凡承制推訊長吏當停務禁錮者請魚書以往錄事二人

鴻臚寺卿一人從三品少卿二人從四品上丞一人從六品上掌賓客及凶儀之事領典客司儀二署凡四夷君長以蕃望高下爲簿朝見辨其等位第三等居武官三品之下第四等居五品之下第五等居六品之下有官者居本班御史察食料二王後夷狄君長襲官爵者辨嫡庶諸蕃封命則受冊而往海外諸蕃朝賀進貢使有下從留其半於境繇海路朝者廣州擇首領一人左右二人入朝所獻之物先上其數於鴻臚凡客還鴻臚籍衣齎賜物多少以報主客給過所蕃客奏事具至日月及所奏之宜方別爲狀月一奏爲簿以副藏鴻臚獻馬則殿中太僕寺涖閱良者入殿中駑病入太僕獻藥者鴻臚寺驗覆少府監定價之高下鷹鶻狗豹無估則鴻臚定所報輕重凡獻物皆客執以見駝馬則

陳于朝堂不足進者州縣留之皇帝皇太子爲五服親及大臣發哀臨弔則卿贊相大臣一品葬以卿護二品以少卿三品以丞皆司儀示以禮制主簿一人從七品上錄事二人龍朔二年改鴻臚寺曰同文寺武后光宅元年改曰司賓寺有府五人史十人亭長四人掌固六人

典客署令一人從七品下丞三人從八品下掌二王後介公酅公之版籍及四夷歸化在藩者朝貢宴享送迎皆預焉酋渠首領朝見者給稟食病則遣醫給湯藥喪則給以所須還蕃賜物則佐其受領教拜謝之節有典客十三人府四人史八人掌固二人

掌客十五人正九品上掌送迎蕃客顓莅館舍

司儀署令一人正八品下丞一人正九品下掌凶禮喪葬之具京官職事三品以上散官二品以上祖父母父母喪職事散官五品以上都督刺史卒于京師及五品死王事者將葬祭以少牢率齋郎執俎豆以往三品以上贈以束帛黑一纁二一品加乘馬既引遣使贈於郭門之外皆有束帛一品加璧五品以上葬給營墓夫有司儀六人府二人史四人掌設十八人齋郎三十人掌固四人幕士六十人

司農寺卿一人從三品少卿二人從四品上掌倉儲委積之事總上林太倉鉤

盾、導官四署及諸倉司竹諸湯宮苑鹽池諸屯等監凡京都百司官吏祿稟朝會祭祀所須皆供焉藉田則進耒耜

丞六人從六品上總判寺事凡租及藁秸至京都者閱而納焉官戶奴婢有技能者配諸司婦人入掖庭以類相偶行宮監牧及賜王公公主皆取之凡孳生雞彘以戶奴婢課養俘口則配輕使始至給稟食主簿二人從七品上錄事二人龍朔二年改司農寺曰司稼寺有府三十八人史七十六人計史三人亭長九人掌固七人

上林署令二人從七品下丞四人從八品下掌苑囿園池植果蔬以供朝會祭祀及尚食諸司常料季冬藏冰千段先立春三日納之冰井以黑牡秬黍祭司寒仲春啓冰亦如之監事十人有府七人史十四人典事二十四人掌固五人

太倉署令三人從七品下丞五人從八品下監事八人掌廩藏之事有府十人史二十人典事二十四人掌固八人

鉤盾署令二人正八品上丞四人正九品上監事十人掌供薪炭鵝鴨蒲藺陂池藪澤之物以給祭祀朝會饗燕賓客有府七人史十四人典事十九人掌固五人

導官署令二人正八品下丞四人正九品上監事十人掌導擇米麥凡九穀皆隨精麤差其耗損而供焉有府八人史十六人典事二十四人掌固五人初有御細倉督麴麵倉督貞觀中省

太原永豐龍門等倉每倉監一人正七品下丞二人從八品上掌倉廩儲積凡出納帳籍歲終上寺有錄事一人府三人史六人典事八人掌固六人龍門等倉減府一人史典事掌固各減二人

司竹監一人從六品下副監一人正七品下丞二人正八品上掌植竹葦供宮中百司簾篚之屬歲以筍供尚食有錄事一人府二人史四人典事三十人掌固四人葦園匠一百人

慶善石門温泉湯等監每監監一人從六品下丞一人正七品下掌湯池宮禁防堰及備粟芻脩調度以備供奉王公以下湯館視貴賤爲差凡近湯所潤瓜蔬先時而熟者以薦陵廟有錄事一人府一人史二人掌固四人

京都諸宮苑總監監各一人從五品下副監各一人從六品下丞各二人從七品下主簿各二人從九品上掌苑內宮館園池禽魚果木凡官屬人畜出入皆有籍有錄事各二人府各八人史各十六人亭長各四人掌固各六人獸醫各五人

京都諸園苑監苑四面監監各一人從六品下副監各一人從七品下丞各二

人正八品下掌完葺苑面宮館園池與種蒔蕃養六畜之事顯慶二年改青城宮監曰東都苑北面監明德宮監曰東都苑南面監洛陽宮農圃監曰東都苑東面監倉貨監曰東都苑西面監有錄事各一人府各三人史各六人典事各六人掌固各六人

九成宮總監監一人從五品下副監一人從六品下丞一人從七品下主簿一人從九品上掌脩完宮苑供進鍊餌之事有錄事一人府三人自監以下品同宮苑武德初改隋仁壽宮監曰九成宮監

諸鹽池監監一人正七品下掌鹽功簿帳有錄事一人史二人

諸屯監一人從七品下丞一人從八品下掌營種屯田句會功課及畜產帳簿以水旱蝝蝗定課屯主勸率營農督斂地課有錄事一人府一人史二人典事二人掌固四人每屯主一人屯副一人主簿一人錄事一人府三人史五人

太府寺卿一人從三品少卿二人從四品上掌財貨廩藏貿易總京都四市左右藏常平七署凡四方貢賦百官俸秩謹其出納賦物任土所出定精麤之差祭祀幣帛皆供焉龍朔二年改太府寺曰外府寺武后光宅元年改曰司府寺中宗即位復曰太府寺有府二十五人史五十人計史四人亭長七人掌固七人

丞四人從六品上掌判寺事凡元日冬至以方物陳于庭者受而進之會賜及別勅六品以下賜者給於朝堂以一人主左右藏署帳凡在署爲簿在寺爲帳三月一報金部

主簿二人從七品上掌印省鈔目句檢稽失平權衡度量歲以八月印署然後用之錄事二人

兩京諸市署令一人從六品上丞二人正八品上掌財貨交易度量器物辨其眞僞輕重市肆皆建標築土爲候禁権固及參市自殖者凡市日中擊鼓三百以會衆日入前七刻擊鉦三百而散有果毅巡迣平貨物爲三等之直十日爲簿車駕行幸則立市于頓側互市有衞士五十人以察非常有錄事一人府三人史七人典事三人掌固一人

左藏署令三人從七品下丞五人從八品下監事八人掌錢帛雜綵天下賦調卿及御史監閱有府九人史十八人典事十二人掌固八人

右藏署令二人正八品上丞三人正九品上監事四人掌金玉珠寶銅鐵骨角

齒毛綵畫有府五人史十二人典事七人掌固十人

常平署令一人從七品上丞二人從八品下監事五人掌平糴倉儲出納有府四人史八人典事五人掌固六人顯慶三年置署武后時東都亦置署

國子監祭酒一人從三品司業二人從四品下掌儒學訓導之政總國子太學廣文四門律書算凡七學天子視學皇太子齒胄則講義釋奠執經論議奏京文武七品以上觀禮凡授經以周易尚書周禮儀禮禮記毛詩春秋左氏傳公羊傳穀梁傳各爲一經兼習孝經論語老子歲終考學官訓導多少爲殿最

丞一人從六品下掌判監事每歲七學生業成與司業祭酒莅試登第者上於禮部

主簿一人從七品下掌印句督監事七學生不率教者舉而免之錄事一人從九品下武德初以國子監曰國子學隸太常寺貞觀二年復曰監龍朔二年改國子監曰司成館祭酒曰大司成司業曰少司成咸亨元年復曰監垂拱元年改國子監曰成均監有府七人史十三人亭長六人掌固八人

國子監博士五人正五品上掌教三品以上及國公子孫從二品以上曾孫爲

生者五分其經以爲業周禮儀禮禮記毛詩春秋左氏傳各六十人暇則習隸
書國語說文字林三倉爾雅每歲通兩經求仕者上於監秀才進士亦如之學
生以長幼爲序習正業之外教吉凶二禮公私有事則相儀龍朔二年改博士曰宣業有大成十
人學生八十人典學四人廟幹二人掌固四人東都學生十五人
助教五人從六品上掌佐博士分經教授
直講四人掌佐博士助教以經術講授
五經博士各二人正五品上掌以其經之學教國子周易尚書毛詩左氏春秋
禮記爲五經論語孝經爾雅不立學官附中經而已
太學博士六人正六品上助教六人從七品上掌教五品以上及郡縣公子孫
從三品曾孫爲生者五分其經以爲業每經百人有學生七十人典學四人掌固六人東都學生十五人
廣文館博士四人助教二人掌領國子學生業進士者有學生六十人東都十人天寶九載置廣文館
有知進士助教後罷知進士之名
四門館博士六人正七品上助教六人從八品上直講四人掌教七品以上侯

伯子男子爲生及庶人子爲俊士生者（有學生三百人典學四人掌固六人東都學生五十人）

律學博士三人從八品下助教一人從九品下掌教八品以下及庶人子爲生者律令爲顓業兼習格式法例（隋律學隸大理寺博士八人武德初隸國子監尋廢貞觀六年復置顯慶三年又廢以博士以下隸大理寺龍朔二年復置有學生二十人典學二人元和初東都置學生五人）

書學博士二人從九品下助教一人掌教八品以下及庶人子爲生者石經說文字林爲顓業兼習餘書（武德初廢書學貞觀二年復置顯慶三年又廢以博士以下隸祕書省龍朔二年復有學生十人典學二人東都學生三人）

算學博士二人從九品下助教一人掌教八品以下及庶人子爲生者二分其經以爲業九章海島孫子五曹張丘建夏侯陽周髀五經算綴術緝古爲顓業兼習記遺三等數凡六學束脩之禮督課試舉皆如國子學助教以下所掌亦如之（唐廢算學顯慶元年復置三年又廢以博士以下隸太史局龍朔二年復有學生十人典學一人東都學生二人）

少府監一人從三品少監二人從四品下掌百工技巧之政總中尚左尚右尚織染掌冶五署及諸冶鑄錢互市等監供天子器御后妃服飾及郊廟圭玉百

官儀物凡武庫袍襦皆識其輕重乃藏之冬至元日以給衛士諸州市牛皮角以供用牧畜角筋腦革悉輸焉細鏤之工教以四年車路樂器之工三年平漫刀矟之工二年矢鏃竹漆屈柳之工半焉冠冕弁幘之工九月教作者傳家技四季以令丞試之歲終以監試之皆物勒工名

丞六人從六品下掌判監事給五署所須金石齒革羽毛竹木所入之物各以名數州土爲籍工役衆寡難易有等差而均其勞逸主簿二人從七品下錄事二人從九品上武德初廢監以諸署隸太府寺貞觀元年復置龍朔二年改曰內府監武后垂拱元年曰尚方監有府二十七人史十七人計史三人亭長八人掌固六人短蕃匠五千二十九人綾錦坊巧兒三百六十五人內作使綾匠八十三人掖庭綾匠百五十人內作巧兒四十二人配京都諸司諸使雜匠百二十五人

中尚署令一人從七品下丞二人從八品下掌供郊祀圭璧及天子器玩后妃服飾彫文錯綵之制凡金木齒革羽毛任土以時而供赦日樹金雞於仗南竿長七丈有雞高四尺黃金飾首銜絳幡長七尺承以綵盤維以絳繩將作監供焉擊掆鼓千聲集百官父老囚徒坊小兒得雞首者官以錢購或取絳幡而已

歲二月獻牙尺寒食獻毬五月獻綬帶夏至獻雷車七月獻鈿針臘日獻口脂唯筆琴瑟絃月獻金銀暨紙非旨不獻製魚袋以給百官蕃客賜寶鈿帶魚袋則授鴻臚寺丞主簿監作四人從九品下凡監作皆同品有府九人史十八人典事四人掌固四人唐改內尚方署曰中尚方署武后改少府監曰尚方監而中左右尚方織染方掌冶方五署皆去方以避監自是不改矣有金銀作坊院

左尚署令一人從七品下丞五人從八品下掌供翟扇蓋繖五路五副七輦十二車及皇太后皇太子公主王妃內外命婦王公之車路凡畫素刻鏤與宮中蠟炬雜作皆領之監作六人有府七人史二十人典事十八人掌固十四人

右尚署令二人從七品下丞四人從八品下掌供十二閑馬之轡每歲取於京兆河南府加飾乃進凡五品三部之帳刀劍斧鉞甲冑紙筆茵席履舄皆儗其用皮毛之工亦領焉監作六人有府七人史二十人典事十三人掌固十人

織染署令一人正八品上丞二人正九品上掌供冠冕組綬及織紝色染錦羅紗縠綾紬絁絹布皆廣尺有八寸四丈爲疋布五丈爲端緜六兩爲屯絲五兩爲絇麻三斤爲緵凡綾錦文織禁示於外高品一人專涖之歲奏用度及所織

每掖庭經錦則給酒羊七月七日祭杼監作六人有府六人史十四人典事十一人掌固五人

掌冶署令一人正八品上丞二人正九品上掌范鎔金銀銅鐵及塗飾琉璃玉作銅鐵人得採而官收以稅唯鑞官市邊州不置鐵冶器用所須皆官供凡諸冶成器上數于少府監然後給之監作二人有府六人史十二人典事二十三人掌固四人

諸冶監令各一人正七品下丞各一人從八品上掌鑄兵農之器給軍士屯田居民唯興農冶顓供隴右監牧監作四人有錄事一人府一人史一人典事二人掌固四人太原冶減監作二人

諸鑄錢監監各一人副監各二人丞各一人以所在都督刺史判焉副監上佐丞以判司監事以參軍及縣尉為之監事各一人有錄事各一人府各三人史各四人典事各五人凡鑄錢有七監會昌中增至八監每道置鑄錢坊一大中初三監廢

互市監每監監一人從六品下丞一人正八品下掌蕃國交易之事隋以監隸四方館唐隸少府貞觀六年改交市曰互市監副監曰丞武后垂拱元年曰通市監有錄事一人府二人史四人價人四人掌固八人

將作監監二人從三品少監二人從四品下掌土木工匠之政總左校右校中校甄官等署百工等監大明興慶上陽宮中書門下六軍仗舍閑廄謂之內作

郊廟城門省寺臺監十六衞東宮王府諸廨謂之外作自十月距二月休冶功自冬至距九月休土功凡治宮廟太常擇日以聞

丞四人從六品下掌判監事凡外營繕大事則聽制敕小事則須省符功有長短役有輕重自四月距七月爲長功二月三月八月九月爲中功自十月距正月爲短功長上匠州率資錢以酬雇軍器則勒歲月與工姓名武德初改令曰大匠少令曰少匠龍朔二年改將作監曰繕工監大匠曰大監少匠曰少監咸亨元年繕工監曰營繕監天寶十一載改大匠曰大監少匠曰少監有府十四人史二十八人計史三人亭長四人掌固六人短蕃匠一萬二千七百四十四人明資匠二百六十人

主簿二人從七品下掌官吏糧料俸食假使必由之諸司供署監物有闕舉焉

錄事二人從九品上

左校署令二人從八品下丞一人正九品下掌梓匠之事樂縣簨虡兵械喪葬儀物皆供焉宮室之制自天子至士庶有等差官脩者左校爲之監作十人有府六人史十二人監作十二人

右校署令二人正八品下丞三人正九品下掌版築塗泥丹堊匽廁之事有所

須則審其多少而市之監作十人（有府五人史十人典事二十四人）

中校署令一人從八品下丞三人正九品下掌供舟車兵械雜器行幸陳設則供竿柱閑廏繫秣則供行槽禱祀則供棘葛內外營作所須皆取焉監牧車牛有年支芻豆則受之以給車坊監事四人（武后時改曰營繕署垂拱元年復舊尋廢開元初復置有府二人史六人典事八人掌固二人）

甄官署令一人從八品下丞二人正九品下掌琢石陶土之事供石磬人獸碑柱碾磑瓶缶之器勅葬則供明器監作四人（有府五人史十人典事十八人）

百工就谷庫谷斜谷太陰伊陽監監各一人正七品下副監一人從七品下丞一人正八品上掌采伐材木監作四人（武德初置百工監掌舟車及營造雜作有監少監各一人丞四人主簿一人又置就谷庫谷斜谷太陰伊陽五監貞觀中廢百工監高宗置百工署掌東都土木瓦石之功開元十五年為監有錄事二人府一人史三人典事二十人）

軍器監監一人正四品上丞一人正七品上掌繕甲弩以時輸武庫總署二一曰弩坊二曰甲坊主簿一人正八品下錄事一人從九品下（武德初有武器監一人正八品下掌兵仗廏牧少監一人丞二人主簿一人七年廢軍器監八年復置九年又廢貞觀六年廢武器監開元以前軍器皆出左尚署三年置軍器監十一年復廢為

甲弩坊隸少府十六年復爲監有府八人史十二人亭長二人掌固四人

弩坊署令一人正八品下丞一人正九品下掌出納矛矟弓矢排弩刃鏃雜作及工匠監作二人有府二人史五人典事二人貞觀六年改弓弩署爲弩坊署甲鎧署爲甲坊署

甲坊署令一人正八品下丞一人正九品下掌出納甲冑綅繩筋角雜作及工匠監作二人有府二人史五人典事二人

都水監使者二人正五品上掌川澤津梁渠堰陂池之政總河渠諸津監署凡漁捕有禁溉田自遠始先稻後陸渠長斗門長節其多少而均焉府縣以官督察

丞二人從七品上掌判監事凡京畿諸水因灌溉盜費者有禁水入內之餘則均王公百官

主簿一人從八品下掌運漕漁捕程會而糾舉之武德初廢都水監爲署貞觀六年復爲監改令曰使者龍朔二年改都水監曰司津監使者曰監武后垂拱元年改都水監曰水衡監使者曰都尉開元二十五年不隸將作監有錄事一人府五人史十人亭長一人掌固四人初貞觀六年置舟楫署有令一人正八品下掌舟楫運漕漕正一人府三人史六人監漕一人漕史一人典事六人掌固八人上元二年置丞二人

正九品下掌運漕隱失開元二十六年署廢

河渠署令一人正八品下丞一人正九品上掌河渠陂池隄堰魚醢之事凡溝渠開塞漁捕時禁皆顓之饗宗廟則供魚鱐祀昊天上帝有司攝事則供腥魚日供尚食及給中書門下歲供諸司及東宮之冬藏渭河三百里內漁釣者五坊捕治之供祠祀則自便橋至東渭橋禁民漁三元日非供祠不採魚唐有河隄使者貞觀初改曰河隄謁者有府三人史六人典事三人每渠及斗門有長一人掌固三人魚師十三人初有監漕十人從九品上大曆後省興成五門六門龍首涇堰滋隄凡六堰皆有丞一人從九品下府一人史二人典事一人掌固二人貞觀六年皆廢

河隄謁者六人正八品下掌完隄堰利溝瀆漁捕之事涇渭白渠以京兆少尹一人督視

諸津令各一人正九品上丞二人從九品下掌天下津濟舟梁灞橋永濟橋以勳官散官一人莅之天津橋中橋則以衛士拚掃凡舟渠之備皆先儗其半御塞竹篝所在供焉唐改津尉曰令有錄事一人府一人史二人典事三人津吏五人橋丁各三十人匠各八人京兆河南諸津隸都水監便橋渭橋萬年三橋有丞一人從九品下府一人史七人典事二人掌固二人貞觀中廢

唐書卷四十八

唐書卷四十八考證

百官志三御史臺大夫一人正三品○舊書作從三品

監察御史十五人正八品下○舊書作正八品上

唐書卷四十八考證

唐書卷四十九上

宋 翰 林 學 士 歐 陽 修 撰

志第三十九上

百官志

十六衛

左右衛上將軍各一人從二品大將軍各一人正三品將軍各二人從三品掌宮禁宿衛凡五府及外府皆總制焉凡五府三衛及折衝府驍騎番上者受其名簿而配以職皇帝御正殿則守諸門及內廂宿衛仗非上日亦將軍一人押仗將軍缺以中郎將代將軍掌貳上將軍之事左右驍騎左右武衛左右威衛左右領軍左右金吾左右監門衛上將軍以下品同武德五年改左右翊衛曰左右衛府左右驍騎衛曰左右驍騎府左右屯衛曰左右威衛左右禦衛曰左右領軍衛左右備身府曰左右府唯左右武衛府左右監門府左右候衛仍隋不改顯慶五年改左右府曰左右千牛府龍朔二年左右衛府驍衛府武衛府皆省府字改左右威衛曰左右武威衛左右領軍衛曰左右戎衛左右候衛曰左右金吾衛左右監門府曰左右監門衛左右千牛府曰左右奉宸衛後又曰左右千牛衛咸亨元年改左右戎衛曰領軍衛武后光宅元年改左右驍衛曰左右武威衛曰左右武衛曰左

右鷹揚衛左右威衛曰左右豹韜衛左右領軍衛曰左右玉鈐衛貞元二年初置十六衛上將軍左右衛有錄事一人府一人史二人亭長八人掌固四人

長史各一人從六品上掌判諸曹五府外府稟祿卒伍軍團之名數器械車馬之多少小事得專達每歲秋贊大將軍考課

錄事參軍事各一人正八品上掌受諸曹及五府之外府事句稽抄目印給紙筆

倉曹參軍事各二人正八品下掌五府文官勳考假使祿俸公廨田園食料醫藥過所自倉曹以下同品有府二人史四人兵曹府四人史七人騎曹府二人史四人冑曹府三人史三人武后長安初改鎧曹曰冑曹中宗即位復舊先天元年又曰冑曹開元初諸衛司倉司兵騎兵參軍改曰倉曹兵曹騎曹冑曹參軍事

兵曹參軍事各二人掌五府武官宿衛番第受其名數而大將軍配焉

騎曹參軍事各一人掌外府雜畜簿帳牧養凡府馬承直以遠近分七番月一易之以敕出宮城者給馬

冑曹參軍事各一人掌兵械公廨興繕罰讁大朝會行從則受黃質甲鎧弓矢於衛尉

奉車都尉掌馭副車有其名而無其人大陳設則它官攝駙馬都尉無定員與奉車都尉皆從五品下司階各二人正六品上中候各三人正七品下司戈各五人正八品下執戟各五人正九品下長上各二十五人從九品下武后天授二年置諸衛司階中候司戈執戟謂之四色官

親衛之府一曰親府勳衛之府二一曰勳一府二曰勳二府翊衛之府二一曰翊一府二曰翊二府凡五府每府中郎將一人正四品下左右郎將一人正五品上親衛正七品上勳衛從七品上翊衛正八品上總四千九百六十三人兵曹參軍事各一人正九品上校尉各五人正六品上每校尉有旅帥二人從六品上每旅帥各有隊正二十人正七品上副隊正二十人正七品下五府中郎將掌領校尉旅帥親衛勳衛之屬宿衛者而總其府事左右郎將貳焉番上者以名籍上于大將軍而配以職武德貞觀世重資蔭二品三品子補親衛二品曾孫三品孫四品子職事官五品子若孫勳官三品以上有封及國公子補勳衛及率府親衛四品孫五品及上柱國子補翊衛及率府勳衛勳官二品及縣

男以上散官五品以上子若孫補諸衛及率府翊衛王府執仗親事執乘親事每月番上者數千人宿衛內廡及城門給稟食執扇三衛三百人擇少壯肩膊齊儀容整美者本衛印臂送殿中省肄習仗下每番三衛一人爲太僕寺引輅其後入官路艱三衛非權勢子弟輒退番柱國子有白首不得進者流外雖鄙不數年給祿稟故三衛益賤人罕趨之有錄事府一人史三人唐親衛勳衛置驃騎將軍車騎將軍翊衛置車騎將軍武德七年改驃騎將軍爲中郎將車騎將軍皆爲郎將分左右以親衛曰一府勳衛翊衛曰二府謂之三府衛諸衛翊衛及率府親勳衛亦曰三衛永徽三年避太子諱改中郎將曰旅賁郎郎將曰翊軍郎太子廢復舊

左右驍衛上將軍各一人大將軍各一人將軍各二人掌同左右衛凡翊府之翊衛外府豹騎番上者分配之凡分兵守諸門在皇城四面宮城內外則與左右衛分知助鋪長史各一人錄事參軍事各一人倉曹參軍事各二人兵曹參軍事各二人騎曹參軍事各一人胄曹參軍事各一人左右司階各二人左右中候各三人左右司戈各五人左右執戟各五人左右翊中郎將府中郎將各一人左郎將各一人右郎將各一人兵曹參軍事各一人校尉各五人旅帥各

十人隊正各二十人副隊正各二十人有錄事一人史二人亭長一人掌固四人倉曹府二人史二人兵曹府三人史五人騎曹府二人史四人冑曹府三人史三人左右翊中郎將府錄事一人府一人史二人

左右武衛上將軍各一人大將軍各一人將軍各二人掌同左右衛凡翊府之翊衛外府熊渠番上者分配之長史各一人錄事參軍事各一人倉曹參軍事各二人兵曹參軍事各二人騎曹參軍事各一人冑曹參軍事各一人左右司階各二人左右中候各三人左右司戈各五人左右執戟各五人長上各二十五人左右翊中郎將府官同驍騎有稱長二人錄事一人史二人亭長二人掌固四人倉曹府二人史四人兵曹府三人史五人騎曹府三人史四人冑曹府三人史三人稱長掌唱警爲應蹕之節

左右威衛上將軍各一人大將軍各一人將軍各二人掌同左右衛凡翊府之翊衛外府羽林番上者分配之凡分兵主守則知皇城東面助鋪長史各一人錄事參軍事各一人倉曹參軍事各二人兵曹參軍事各二人騎曹參軍事各一人冑曹參軍事各一人左右司階各二人左右中候各三人左右司戈各五人左右執戟各五人長上各二十五人左右翊中郎將府官同驍衛有錄事一人史二人

亭長二人掌固四人倉曹府二人史四人兵曹府三人史五人騎曹府二人史四人胄曹府三人史三人

左右領軍衛上將軍各一人大將軍各一人將軍各二人掌同左右衛凡翊府之翊衛外府射聲番上者分配之凡分兵主守則知皇城西面助鋪及京城苑城諸門長史各一人錄事參軍事各一人倉曹參軍事各二人兵曹參軍事各二人騎曹參軍事各一人胄曹參軍事各一人左右司階各二人左右中候各三人左右司戈各五人左右執戟各五人長上各二十五人左右翊中郎將府官同驍衛有錄事二人史二人亭長二人掌固四人倉曹府二人史四人兵曹府三人史五人騎曹府一人史四人胄曹府三人史三人

左右金吾衛上將軍各一人大將軍各一人將軍各二人掌宮中京城巡警烽候道路水草之宜凡翊府之翊衛及外府佽飛番上皆屬焉師田則執左右營之禁南衙宿衛官將軍以下及千牛番上者皆配以職大功役則與御史循行凡敝幕故氈以給病坊

兵曹參軍事掌翊府外府武官兼掌獵師

騎曹參軍事掌外府雜畜簿帳牧養之事

胄曹參軍事掌同左右衛大朝會行從給青龍旗䙓矟於衛尉長史各一人錄事參軍事各一人倉曹參軍事各二人兵曹參軍事各二人騎曹參軍事各一人胄曹參軍事各一人左右司階各二人左右中候各三人左右司戈各五人左右執戟各五人左右街使各一人判官各二人左右翊中郎將府官如驍衛有錄事一人史二人倉曹府二人史四人兵曹府三人史五人騎曹府二人史四人胄曹府三人史三人左右街典二人引駕仗三衛六十人引駕佽飛六十六人大角手六百人隋有察非掾至唐廢

左右翊中郎將府中郎將掌領府屬督京城左右六街鋪巡警以果毅二人助巡探入閤日中郎將一人升殿受狀衛士六百爲大角手六番閱習吹大角爲昏明之節諸營壘候以進退

左右街使掌分察六街徼巡凡城門坊角有武候鋪衛士彍騎分守大城門百人大鋪三十人小城門二十人小鋪五人日暮鼓八百聲而門閉乙夜街使以騎卒循行叫諱武官暗探五更二點鼓自內發諸街鼓承振坊市門皆啓鼓三千撾辨色而止

左右監門衛上將軍各一人大將軍各一人將軍各二人掌諸門禁衛及門籍文武官九品以上每月送籍於引駕仗及監門衛衛以帳報內門凡朝參奏事待詔官及繖扇儀仗出入者閱其數以物貨器用入宮者有籍有傍左監門將軍判入右監門將軍判出月一易其籍行幸則率屬於衙門監守

長史掌判諸曹及禁門巡視出入而司其籍傍餘同左右衛

兵曹參軍事兼掌倉曹胄曹兼掌騎曹

左右翊中郎將府中郎將掌涖宮殿城門皆左入右出中郎將各四人長史各一人錄事參軍事各一人兵曹參軍事各一人胄曹參軍事各一人有錄事一人史二人亭長二人掌固二人兵曹府三人史五人胄曹府三人史四人監門校尉三百二十人直長六百八十人長入長上二十人直長長上二十人監門校尉掌敘

出入唐改監門府郎將爲將軍

左右千牛衛上將軍各一人大將軍各一人將軍各二人掌侍衛及供御兵仗以千牛備身左右執弓箭宿衛以主仗守戎器朝日領備身左右升殿列侍親射則率屬以從

胄曹參軍事掌甲仗凡御仗之物二百一十有九羽儀之物三百自千牛以下分掌之上日執御弓箭者亦自備以入宿主仗每月上則配以職行從則兼騎曹中郎將各二人長史各一人錄事參軍事各一人兵曹參軍事各一人胄曹參軍事各一人唐改備身郎將曰將軍備身將曰中郎將千牛左右備身左右曰千牛備身初置備身主仗有錄事一人史二人亭長二人掌固四人兵曹府一人史二人胄曹府一人史一人千牛備身十二人備身左右十二人備身二百人主仗一百五十人千牛備身掌執御刀服花鈿繡衣綠執象笏宿衞侍從備身左右掌執御弓矢宿衞侍從備身掌宿衞侍從主仗掌守供御兵仗

左右翊中郎將府中郎將掌供奉侍衞凡千牛及備身左右以御刀仗升殿供奉者皆上將軍領之中郎將佐其職有口勅通事舍人承傳聲不下聞者中郎將宣告

諸衞折衝都尉府每府折衝都尉一人上府正四品上中府從四品下下府正五品下左右果毅都尉各一人上府從五品下中府正六品上下府正六品下別將各一人上府正七品下中府從七品上下府從七品下長史各一人上府正七品下中府從七品上下府從七品下兵曹參軍事各一人上府正八品下

中府正九品下下府從九品上校尉五人從七品下旅帥十人從八品上隊正二十人正九品下副隊正二十人從九品下折衝都尉掌領屬備宿衛師役則總戎具資糧點習以三百人爲團一校尉領之捉鋪持更者晨夜有行人必問不應則彈弓而嚮之復不應則旁射又不應則射之晝以排門人遠望暮夜以持更人遠聽有衆而囂則告主帥

左右果毅都尉掌貳都尉每府有錄事一人府一人史二人兵曹府二人史二人每隊正領兵五十人武德元年改鷹揚郎將曰軍頭正四品下鷹擊郎將曰府副正五品上司馬曰長史正八品下校尉正六品下旅帥正七品下廢越騎步兵二校尉及察非掾又改軍頭曰驃騎將軍府副曰車騎將軍皆爲府諸率府置驃騎將軍五人車騎將軍十人二年以車騎將軍府隸驃騎府置十二軍分關內諸府皆隸焉每軍將軍一人副一人至六年廢七年改驃騎將軍府爲統軍府車騎將軍爲別將八年復置十二軍貞觀十年改統軍府曰折衝都尉別將曰果毅都尉軍爲坊置坊主一人檢校戶口勸課農桑以本坊五品勳官爲之三輔及近畿州都督府皆置府凡六百三十三永徽中廢長史置司馬一人總司兵司騎二局武后垂拱中以千二百人爲上府千人爲中府八百人爲下府赤縣爲赤府畿縣爲畿府聖曆元年廢司馬置長史兵曹參軍事又有別將一人從六品下居果毅都尉之次其後分左右各一人尋廢久之復置一人降其品開元初衞士爲武士諸衞折衝果毅別將擇有行者爲展仗押官右羽林軍十五人左羽林軍二十五人衣服同色諸衞有弩手左右驍衞各八十五人餘衞各八十三人

左右羽林軍大將軍各一人正三品將軍各三人從三品掌統北衙禁兵督攝左右廂飛騎儀仗大朝會則周衛階陛巡幸則夾馳道爲內仗凡飛騎番上者配其職有勅上南衙者大將軍承墨勅白移於金吾引駕仗官與監門奏覆降墨勅然後乃得入長史各一人從六品上錄事參軍事各一人正八品上倉曹參軍事各一人兼總騎曹事兵曹參軍事各一人胄曹參軍事各一人自倉曹參軍以下皆正八品下司階各二人正六品上中候各三人正七品下司戈各五人正八品上執戟各五人正九品下長上各十人

左右翊衛中郎將府中郎將一人正四品下左右中郎一人左右郎將一人皆正五品上兵曹參軍事一人正九品上校尉五人旅帥十人隊正二十人副隊正二十人有錄事一人史二人亭長二人掌固四人倉曹兵曹各府二人史四人胄曹府史各二人左右翊中郎將府錄事一人府一人史二人倉曹兵曹各府二人史四人胄曹府史各二人

左右龍武軍大將軍各一人正二品統軍各一人正三品將軍三人從三品掌同羽林長史錄事參軍事倉曹參軍事兵曹參軍事胄曹參軍事各一人司階

各二人中候各三人司戈執戟各五人長上各十人景雲元年置龍武將軍興元元年六軍各置統軍貞元三年龍武軍增將軍一員有錄事一人史二人亭長二人掌固四人倉曹府二人史四人兵曹府二人史四人冑曹府史各二人

左右神武軍大將軍各一人正二品統軍各一人正三品將軍三人從三品總衙前射生兵長史錄事參軍事倉曹參軍事兵曹參軍事冑曹參軍事各一人司階各二人中候各三人司戈執戟各五人長上各十人有錄事一人史二人倉曹兵曹冑曹府史皆如龍武軍開元二十六年分羽林置左右神武軍尋廢至德二年復置

左右神策軍大將軍各一人正二品統軍各二人正三品將軍各四人從三品掌衛兵及內外八鎮兵護軍中尉各一人中護軍各一人判官各三人都句判官二人句覆官各一人表奏官各一人支計官各一人孔目官各二人驅使官各二人自長史以下員數如龍武軍左右龍武左右神武左右神策號六軍貞元二年神策軍置大將軍將軍十四年置統軍品秩同六軍始殿前左右神威軍有大將軍二人正二品統軍二人從三品將軍二人從五品元和初爲一軍號天威軍八年廢以軍隸神策有馬軍步軍將軍及指揮使等以馬軍大將軍知軍事天復三年廢神策軍四年復置神策軍

東宮官

太子太師太傅太保各一人從一品掌輔導皇太子每見迎拜殿門三師答拜每門必讓三師坐太子乃坐與三師書前名惶恐後名惶恐再拜太子出則乘路備鹵簿以從

少師少傅少保各一人從二品掌曉三師德行以諭皇太子奉太子以觀三師之道德自太師以下唯其人不必備（先天元年開府置令丞各一人隸詹事府尋廢）

太子賓客四人正三品掌侍從規諫贊相禮儀宴會則上齒侍讀無常員掌講導經學（貞觀十八年以宰相兼賓客開元中定員四人太宗時晉王府有侍讀及爲太子亦置焉其後或置或否開元初十王宅引辭學工書者入教亦爲侍讀）

詹事府太子詹事一人正三品少詹事一人正四品上掌統三寺十率府之政少詹事爲之貳皇太子書稱令庶子以下署名奉行書案畫日丞二人正六品上掌判府事知文武官簿假使凡勑令及尚書省二坊符牒下東宮諸司者皆發焉

主簿一人從七品上錄事二人正九品下（隋廢詹事府武德初復置龍朔二年曰端尹府詹事曰端尹少詹事曰少

尹武后光宅元年改曰宮尹府詹事曰宮尹少詹事曰少尹有令史九人書令史十八人

司直一人正七品上掌糾劾宮寮及率府之兵皇太子朝則分知東西班監國則詹事庶子爲三司使司直一人與司議郎舍人分日受理啓狀太子出則分察鹵簿之內有令史一人書令史二人亭長四人掌固六人

左春坊左庶子二人正四品上中允二人正五品下掌侍從贊相駮正啓奏總司經典膳藥藏內直典設宮門六局皇太子出則版奏外辦中嚴入則解嚴凡令書下則與中允司議郎等畫諾覆審留所畫以爲案更寫印署注令諾送詹事府

司議郎二人正六品上掌侍從規諫駮正啓奏凡皇太子出入朝謁從祀釋奠講學監國之命可傳於史冊者錄爲記注宮坊祥眚官長除拜薨卒歲終則錄送史館

左諭德一人正四品下掌諭皇太子以道德隨事諷贊皇太子朝宮臣則列侍左階出入騎從

左贊善大夫五人正五品上掌傳令諷過失贊禮儀以經教授諸郡王錄事二人從八品下主事三人從九品下隋有內允武德三年改曰中舍人隸門下坊貞觀初曰中允十八年置司議郎永徽三年避皇太子名復改中允曰內允太子廢復舊龍朔二年改門下坊曰左春坊左庶子曰左中護中允曰左贊善大夫司議郎分左右置左右諭德各一人咸亨元年皆復舊司議郎不分左右其後諭德廢而司議郎復分儀鳳四年置左右贊善大夫各十人以同姓爲之景雲二年始兼用庶姓改門下坊曰左春坊復置諭德庶子以比侍中中允以比門下侍郎司議郎以比給事中贊善大夫以比諫議大夫諭德以比散騎常侍右坊則庶子以比中書令中舍人以比中書侍郎太子監國則庶子比尚書令有令史六人書令史十二人傳令四人掌儀一人贊者三人亭長三人掌固十人

崇文館學士二人掌經籍圖書教授諸生課試舉送如弘文館校書郎二人從九品下掌校理書籍貞觀十三年置崇賢館顯慶元年置學生二十人上元二年避太子名改曰崇文館有學士直學士及讎校皆無常員無其人則庶子領館事開元七年改讎校曰校書郎乾元初以宰相爲學士總館事貞元八年隸左春坊有館生十五人書直一人令史二人書令史二人典書二人搨書手二人楷書手十人熟紙匠一人裝潢匠二人筆匠一人

司經局洗馬二人從五品下掌經籍出入侍從圖書上東宮者皆受而藏之

文學三人正六品下分知經籍侍奉文章

校書四人正九品下正字二人從九品上掌校刊經史唐改太子正書曰正字龍朔三年改司經局曰

桂坊罷隸左春坊領崇賢館比御史臺以詹事二人爲令比御史大夫司直二人比侍御史以洗馬爲司經大夫置文學四人錄事一人正九品下三年改司經大夫曰桂坊大夫糾正違失咸亨元年復隸左春坊省錄事有書令史二人書吏二人典書四人楷書二十五人掌固六人裝潢匠二人熟紙匠筆匠各一人

典膳局典膳郎二人從六品下丞二人正八品上掌進膳嘗食丞爲之貳每夕更直於廚龍朔二年改典膳監曰典膳郎有書令史二人書吏四人主食六人典食二百人掌固四人

藥藏局藥藏郎二人從六品下丞二人正八品上掌和醫藥丞爲之貳皇太子有疾侍醫診候議方藥將進宮臣涖嘗如尚藥局之職有書令史一人書吏二人侍醫四人典藥二人藥童六人掌固四人

內直局內直郎二人從六品下丞二人正八品下掌符璽衣服繖扇几案筆硯垣牆龍朔二年改監曰內直郎副監曰丞有令史一人書吏二人典服十二人典扇八人典翰八人掌固六人武德中有典璽四人開元中廢

典設局典設郎四人從六品下丞二人正八品下掌湯沐燈燭汎掃鋪設凡皇太子散齋別殿致齋正殿前一日設幄坐於東序及室內張帷前楹龍朔二年改齋帥局曰典設局齋帥曰郎有書令史二人書吏四人幕士二百四十五人掌固十二人

宮門局宮門郎二人從六品下丞二人正八品下掌宮門管籥凡夜漏盡擊漏鼓而開夜漏上水一刻擊漏鼓而閉歲終行儺則先一刻而啓皇太子不在則闔正門還仗如常凡宮中唱時不鼓［龍朔三年改宮門監曰宮門郎有書令史一人書吏一人門僕百人掌固四人］

右春坊右庶子二人正四品下中舍人二人正五品下掌侍從獻納啓奏中舍人爲之貳皇太子監國下令書則畫日至春坊則庶子宣傳中舍人奉行

太子舍人四人正六品上掌令書表啓諸臣上皇太子大事以牋小事以啓其封題皆上右春坊通事舍人以進

通事舍人八人正七品下掌導宮臣辭見承令勞問右諭德一人右贊善大夫五人錄事一人主事二人品皆如左春坊［隋內舍人隸典書坊武德初改曰中舍人管記舍人曰太子舍人永徽元年避太子名復改中舍人曰內舍人龍朔三年改典書坊曰右春坊右庶子曰右中護中舍人曰右贊善大夫舍人曰右司議郎有令史九人書令史十八人傳令四人典謁四人亭長六人掌固十人］

家令寺家令一人從四品上掌飲膳倉儲總食官典倉司藏三署皇太子出入則乘軺車爲導祭祀賓客則供酒食賜予則奉金玉貨幣凡牀几茵席器物非

取於將作少府者皆供焉丞二人從七品下掌判寺事凡三署出納皆刺於詹事宅莊田園審肥瘠爲收斂之數宮朝坊府土木營膳則下於司藏主簿一人正九品下唐改司府令曰家令龍朔二年改家令寺曰宮府寺家令曰大夫有錄事一人府十人史二十人亭長四人掌固四人雜匠百人

食官署令一人從八品下丞二人從九品下掌飲膳酒醴凡四時供送設食皆顓焉供六品以下元日寒食冬至食於家令廚者有府二人史四人掌膳四人供膳百四十人奉觶三十人

典倉署令一人從八品下丞二人從九品下掌九穀醯醢庶羞器皿燈燭凡園圃樹藝皆受令焉每月籍出納上於寺歲終上詹事府給戶奴婢番戶雜戶資糧衣服有府三人史五人園丞二人史二人

司藏署令一人從八品下丞二人從九品下掌庫藏財貨出納營繕有府三人史四人計史二人

率更寺令一人從四品上掌宗族次序禮樂刑罰及漏刻之政太子釋奠講學齒胄則總其儀出入乘軺車爲導居家令之次坊寺府有罪者論罰庶人杖以下皆送大理皇太子未立則斷於大理

丞一人從七品上掌貳令事宮臣有犯理於率更者躬閱蔽罪而上於詹事

主簿一人正九品下掌印局凡宗族不序禮儀不節音律不諧漏刻不審刑名不法皆舉而正之決囚則與丞同涖龍朔二年改曰司更寺令曰司更大夫有錄事一人府三人史四人漏刻博士二人掌漏六人漏童二十人典鐘典鼓各十二人亭長四人掌固四人漏刻博士掌教漏刻

僕寺僕一人從四品上掌車輿乘騎儀仗喪葬總廄牧署太子出則率廄牧令進路親馭

丞一人從七品上掌判寺事凡馬畜芻粟歲以季夏上於詹事以時出入而節其數

主簿一人正九品下掌廄牧畜養車騎駕馭儀仗龍朔二年改曰馭僕寺僕曰大夫有進馬十一人錄事一人府三人史五人亭長二人掌固三人

廄牧署令一人從八品下丞二人從九品下掌車馬閑廄牧畜皇太子出則率典乘先期習路馬率駕士馭車乘既出進路式路車於西閤外南向以俟凡羣牧隸東宮者皆受其職事典乘四人從九品下有府三人史六人翼馭十人駕士十五人掌閑六百人獸醫十

人主輅三十人翼馭掌調馬執馭

太子左右率府率各一人正四品上副率各二人從四品上掌兵仗儀衛凡諸曹及三府外府皆隸焉元日冬至皇太子朝宮臣諸方使則率衛府之屬為衛每月三府三衛及五府超乘番上者配以職武德五年改左右侍率曰左右衛率府左右武侍衛率曰左右宗衛率府左右宮門將曰左右監門率府龍朔二年改左右衛率府曰左右典戎衛左右宗衛率府曰左右司禦率府左右虞候率府曰左右清道衛左右內率府曰左右奉裕衛左右監門率府曰左右崇掖衛武后垂拱中改左右監門率府曰左右鶴禁衛神龍元年改左右司禦率府曰左右宗衛府左右清道衛曰左右虞候率府景雲二年左右宗衛府復曰左右司禦率府開元初左右虞候率府復曰左右清道率府

長史各一人正七品上掌判諸曹府季秋以屬官功狀上於率而為考課

錄事參軍事各一人從八品上倉曹參軍事兵曹參軍事冑曹參軍事騎曹參軍事各一人從八品下倉曹掌文官簿書兵曹掌武官簿書冑曹掌器械公廨營繕司階各一人從六品上中候各二人從七品下司戈各二人從八品上執戟各三人散長上各十人從九品下左右司禦清道監門內率府自率以下品同有錄事一人府一人史一人倉曹府一人史二人兵曹冑曹各府二人史三人騎曹府五人史七人亭長掌固各二人

親府勳府翊府三府每府中郎將各一人從四品上左右郎將各一人正五品
下中郎將郎將掌其府校尉旅帥及親勳翊衛之屬宿衛而總其事
兵曹參軍事各一人從九品上掌判句大朝會及皇太子出則從鹵簿而涖其
儀親衛從七品上勳位正八品上翊衛從八品上員皆亡校尉各五人從六品
上旅帥各十人正七品下隊正各二十人從八品上武德元年改功曹曰親衛義曹曰勳衛良曹曰翊衛
置三府有錄事二人府史各一人
太子左右司禦率府率各一人正四品上副率各二人從四品上掌同左右衛
凡諸曹及外府旅賁番上者隸焉長史各一人正七品上錄事參軍事各一人
從八品上倉曹參軍事兵曹參軍事冑曹參軍事騎曹參軍事各一人從八品
下司階各一人中候各二人司戈各二人執戟各三人親衛勳衛翊衛三府中
郎將以下如左右衛率府有錄事一人史二人倉曹府一人史二人兵曹府二人史三人冑曹府史各二人亭長一人掌固二人
太子左右清道率府率各一人副率各二人掌晝夜巡警凡諸曹及外府直盪
番上者隸焉皇太子出入則以清游隊先導後拒隊爲殿長史各一人錄事參

軍事各一人從八品上倉曹參軍事兵曹參軍事胄曹參軍事各一人從八品下左右司階各一人左右中候各二人左右司戈各一人左右執戟各三人親衛勳衛翊衛三府中郎將以下如左右衛率府（有錄事一人史二人亭長二人掌固二人倉曹府一人史二人兵曹府二人史三人胄曹府二人史二人細引押仗五十人）

太子左右監門率府率各一人副率各二人掌諸門禁衛凡財物器用出者有籍長史各一人錄事參軍事各一人正九品下兵曹參軍事各一人正九品下兼領倉曹胄曹參軍事各一人正九品下監門直長七十八人從七品下（唐改宮門將曰監門率直事曰直長有錄事一人史二人亭長一人掌固二人兵曹府二人史二人胄曹府二人史三人）

太子左右內率府率各一人副率各一人掌千牛供奉之事皇太子坐日領千牛升殿射于射宮則千牛奉弓矢立東階西面率奉弓副率奉矢決拾北面張弓左執弣右執簫以進副率以弓拂矢而進各退立於位既射左內率啓其中否長史各一人錄事參軍事各一人正九品上兵曹參軍事各一人正九品下兼領倉曹胄曹參軍事各一人正九品下千牛各四十四人從七品上（唐置兵曹改司

使左右復曰千牛備身主射左右復曰備身左右弓箭備身去弓箭之名龍朔二年改千牛備身曰奉裕開元中千牛備身備身左右𢍰爲千牛有備身二十八人主仗四十人錄事一人史二人兵曹府一人史二人胄曹府一人史一人

唐書卷四十九上

珍倣宋版印

唐書卷四十九上考證

百官志四上左右羽林軍將軍各三人○舊書作二員

左右龍武軍大將軍各一人正二品○舊書作正三品

唐書卷四十九上考證

唐書卷四十九下

宋　翰　林　學　士　歐　陽　修　撰

志第三十九下

百官志

王府官

傅一人，從三品，掌輔正過失。諮議參軍事一人，正五品上，掌訏謀議事。友一人，從五品下，掌侍游處，規諷道義。侍讀無定員。文學一人，從六品上，掌校典籍，侍從文章。東西閤祭酒各一人，從七品上，掌禮賢良，導賓客。自祭酒以下爲王官。武德中，置師一人，常侍二人，侍郎四人，皆掌表啓書疏，贊相禮儀；舍人四人，掌通傳引納；謁者二人，舍人二人。諮議參軍事、友皆正五品下，文學、祭酒皆正六品下。高宗、中宗時，相王府長史以宰相兼之，魏、雍、衞王府以尚書兼之，徐、韓二王爲刺史，府官同外官，資望愈下。永淳以前，王未出閤則不開府。天授二年，置皇孫府官。玄宗諸子多不出閤，王官益輕，而員亦減矣。景雲二年，改師曰傅。開元二年廢，尋復置。廢常侍、侍郎、謁者、舍人。開成元年，改諸王侍讀曰奉諸王講讀。大中初復舊。

長史一人，從四品上；司馬一人，從四品下；皆掌統府僚、紀綱職務。掾一人，掌通判功曹、倉曹、戶曹事；屬一人，皆正六品上，掌通判兵曹、騎曹、法曹、士曹事。主簿

一人掌覆省書教記室參軍事二人掌表啓書疏錄事參軍事一人皆從六品
上掌付事句稽省署鈔目錄事一人從九品下功曹參軍事掌文官簿書考課
陳設倉曹參軍事掌祿廩廚膳出納市易畋漁芻稿戶曹參軍事掌封戶僮僕
弋獵過所兵曹參軍事掌武官簿書考課儀衞假使騎曹參軍事掌廄牧騎乘
文物器械法曹參軍事掌按訊決刑士曹參軍事掌土功公廨自功曹以下各
一人正七品上參軍事二人正八品下行參軍事四人從八品上皆掌出使雜
檢校典籤二人從八品下掌宣傳書教武德中改功曹以下書佐法曹行書佐士曹佐皆曰參軍事長兼行書佐曰行
參軍廢城局參軍事又有鎧曹參軍事二人掌儀衞兵仗田曹參軍事一人掌公廨職田弋獵水曹參軍事二人掌舟舡漁捕芻草皆正七品下家吏二人百
司閤事謁者一人正七品下司閤一人正九品下貞觀中廢鎧曹田曹水曹武后時家吏以下皆廢主簿記室有史二人錄事功曹倉曹兵曹騎曹法曹士曹
各府二人史二人戶曹府史各二人自典籤以上爲府官郡王嗣王不置長史
親事府典軍二人正五品上副典軍二人從五品上皆掌校尉以下守衞陪從
兼知鞍馬校尉五人從六品上旅帥從七品下隊正從八品下隊副從九品下
皆掌領事帳內陪從自旅帥以下視親事多少乃置帳內府典軍二人正五品

上副典軍二人從五品上自校尉以下員如親事府初典軍以武官及流外爲之領執仗帳內等秦王齊王府置左右六護軍府左右護軍府左右帳內府左一右一護一軍府護軍各一人副護軍各二人長史錄事參軍事倉曹兵曹鎧曹參軍事各一人統軍各五人別將各一人左二右二護軍府左三右三護軍府減統軍三人別將六人左右親軍府統軍各一人長史各一人錄事參軍事兵曹鎧曹參軍事左別將右別將各一人帳內府職員與護軍府同又有庫直隸親事府驅咥直隸帳內府選材勇爲之貞觀中庫直以下皆廢親事府有府一人史二人執仗親事十六人執弓仗執乘親事十六人掌供騎乘親事二百三十人帳內府有府一人史一人帳內六百六十七人

親王國令一人從七品下大農一人從八品下掌判國司尉一人正九品下丞一人從九品下學官長丞各一人掌教授內人食官長丞各一人掌營膳食廐牧長丞各二人掌畜牧典府長丞各二人掌府內雜事長皆正九品下丞皆從九品下有典衞八人掌守衞陪從舍人四人錄事一人府四人史八人公主邑司令一人從七品下丞一人從八品下掌公主財貨稟積田園主簿一人正九品下錄事一人從九品下督封租主家財貨出入有史八人謁者二人舍人二人家史二人

外官

天下兵馬元帥副元帥都統副都統行軍長史行軍司馬行軍左司馬行軍右

司馬判官掌書記行軍參謀前軍兵馬使中軍兵馬使後軍兵馬使中軍都虞候各一人元帥都統招討使掌征伐兵罷則省都統總諸道兵馬不賜旌節高祖起兵置左右領軍大都督各總三軍及定京師置左右元帥太原道行軍元帥西討元帥皆親王領之天寶末置天下兵馬元帥都統朔方河東河北平盧節度使招討都統之名始於此大曆八年罷天下兵馬元帥建中四年以李希烈反置諸軍行營兵馬都元帥興元元年置副都統會昌中置靈夏六道元帥黃巢之難置諸道行營都都統天福二年置諸道兵馬元帥尋復改曰天下兵馬元帥

行軍司馬掌弼戎政居則習蒐狩有役則申戰守之法器械糧糒軍籍賜予皆專焉武德元年改贊治曰治中太宗即位曰司馬下州亦置焉顯慶二年置洛州司馬武后大足元年東都北都雍荊揚益州置左右司馬神龍三年省太極元年雍洛四大都督府增司馬一人亦分左右

掌書記掌朝覲聘問慰薦祭祀祈祝之文與號令升絀之事行軍參謀關豫軍中機密景龍元年置掌書記開元十二年罷行軍參謀尋復置

節度使副大使知節度事行軍司馬副使判官支使掌書記推官巡官衙推各一人同節度副使十人館驛巡官四人府院法直官要籍逐要親事各一人隨軍四人節度使封郡王則有奏記一人兼觀察使又有判官支使推官巡官衙

推各一人又兼安撫使則有副使判官各一人兼支度營田招討經略使則有副使判官各一人支度使復有遣運判官巡官各一人節度使掌總軍旅顓誅殺初授具帑抹兵仗詣兵部辭見觀察使亦如之辭日賜雙旌雙節行則建節樹六纛中官祖送次一驛輒上聞入境州縣築節樓迎以鼓角衙仗居前旌幢居中大將鳴珂金鉦鼓角居後州縣齋印迎于道左視事之日設禮案高尺有二寸方八尺判三案節度使判宰相觀察使判節度使團練使判觀察使三日洗印視其刓缺歲以八月考其治否銷兵爲上考足食爲中考邊功爲下考觀察使以豐稔爲上考省刑爲中考辦稅爲下考團練使以安民爲上考懲姦爲中考得情爲下考防禦使以無虞爲上考清苦爲中考政成爲下考經略使以計度爲上考集事爲中考修造爲下考罷秩則交廳以節度使印自隨留觀察使營田等印以郎官主之鏁節樓節堂以節院使主之祭奠以時入朝未見不入私第京兆河南牧大都督大都護皆親王遙領兩府之政以尹主之大都督府之政以長史主之大都護府之政以副大都護主之副大都護則兼王府長

史其後有持節爲節度副大使知節度事者正節度也諸王拜節度大使者皆留京師

觀察使副使支使判官掌書記推官巡官衙推隨軍要籍進奏官各一人

團練使副使判官推官巡官衙推各一人

防禦使副使判官推官巡官各一人觀察處置使掌察所部善惡舉大綱凡奏請皆屬於州貞觀初遣大使十三人巡省天下諸州水旱則遣使有巡察安撫存撫之名神龍二年以五品以上二十人爲十道巡察使按舉州縣再周而代景雲二年置都督二十四人察刺史以下善惡置司舉從事二人秩比侍御史揚益幷荊四州爲大都督汴兗魏冀蒲綿秦洪潤越十州爲中都督皆正三品齊鄜涇襄安潭遂通梁夔十州爲下都督從三品當時以爲權重難制罷之唯四大都督府如故置十道按察使道各一人開元二年曰十道按察採訪處置使至四年罷八年復置十道按察使秋冬巡視州縣十年又罷十七年復置十道京都兩畿按察使二十年曰採訪處置使分十五道天寶末又兼黜陟使乾元元年改曰觀察處置使

西都東都北都牧各一人從二品西都東都北都鳳翔成都河中江陵興元興德府尹各一人從三品掌宣德化歲巡屬縣觀風俗錄囚恤鰥寡親王典州則歲以上佐巡縣武德元年雍州置牧一人以親王爲之然常以別駕領州事永徽中改尹曰長史初太宗伐高麗置京城留守其後車駕不在

京都則置留守以右金吾大將軍爲副留守開元元年改京兆河南府長史復爲尹通判府務牧缺則行其事十一年太原府亦置尹及少尹以尹爲留守少尹爲副留守謂之三都留守三都大都督府有典獄十八人問事十二人白直一十四人典獄以防守囚繫問事以行罰中府上州典獄十四人問事八人白直二十人下府中州典獄十二人問事六人白直十六人下州典獄八人問事四人白直十六人自三都以下皆有執刀十五人

少尹二人從四品下掌貳府州之事歲終則更次入計司錄參軍事二人正七品上錄事四人從九品上功曹倉曹戶曹田曹兵曹法曹士曹參軍事各二人皆正七品下參軍事六人正八品下六府錄事參軍事以下減一人錄事參軍事掌正違失莅符印武德初改州主簿曰錄事參軍事開元元年改曰司錄有史十人大都督府有史四人中府有史三人下府都護府上州中州下州有史二人

功曹司功參軍事掌考課假使祭祀禮樂學校表疏書啓祿食祥異醫藥卜筮陳設喪葬武德初司功司倉司戶司兵司法司士書佐皆爲司功等參軍事有府四人史十人大都督府有府三人史六人中府有府二人史三人下府有府一人史三人大都護府有府一人史二人上府有府史各二人上州有佐二人史五人中州減史二人

倉曹司倉參軍事掌租調公廨庖廚倉庫市肆有府五人史十三人大都督府有府四人史六人中府下府各有府三人史五人都護府有府史各二人上州有佐二人史五人中州下州減史二人

戶曹司戶參軍事掌戶籍計帳道路過所蠲符雜傜逋負良賤芻藁逆旅婚姻田訟旌別孝弟有府八人史十六人帳史二人知籍按帳目捉錢大都督府有府四人史七人帳史二人中府有府三人史五人帳史一人下府有府二人史五人帳史一人上州有佐四人史六人帳史一人中州有佐三人史五人帳史一人下州有佐二人史四人帳史一人都護府有府史各二人帳史一人

田曹司田參軍事掌園宅口分永業及蔭田景龍三年初置司田參軍事唐隆九年省上元二年復置有府四人史十人大都督府有府二人史六人中府有府史各二人下府有府一人史二人上州有佐二人史五人中州下州減史二人

兵曹司兵參軍事掌武官選兵甲器仗門禁管鑰軍防烽候傳驛畋獵有府六人史十四人大都督府有府四人史八人中府有府三人史六人下府有府二人史五人都護府有府三人史四人上州有佐二人史五人中州減史二人

法曹司法參軍事掌鞫獄麗法督盜賊知贓賄沒入有府六人史十四人大都督府有府三人史八人中府有府三人史六人下府有府二人史五人上州有佐四人史七人中州有佐一人史四人下州有佐一人史三人

士曹司士參軍事掌津梁舟車舍宅工藝有府五人史十一人大都督府有府四人史八人中府下府有府三人史六人上州有佐二人史五人中州有佐一人史四人

參軍事掌出使贊導武德初改行書佐曰行參軍尋又改曰參軍事初有亟使十五人後省

文學一人從八品上掌以五經授諸生縣則州補州則授於吏部然無職事衣冠恥之（武德初置經學博士助教學生德宗即位改博士曰文學元和六年廢中州下州文學京兆等三府助教二人學生八十人大都督府上州各助教一人中都督府學生五十人下府下州各四十人）

醫學博士一人從九品上掌療民疾（貞觀三年置醫學有醫藥博士及學生開元元年改醫藥博士為醫學博士諸州置助教寫本草百一集驗方藏之未幾醫學博士學生皆省僻州少醫藥者如故二十七年復置醫學生掌州境巡療永泰元年復置醫學博士三都都督府上州中州各有助教一人三都學生二十人都督府上州二十人中州下州十人）

大都督府都督一人從二品長史一人從三品司馬二人從四品下錄事參軍事一人正七品上錄事二人從九品上功曹參軍事倉曹參軍事戶曹參軍事田曹參軍事兵曹參軍事法曹參軍事士曹參軍事各一人正七品下參軍事五人正八品下市令一人從九品上文學一人正八品下醫學博士一人從八品上中都督府都督一人正三品別駕一人正四品下長史一人正五品上司馬一人正五品下錄事參軍事一人正七品下錄事二人從九品上功曹參軍事倉曹參軍事戶曹參軍事田曹參軍事兵曹參軍事法曹參軍事士曹參軍

事各一人從七品上參軍事四人從八品上市令一人從九品上文學一人從八品上醫學博士一人正九品上下都督府都督一人從三品別駕一人從四品下長史一人從五品上司馬一人從五品下錄事參軍事一人從七品上錄事二人從九品上功曹參軍事倉曹參軍事戶曹參軍事田曹參軍事兵曹參軍事法曹參軍事士曹參軍事各一人從七品下參軍事三人從八品下文學一人從八品下醫學博士一人正九品上都督掌督諸州兵馬甲械城隍鎮戍糧稟總判府事武德初邊要之地置總管以統軍加號使持節蓋漢刺史之任有行臺有大行臺其員有尚書省令一人正二品掌管內兵民總判省事有僕射二人從二品掌貳令事自左右丞以下諸司郎中略如京省又有食貨監一人丞二人掌膳羞財物賓客帳具音樂醫藥有農圃監一人丞四人掌倉廩園圃薪炭芻稿運漕有武器監一人丞二人掌兵械廄牧有百工監一人丞四人掌舟車營作監皆八品下丞正九品下七年改總管曰都督總十州者爲大都督貞觀二年去大字凡都督府有刺史以下如故然大都督又兼刺史而不檢校州事其後都督加使持節則爲將諸將亦通以都督稱唯朔方猶稱大總管邊州別置經略使沃衍有屯田之州則置營田使武后聖曆元年以夏州都督領鹽州防禦使及安祿山反諸郡當賊衝者皆置防禦守捉使乾元元年置團練守捉使都團練守捉使大者領州十餘小者二三州代宗即位廢防禦使唯山南西道如故元載秉政思結人心刺史皆得兼團練守捉使楊綰爲相罷團練守捉使唯澧朗峽興鳳如故建中後行營亦置節度使防禦使都團練使大率節度觀察防禦團練使皆兼所治州刺史都督府則領長史

都護或亦別置都護都督府有掾有屬有記室參軍事有典籤武德中省

市令一人從九品上掌交易禁姦非通判市事貞觀十七年廢市令垂拱元年復置都督府三都諸州各有市

丞一人佐一人史二人帥三人分行檢察倉督二人顓涖出納史二人下州省丞

大都護府大都護一人從二品副大都護二人從三品副都護二人正四品上長史一人正五品上司馬一人正五品下錄事參軍事一人正七品上錄事二人從九品上功曹參軍事倉曹參軍事戶曹參軍事兵曹參軍事法曹參軍事各一人正七品下參軍事三人正八品下上都護一人正三品副都護二人從四品上長史一人正五品上司馬一人正五品下錄事參軍事一人正七品下功曹參軍事倉曹參軍事戶曹參軍事兵曹參軍事各一人從七品上參軍事三人從八品上都護掌統諸蕃撫慰征討敘功罰過總判府事

上州刺史一人從三品職同牧尹別駕一人從四品下武德元年改太守曰刺史加使持節丞曰別駕十年改雍州別駕曰長史高宗即位改別駕皆為長史上元二年諸州復置別駕以諸王子為之永隆元年省永淳元年復置景雲二年始參用庶姓天寶元年改刺史曰太守八載諸郡廢別駕下郡置長史一員上元二年諸州復置別駕德宗時復省元和長慶之際兩河用兵裨將有功者補東宮王府官久次當

進及受代居京師者常數十人訴宰相以求官文宗世宰相韋處厚建議復置兩輔六雄十望十緊州別駕長史一人從五品上司馬一人從五品下錄事參軍事一人從七品上錄事一人從九品下司功參軍事一人司倉參軍事一人司戶參軍事二人司田參軍事一人司兵參軍事一人司法參軍事二人司士參軍事一人皆從七品下參軍事四人從八品下市令一人從九品上丞一人從九品下文學一人從八品下醫學博士一人從九品下中州刺史一人正四品下錄事參軍事一人正八品上錄事一人從九品上司功參軍事司倉參軍事司戶參軍事司田參軍事司兵參軍事司法參軍事司士參軍事各一人正八品下參軍事三人正九品下醫學博士一人從九品下下州刺史一人正四品下別駕一人從五品上司馬一人從六品上錄事參軍事一人從八品上錄事一人從九品下司倉參軍事司戶參軍事司田參軍事司法參軍事各一人從八品下參軍事二人從九品下醫學博士一人從九品下諸軍各置使一人五千人以上有副使一人萬人以上有營田副使一人軍皆有倉兵冑三曹參軍事刺史領使則置副使推

官衙官州衙推軍衙推

京縣令各一人正五品上丞二人從七品上主簿二人從八品上錄事二人從九品下尉六人從八品下畿縣令各一人正六品上丞一人正八品下主簿一人正九品上尉二人正九品下上縣令一人從六品上丞一人從八品下主簿一人正九品下尉二人從九品上中縣令一人正七品上丞一人從八品下主簿一人從九品上尉一人從九品下中下縣令一人從七品上丞一人正九品上主簿一人從九品上尉一人從九品下下縣令一人從七品下丞一人正九品下主簿一人從九品上尉一人從九品下縣令掌導風化察冤滯聽獄訟凡民田收授縣令給之每歲季冬行鄉飲酒禮籍帳傳驛倉庫盜賊隄道雖有專官皆通知縣丞爲之貳縣尉分判衆曹收率課調武德元年改書佐曰縣尉尋改曰正諸縣置主簿以流外爲之京縣上縣丞皆一人畿縣上縣正皆四人七年改縣正復曰尉貞觀初諸縣置錄事開元中上縣萬戶中縣四千戶以上增尉一人京兆河南府諸縣戶三千以上置市令一人戶一萬以上置義倉督三人其後畿縣戶不及四千亦置尉二人萬戶增一人凡縣有司功佐司倉佐司戶佐司兵佐司法佐司士佐典獄門事等畿縣減司兵上縣有司戶司法而已凡縣皆有經學博士助教各一人京縣學生五十人畿縣四十人中縣以下各二十五人

上鎭將一人正六品下鎭副二人正七品下倉曹參軍事兵曹參軍事各一人從八品下中鎭將一人正七品上鎭副一人從七品上兵曹參軍事一人正九品下下鎭將一人正七品下鎭副一人從七品下兵曹參軍事一人從九品下每鎭又有使一人副使一人凡軍鎭三萬人以上置司馬一人正六品上增倉曹兵曹參軍事各一人從七品下不及二萬者司馬從六品上倉曹兵曹參軍事正八品上上戍主一人正八品下戍副一人從八品下中戍主一人從八品下下戍主一人正九品下鎭將鎭副戍主戍副掌捍防守禦凡上鎭二十中鎭九十下鎭一百三十五上戍十一中戍八十六下戍二百四十五倉曹參軍事掌儀式倉庫飮膳醫藥付事句稽省署鈔目監印給紙筆市易公廨中鎭則兵曹兼掌兵曹參軍事掌防人名帳戎器管鑰馬驢土木讁罰之事上鎭有錄事一人史一人倉曹佐一人史二人兵曹佐史各二人倉督二人史二人中鎭錄事一人兵曹佐一人史四人倉督一人史二人下鎭錄事一人兵曹佐一人史二人倉督一人史一人凡軍鎭五百人有押官一人千人有子總管一人五千人又有府三人史四人上戍佐一人史二人中戍史二人下戍史一人唐廢戍子每防人五百人爲上鎭三百人爲中鎭不及者爲下鎭五十人爲上戍三十人爲中戍不及者爲下戍開元十五年朔方五城各置田曹參軍事一人品同諸軍判司專

莅營田永泰後諸鎮官頗增減開元之舊

五岳四瀆令各一人正九品上掌祭祀有祝史三人齋郎各十三人上關令一人從八品下丞二人正九品下中關令一人正九品下丞一人從九品下下關令一人亦從九品下掌禁末游察姦慝凡行人車馬出入據過所爲往來之節凡關二十有六京四面關有驛道者爲上關無驛道者爲中關餘爲下關丞掌付事句稽監部省署鈔目通判關事上關錄事一人府二人史四人典事六人中關錄事一人府二人史二人典事四人下關府一人史典事各二人典事掌巡雍及雜當初諸關置都尉亦有他官奉勅監者上津置尉一人掌舟梁之事府一人史二人津長四人下津尉一人府一人史二人津長二人永徽中廢津尉上關置津吏八人永泰元年中關置津吏六人下關四人無津者不置

唐書卷四十九下

珍倣宋版印

唐書卷四十九下考證

百官志四下王府官文學一人○舊書作二人

外官大都督府參軍事一人○舊書作二人

田曹參軍事○舊書無

上州司田參軍事一人○舊書無

唐書卷四十九下考證

珍倣宋版印

唐書卷五十

宋　翰　林　學　士　歐　陽　修　撰

兵志第四十

古之有天下國家者其興亡治亂未始不以德而自戰國秦漢以來鮮不以兵夫兵豈非重事哉然其因時制變以苟利趨便至於無所不爲而考其法制雖可用於一時而不足施於後世者多矣惟唐立府兵之制頗有足稱焉蓋古者兵法起於井田自周衰王制壞而不復至於府兵始一寓之於農其居處教養畜材待事動作休息皆有節目雖不能盡合古法蓋得其大意焉此高祖太宗之所以盛也至其後世子孫驕弱不能謹守屢變其制夫置兵所以止亂及其弊也適足爲亂又其甚也至困天下以養亂而遂至於亡焉蓋唐有天下二百餘年而兵之大勢三變其始盛時有府兵府兵後廢而爲彍騎彍騎又廢而方鎮之兵盛矣及其末也彊臣悍將兵布天下而天子亦自置兵於京師曰禁軍其後天子弱方鎮彊而唐遂以亡滅者措置之勢使然也若乃將卒營陣車旗

器械征防守衛凡兵之事不可以悉記記其廢置得失終始治亂興滅之迹以
爲後世戒云府兵之制起自西魏後周而備於隋唐與因之隋制十二衛曰翊
衛曰驍騎衛曰武衛曰屯衛曰禦衛曰候衛爲左右皆有將軍以分統諸府之
兵府有郎將副郎將坊主團主以相統治又有驃騎車騎二府皆有將軍後更
驃騎曰鷹揚郎將車騎曰副郎將別置折衝果毅自高祖初起開大將軍府以
建成爲左領大都督領左三軍燉煌公爲右領大都督領右三軍元吉統中軍
發自太原有兵三萬人及諸起義以相屬與降羣盜得兵二十萬武德初始置
軍府以驃騎車騎兩將軍府領之析關中爲十二道曰萬年道長安道富平道
醴泉道同州道華州道寧州道岐州道豳州道西麟州道涇州道宜州道皆置
府三年更以萬年道爲參旗軍長安道爲鼓旗軍富平道爲玄戈軍醴泉道爲
井鉞軍同州道爲羽林軍華州道爲騎官軍寧州道爲折威軍岐州道爲平道
軍豳州道爲招搖軍西麟州道爲苑游軍涇州道爲天紀軍宜州道爲天節軍
軍置將副各一人以督耕戰以車騎府統之六年以天下既定遂廢十二軍改

驃騎曰統軍車騎曰別將居歲餘十二軍復而軍置將軍一人軍有坊置主一人以檢察戶口勸課農桑太宗貞觀十年更號統軍爲折衝都尉別將爲果毅都尉諸府總曰折衝府凡天下十道置府六百三十四皆有名號而關內二百六十有一皆以隸諸衞凡府三等兵千二百人爲上千人爲中八百人爲下府置折衝都尉一人左右果毅都尉各一人長史兵曹別將各一人校尉六人士以三百人爲團團有校尉五十人爲隊隊有正十人爲火火有長火備六馱馬凡火具烏布幕鐵馬盂布槽鍤钁鑿碓筐斧鉗鋸皆一甲牀二鎌二隊具火鑽一胸馬繩一首羈足絆皆三人具弓一矢三十胡祿橫刀礪石大觿氈帽氈裝行縢皆一麥飯九斗米二斗皆自備并其介冑戎具藏於庫有所征行則視其入而出給之其番上宿衞者惟給弓矢橫刀而已凡民年二十爲兵六十而免其能騎而射者爲越騎其餘爲步兵武騎排䂍手步射每歲季冬折衝都尉率五校兵馬之在府者置左右二校尉位相距百步每校爲步隊十騎隊一皆卷矟幡展刃旗散立以俟角手吹大角一通諸校皆斂人騎爲隊二通偃旗矟解

幡三通旗稍舉左右校擊鼓二校之人合譟而進右校擊鉦隊少却左校進逐至右校立所左校擊鉦少却右校進逐至左校立所右校復擊鉦隊還左校復薄戰皆擊鉦隊各還大角復鳴一通皆卷幡攝矢弛弓匣刃二通旗稍舉隊皆進三通左右校皆引還是日也因縱獵獲各入其人其隸於衛也左右衛皆領六十府諸衛領五十至四十其餘以隸東宮六率凡發府兵皆下符契州刺史與折衝勘契乃發若全府發則折衝都尉以下皆行不盡則果毅行少則別將行當給馬者官予其直市之每匹予錢二萬五千刺史折衝果毅歲閱不任戰事者鬻之以其錢更市不足則一府共足之凡當宿衛者番上兵部以遠近給番五百里爲五番千里七番一千五百里八番二千里十番外爲十二番皆一月上若簡留直衛者五百里爲七番千里八番二千里十番外爲十二番亦月上先天二年詔曰往者分建府衛計戶充兵裁足周事二十一入幕六十一出軍多憚勞以規避匿今宜取年二十五以上五十而免屢征鎮者十年免之雖有其言而事不克行玄宗開元六年始詔折衝府兵每六歲一簡自高宗武后

時天下久不用兵府兵之法寖壞番役更代多不以時衛士稍稍亡匿至是益耗散宿衛不能給宰相張說乃請一切募士宿衛十一年取京兆蒲同岐華府兵及白丁而益以潞州長從兵共十二萬號長從宿衛歲二番命尚書左丞蕭嵩與州吏共選之明年更號曰彍騎又詔諸州府馬闕官私共補之今兵貧難致乃給以監牧馬然自是諸府士益多不補折衝將又積歲不得遷士人皆恥爲之十三年始以彍騎分隸十二衛總十二萬爲六番每衛萬人京兆彍騎六萬六千華州六千同州九千蒲州萬二千三百絳州三千六百晉州千五百岐州六千河南府三千陝虢汝鄭懷汴六州各六百內弩手六千其制皆擇下戶白丁宗丁品子彊壯五尺七寸以上不足則兼以戶八等五尺以上皆免征鎮賦役爲四籍兵部及州縣衛分掌之十人爲火五火爲團皆有首長又擇材勇者爲番頭頗習弩射又有羽林軍飛騎亦習弩凡伏遠弩自能施張縱矢三百步四發而二中擘張弩二百三十步四發而二中角弓弩二百步四發而三中單弓弩百六十步四發而二中皆爲及第諸軍皆近營爲堋士有便習者教試

之及第者有賞自天寶以後彍騎之法又稍變廢士皆失拊循八載折衝諸府
至無兵可交李林甫遂請停上下魚書其後徒有兵額官吏而戎器馱馬鍋幕
糗糧並廢矣故時府人目番上宿衛者曰侍官言侍衛天子至是衛佐悉以假
人爲童奴京師人恥之至相罵辱必曰侍官而六軍宿衛皆市人富者販繒綵
食粱肉壯者爲角觝拔河翹木扛鐵之戲及祿山反皆不能受甲矣初府兵之
置居無事時耕於野其番上者宿衛京師而已若四方有事則命將以出事解
輒罷兵散于府將歸于朝故士不失業而將帥無握兵之重所以防微漸絕禍
亂之萌也及府兵法壞而方鎮盛武夫悍將雖無事時據要險專方面既有其
土地又有其人民又有其甲兵又有其財賦以布列天下然則方鎮不得不彊
京師不得不弱故曰措置之勢使然者以此也夫所謂方鎮者節度使之兵也
原其始起於邊將之屯防者唐初兵之戍邊者大曰軍小曰守捉曰城曰鎮而
總之者曰道若盧龍軍一東軍等守捉十一曰平盧道橫海北平高陽經略安
塞納降唐興渤海懷柔威武鎮遠靜塞雄武鎮安懷遠保定軍十六曰范陽道

天兵大同天安橫野軍四岢嵐等守捉五曰河東道朔方經略豐安定遠新昌天柱宥州經略橫塞天德天安軍九三受降豐寧保寧烏延等六城新泉守捉一曰關內道赤水大斗白亭豆盧墨離建康寧寇玉門伊吾天山軍十烏城等守捉十四曰河西道瀚海清海靜塞軍三沙鉢等守捉十曰北庭道保大軍一鷹娑都督一蘭城等守捉八曰安西道鎮西天成振威安人綏戎河源白水天威榆林臨洮莫門神策寧邊威勝金天武寧曜武積石軍十八平夷綏和合川守捉三曰隴右道威戎安夷昆明寧遠洪源通化松當平戎天保威遠軍十羊灌田等守捉十五新安等城三十二犍爲等鎮三十八曰劍南道嶺南安南桂管邕管容管經略清海軍六曰嶺南道福州經略軍一曰江南道平海軍一東牟東萊守捉二蓬萊鎮一曰河南道此自武德至天寶以前邊防之制其軍城鎮守捉皆有使而道有大將一人曰大總管已而更曰大都督至太宗時行軍征討曰大總管在其本道曰大都督自高宗永徽以後都督帶使持節者始謂之節度使然猶未以名官景雲二年以賀拔延嗣爲涼州都督河西節度使自

此而後接乎開元朔方隴右河東河西諸鎮皆置節度使及范陽節度使安祿山反犯京師天子之兵弱不能抗遂陷兩京肅宗起靈武而諸鎮之兵共起誅賊其後祿山子慶緒及史思明父子繼起中國大亂肅宗命李光弼等討之號九節度之師久之大盜既滅而武夫戰卒以功起行陣列爲侯王者皆除節度使由是方鎮相望於內地大者連州十餘小者猶兼三四故兵驕則逐帥帥彊則叛上或父死子握其兵而不肯代或取捨由於士卒往往自擇將吏號爲留後以邀命於朝天子顧力不能制則忍恥含垢因而撫之謂之姑息之政蓋姑息起於兵驕兵驕由於方鎮姑息愈甚而兵將愈俱驕由是號令自出以相侵擊虜其將帥幷其土地天子熟視不知所爲反爲和解之莫肯聽命始時爲朝廷患者號河朔三鎮及其末朱全忠以梁兵李克用以晉兵更犯京師而李茂貞韓建近據岐華妄一喜怒兵已至於國門天子爲殺大臣罪己悔過然後去及昭宗用崔胤召梁兵以誅宦官而劫天子天子奔岐梁兵圍之逾年當此之時天下之兵無復勤王者嚮之所謂三鎮者徒能始禍而已其他大鎮南則吳

浙荊湖閩廣西則岐蜀北則燕晉而梁盜據其中自國門以外皆分裂於方鎮矣故兵之始重於外也土地民賦非天子有既其盛也號令征伐非其有又其甚也至無尺土而不能庇其妻子宗族遂以亡滅語曰兵猶火也弗戢將自焚夫惡危亂而欲安全者庸君常主之能知至於措置之失則所謂困天下以養亂也唐之置兵既外柄以授人而末大本小方區區自爲捍衛之計可不哀哉

夫所謂天子禁軍者南北衙兵也南衙諸衞兵是也北衙者禁軍也初高祖以義兵起太原已定天下悉罷遣歸其願留宿衞者三萬人高祖以渭北白渠旁子棄腴田分給之號元從禁軍後老不任事以其子弟代謂之父子軍及貞觀初太宗擇善射者百人爲二番於北門長上曰百騎以從田獵又置北衙七營選材力驍壯月以一營番上十二年始置左右屯營於玄武門領以諸衞將軍號飛騎其法取戶二等以上長六尺闊壯者試弓馬四次上翹關舉五負米五斛行三十步者復擇馬射爲百騎衣五色袍乘六閑駁馬虎皮韉爲游幸翊衞高宗龍朔二年始取府兵越騎步射置左右羽林軍大朝會則執仗以衞階陛

行幸則夾馳道爲內仗武后改百騎曰千騎睿宗又改千騎曰萬騎分左右營及玄宗以萬騎平韋氏改爲左右龍武軍皆用唐元功臣子弟制若宿衞兵是時良家子避征戍者亦皆納資隸軍分日更上如羽林開元十二年詔左右羽林軍飛騎闕取京旁州府士以戸部印印其臂爲二籍羽林兵部分掌之末年禁兵寖耗及祿山反天子西駕禁軍從者裁千人肅宗赴靈武士不滿百及即位稍復舊補北軍至德二載置左右神武軍補元從扈從官子弟不足則取宅色帶品者同四軍亦曰神武天騎制如羽林總曰北衙六軍又擇便騎射者置衙前射生手千人亦曰供奉射生官又曰殿前射生手分左右廂總號曰左右英武軍乾元元年李輔國用事請選羽林騎士五百人徼巡李揆曰漢以南北軍相制故周勃以北軍安劉氏朝廷置南北衙文武區列以相察伺今用羽林代金吾警忽有非常何以制之遂罷上元中以北衙軍使衞伯玉爲神策軍節度使鎮陝州中使魚朝恩爲觀軍容使監其軍初哥舒翰破吐蕃臨洮西之磨環川即其地置神策軍以成如璆爲軍使及安祿山反如璆以伯玉將兵千人

赴難伯玉與朝恩皆屯于陝時邊土陷蹙神策故地淪沒卽詔伯玉所部兵號神策軍以伯玉爲節度使與陝州節度使郭英乂皆鎮陝其後伯玉罷以英乂兼神策軍節度英乂入爲僕射軍遂統於觀軍容使代宗卽位以射生軍入禁中清難皆賜名寶應功臣故射生軍又號寶應軍廣德元年代宗避吐蕃幸陝朝恩舉在陝兵與神策軍迎扈悉號神策軍天子幸其營及京師平朝恩遂以軍歸禁中自將之然尚未與北軍齒也永泰元年吐蕃復入寇朝恩又以神策軍屯苑中自是寖盛分爲左右廂勢居北軍右遂爲天子禁軍非它軍比朝恩乃以觀軍容宣慰處置使知神策軍兵馬使大曆四年請以京兆之好畤鳳翔之麟游普潤皆隸神策軍明年復以興平武功扶風天興隸之朝廷不能遏又用愛將劉希暹爲神策虞候主不法遂置北軍獄募坊市不逞誣捕大姓沒產爲賞至有選舉旅寓而挾厚貲多横死者朝恩得罪死以希暹代爲神策軍使是歲希暹復得罪以朝恩舊校王駕鶴代將十數歲德宗卽位以白志貞代之是時神策兵雖處內而多以裨將將兵征伐往往有功及李希烈反河北盜且

起數出禁軍征伐神策之士多鬬死者建中四年下詔募兵以志貞爲使蒐補峻切郭子儀之壻端王傅吳仲孺殖貲累巨萬以國家有急不自安請以子率奴馬從軍德宗喜甚爲官其子五品志貞乃請節度都團練觀察使與世嘗任者家皆出子弟馬奴裝鎧助征授官如仲孺子於是豪富者緣爲幸而貧者苦之神策兵既發殆盡志貞陰以市人補之名隸籍而身居市肆及涇卒潰變皆戢伏不出帝遂出奔初段秀實見禁兵寡弱不足備非常上疏曰天子萬乘諸侯千大夫百蓋以大制小十制一也尊君卑臣彊榦弱枝之道今外有不廷之虜內有梗命之臣而禁兵不精其數削少後有猝故何以待之猛虎所以百獸畏者爪牙也爪牙廢則孤豚特犬悉能爲敵願少留意至是方以秀實言爲然及志貞等流貶神策都虞候李晟與其軍之他將皆自飛狐道西兵赴難遂爲神策行營節度屯渭北軍遂振貞元二年改神策左右廂爲左右神策軍特置監句當左右神策軍以寵中官而益置大將軍以下又改殿前射生左右廂曰殿前左右射生軍亦置大將軍以下三年詔射生神策六軍將士府縣以事辦

治先奏乃移軍勿輒逮捕京兆尹鄭叔則建言京劇輕猾所聚慝作不常俟奏報將失罪人請非昏田皆以時捕乃可之俄改殿前左右射生軍曰左右神武軍置監左右神威軍使左右神策軍皆加將軍二員左右龍武軍加將軍一員以待諸道大將有功者自肅宗以後北軍增置威武長興等軍名類頗多而廢置不一惟羽林龍武神武神策神威最盛總曰左右十軍矣其後京畿之西多以神策軍鎮之皆有屯營軍司之人散處甸內皆恃勢淩暴民間苦之自德宗幸梁還以神策兵有勞皆號興元元從奉天定難功臣恕死罪中書御史府兵部乃不能歲比其籍京兆又不敢總舉名實三輔人假比於軍一牒至十數長安姦人多寓占兩軍身不宿衞以錢代行謂之納課戶益肆爲暴吏稍禁之輒先得罪故當時京尹赤令皆爲之斂屈十年京兆尹楊於陵請置挾名敕五丁許二丁居軍餘差以條限繇是豪彊少畏十二年以監句當左神策軍左監門衞大將軍知內侍省事竇文場爲左神策軍護軍中尉監句當右神策軍右監門衞將軍知內侍省事霍仙鳴爲右神策軍護軍中尉監右神威軍使內侍兼

內謁者監張尚進爲右神威軍中護軍監左神威軍使內侍兼內謁者監焦希望爲左神威軍中護軍護軍中尉中護軍皆古官帝既以禁衛假宦官又以此寵之十四年又詔左右神策置統軍以崇親衛如六軍時邊兵衣饟多不贍而戍卒屯防藥茗蔬醬之給最厚諸將務爲詭辭請遙隸神策軍稟賜遂贏舊三倍繇是塞上往往稱神策行營皆內統於中人矣其軍乃至十五萬故事京城諸司諸使府縣皆季以御史巡囚後以北軍地密未嘗至十九年監察御史崔薳不知近事遂入右神策中尉奏之帝怒杖薳四十流崖州順宗即位王叔文用事欲取神策兵柄乃用故將范希朝爲左右神策京西諸城鎮行營兵馬節度使以奪宦者權而不克元和二年省神武軍明年又廢左右神威軍合爲一曰天威軍八年廢天威軍以其兵騎分隸左右神策軍及僖宗幸蜀田令孜募神策新軍爲五十四都離爲十軍令孜自爲左右神策十軍兼十二衛觀軍容使以左右神策大將軍爲左右神策諸都指揮使諸都又領以都將亦曰都頭景福二年昭宗以藩臣跋扈天子孤弱議以宗室典禁兵及伐李茂貞乃用嗣

覃王允爲京西招討使神策諸都指揮使李鐬副之悉發五十四軍屯興平已而兵自潰茂貞逼京師昭宗爲斬神策中尉西門重遂李周鐘乃引去乾寧元年王行瑜韓建及茂貞連兵犯闕天子又殺宰相韋昭度李磎乃去太原李克用以其兵伐行瑜等同州節度使王行實入迫神策中尉駱全瓘劉景宣請天子幸邠州全瓘景宣及子繼晟與行實縱火東市帝御承天門敕諸王率禁軍扞之捧日都頭李筠以其軍衞樓下茂貞將閻圭攻筠矢及樓扉帝乃與親王公主幸筠軍扈蹕都頭李君實亦以兵至侍帝出幸莎城石門詔嗣薛王知柔入長安收禁軍清宮室月餘乃還又詔諸王閱親軍收拾神策亡散得數萬益置安聖捧宸保寧安化軍曰殿後四軍嗣覃王允與嗣延王戒丕將之三年茂貞再犯闕嗣覃王戰敗昭宗幸華州明年韓建畏諸王有兵請皆歸十六宅留殿後兵三十人爲控鶴排馬官隸飛龍坊餘悉散之且列甲圍行宮於是四軍二萬餘人皆罷又請誅都頭李筠帝恐爲斬於大雲橋俄遂殺十一王及還長安左右神策軍復稍置之以六千人爲定是歲左右神策中尉劉季述王仲先

以其兵千人廢帝幽之季述等誅已而昭宗召朱全忠兵入誅宦官宦官覺劫天子幸鳳翔全忠圍之歲餘天子乃誅中尉韓全誨張弘彥等二十餘人以解梁兵乃還長安於是悉誅宦官而神策左右軍繇此廢矣諸司悉歸尚書省郎官兩軍兵皆隸六軍而以崔胤判六軍十二衞事六軍者左右龍武神武羽林其名存而已自是軍司以宰相領及全忠歸留步騎萬人屯故兩軍以子友倫爲左右軍宿衞都指揮使禁衞皆汴卒崔胤乃奏六軍名存而兵亡非所以壯京師軍皆置步軍四將騎軍一將步將皆兵二百五十人騎將皆百人總六千六百人番上如故事乃令六軍諸衞副使京兆尹鄭元規立格募兵於市而全忠陰以汴人應之胤死以宰相裴樞判左三軍獨孤損判右三軍向所募士悉散去全忠亦兼判左右六軍十二衞及東遷唯小黃門打毬供奉十數人內園小兒五百人從至穀水又盡屠之易以汴人於是天子無一人之衞昭宗遇弑唐乃亡馬者兵之用也監牧所以蕃馬也其制起於近世唐之初起得突厥馬二千匹又得隋馬三千於赤岸澤徙之隴右監牧之制始於此其官領以太僕

其屬有牧監副監監有丞有主簿直司團官牧尉排馬牧長羣頭有正有副凡羣置長一人十五長置尉一人歲課功進排馬又有掌閑調馬習上又以尚乘掌天子之御左右六閑一曰飛黃二曰吉良三曰龍媒四曰騊駼五曰駃騠六曰天苑總十有二閑爲二廄一曰祥麟二曰鳳苑以繫飼之其後禁中又增置飛龍廄初用太僕少卿張萬歲領羣牧自貞觀至麟德四十年間馬七十萬六千置八坊岐豳涇寧間地廣千里一曰保樂二曰甘露三曰南普閏四曰北普閏五曰岐陽六曰太平七曰宜祿八曰安定八坊之田千二百三十頃募民耕之以給芻秣八坊之馬爲四十八監而馬多地狹不能容又析八監列布河西豐曠之野凡馬五千爲上監三千爲中監餘爲下監監皆有左右因地爲之名方其時天下以一縑易一馬萬歲掌馬久恩信行於隴右後以太僕少卿鮮于匡俗檢校隴右牧監儀鳳中以太僕少卿李思文檢校隴右諸牧監使監牧有使自是始後又有羣牧都使有閑廄使使皆置副有判官又立四使南使十五西使十六北使七東使九諸坊若涇川亭川闕水洛赤城南使統之清泉温泉

西使統之烏氏北使統之木硤萬福東使統之宅皆失傳其後益置八監於鹽州三監於嵐州鹽州使八統白馬等坊嵐州使三統樓煩玄池天池之監凡征伐而發牧馬先盡彊壯不足則取其次錄色歲膚第印記主名送軍以帳馱之數上於省自萬歲失職馬政頗廢永隆中夏州牧馬之死失者十八萬四千九百九十景雲二年詔羣牧歲出高品御史按察之開元初國馬益耗太常少卿姜誨乃請以空名告身市馬於六胡州率三十匹讎一游擊將軍命王毛仲領內外閑廏九年又詔天下之有馬者州縣皆先以郵遞軍旅之役定戶復緣以升之百姓畏苦乃多不畜馬故騎射之士減曩時自今諸州民勿限有無蔭能家畜十馬以下免帖驛郵遞征行定戶無以馬爲貲毛仲既領閑廏馬稍稍復始二十四萬至十三年乃四十三萬其後突厥款塞玄宗厚撫之歲許朔方軍西受降城爲互市以金帛市馬於河東朔方隴右牧之既雜胡種馬乃益壯天寶後諸軍戰馬動以萬計王侯將相外戚牛駝羊馬之牧布諸道百倍於縣官皆以封邑號名爲印自別將校亦備私馬議謂秦漢以來唐馬最盛天子又銳

志武事遂弱西北蕃十一載詔二京旁五百里勿置私牧十三載隴右羣牧都使奏馬牛駝羊總六十萬五千六百而馬三十二萬五千七百安祿山以內外閑廄都使兼知樓煩監陰選勝甲馬歸范陽故其兵力傾天下而卒反肅宗收兵至彭原率官吏馬抵平涼蒐監牧及私羣得馬數萬軍遂振至鳳翔又詔公卿百寮以後乘助軍其後邊無重兵吐蕃乘隙陷隴右苑牧畜馬皆沒矣乾元後回紇恃功歲入馬取繒馬皆病弱不可用永泰元年代宗欲親擊虜魚朝恩乃請大搜城中百官士庶馬輸官曰團練馬下制禁馬出城者已而復罷德宗建中元年市關輔馬三萬實內廄貞元三年吐蕃羌渾犯塞詔禁大馬出潼蒲武關者元和十一年伐蔡命中使以絹二萬市馬河曲其始置四十八監地據隴西金城平涼天水員廣千里繇京度隴置八坊爲會計都領其間善水草腴田皆隸之後監牧使與坊皆廢故地存者一歸閑廄旋以給貧民及軍吏間又賜佛寺道館幾千頃十二年閑廄使張茂宗舉故事盡收岐陽坊地民失業者甚衆十三年以蔡州牧地爲龍陂監十四年置臨漢監於襄州牧馬三千二百

費田四百頃穆宗卽位岐人叩闕訟茂宗所奪田事下御史按治悉予民太和七年度支鹽鐵使言銀州水甘草豐請詔刺史劉源市馬三千河西置銀川監以源爲使襄陽節度使裴度奏停臨漢監開成二年劉源奏銀川馬已七千若水草乏則徙牧綏州境今綏南二百里四隅險絕寇路不能通以數十人守要畜牧無宅患乃以隸銀川監其後闕不復可紀

唐書卷五十

唐書卷五十一

宋　翰　林　學　士　歐　陽　修　撰

食貨志第四十一

古之善治其國而愛養斯民者必立經常簡易之法使上愛物以養其下下勉力以事其上上足而下不困故量人之力而授之田量地之產而取以給公上量其入而出之以爲用度之數是三者常相須以濟而不可失失其一則不能守其二及暴君庸主縱其佚欲而苟且之吏從之變制合時以取寵於其上故用於上者無節而取於下者無限民竭其力而不能供由是上愈不足而下愈困則財利之說興而聚斂之臣用記曰寧畜盜臣盜臣誠可惡然一人之害爾聚斂之臣用則經常之法壞而下不勝其弊焉唐之始時授人以口分世業田而取之以租庸調之法其用之也有節蓋其畜兵以府衛之制故兵雖多而無所損設官有常員之數故官不濫而易祿雖不及三代之盛時然亦可以爲經常之法也及其弊也兵冗官濫爲之大蠹自天寶以來大盜屢起方鎮數叛兵

革之興累世不息而用度之數不能節矣加以驕君昏主姦吏邪臣取濟一時屢更其制而經常之法蕩然盡矣由是財利之說興聚斂之臣進蓋口分世業之田壞而爲兼并租庸調之法壞而爲兩稅至於鹽鐵轉運屯田和糴鑄錢括苗榷利借商進奉獻助無所不爲矣蓋愈煩而愈弊以至於亡焉唐制度田以步其闊一步其長二百四十步爲畝百畝爲頃凡民始生爲黃四歲爲小十六爲中二十一爲丁六十爲老授田之制丁及男年十八以上者人一頃其八十畝爲口分二十畝爲永業老及篤疾廢疾者人四十畝寡妻妾三十畝當戶者增二十畝皆以二十畝爲永業其餘爲口分永業之田樹以榆棗桑及所宜之木皆有數田多可以足其人者爲寬鄉少者爲狹鄉狹鄉授田減寬鄉之半其地有薄厚歲一易者倍授之寬鄉三易者不倍授工商者寬鄉減半狹鄉不給凡庶人徙鄉及貧無以葬者得賣世業田自狹鄉而徙寬鄉者得并賣口分田已賣者不復授死者收之以授無田者凡收授皆以歲十月授田先貧及有課役者凡田鄉有餘以給比鄉縣有餘以給比縣州有餘以給近州凡授田者丁

歲輸粟二斛稻三斛謂之租丁隨鄉所出歲輸絹二匹綾絁二丈布加五之一綿三兩麻三斤非蠶鄉則輸銀十四兩謂之調用人之力歲二十日閏加二日不役者日爲絹三尺謂之庸有事而加役二十五日者免調三十日者租調皆免通正役不過五十日自王公以下皆有永業田太皇太后皇太后皇后緦麻以上親內命婦一品以上親郡王及五品以上祖父兄弟職事勳官三品以上有封者若縣男父子國子太學四門學生俊士孝子順孫義夫節婦同籍者皆免課役凡主戶內有課口者爲課戶若老及男廢疾篤疾寡妻妾部曲客女奴婢及視九品以上官不課凡里有手實歲終具民之年與地闊陿爲鄉帳鄉成於縣縣成於州州成於戶部又有計帳具來歲課役以報度支國有所須先奏而斂凡稅斂之數書于縣門村坊與衆知之水旱霜蝗耗十四者免其租桑麻盡者免其調田耗十之六者免租調耗七者諸役皆免凡新附之戶春以三月免役夏以六月免課秋以九月課役皆免徙寬鄉者縣覆於州出境則覆于戶部官以閒月達之自畿內徙畿外自京縣徙餘縣皆有禁四夷降戶附以寬鄉

給復十年奴婢縱爲良人給復三年沒外蕃人一年還者給復三年二年者給復四年三年者給復五年浮民部曲客女奴婢縱爲良者附寬鄉貞觀中初稅草以給諸閑而驛馬有牧田太宗方銳意於治官吏考課以鰥寡少者進考如增戶法失勸導者以減戶論配租以斂穫早晚險易遠近爲差庸調輸以八月發以九月同時輸者先遠民皆自概量州府歲市土所出爲貢其價視絹之上下無過五十匹異物滋味口馬鷹犬非有詔不獻有加配則以代租賦其凶荒則有社倉賑給不足則徙民就食諸州尚書左丞戴冑建議自王公以下計墾田秋熟所在爲義倉歲凶以給民太宗善之乃詔畝稅二升粟麥秔稻隨土地所宜寬鄉斂以所種狹鄉據青苗簿而督之田耗十四者免其半耗十七者皆免之商賈無田者以其戶爲九等出粟自五石至于五斗爲差下下戶及夷獠不取焉歲不登則以賑民或貸爲種子則至秋而償其後洛相幽徐齊幷秦蒲州又置常平倉粟藏九年米藏五年下溼之地粟藏五年米藏三年皆著于令貞觀初戶不及三百萬絹一匹易米一斗至四年米斗四五錢外戶不閉者數

月馬牛被野人行數千里不齎糧民物蕃息四夷降附者百二十萬人是歲天下斷獄死罪者二十九人號稱太平此高祖太宗致治之大略及其成效如此高宗承之海內乂安太尉長孫无忌等輔政天下未見失德數引刺史入閤問民疾苦卽位之歲增戶十五萬及中書令李義府侍中許敬宗既用事役費並起永淳以後給用亦不足加以武后之亂紀綱大壞民不勝其毒玄宗初立求治蠲徭役者給蠲符以流外及九品京官爲蠲使歲再遣之開元八年頒庸調法于天下好不過精惡不至濫闊者一尺八寸長者四丈然是時天下戶未嘗升降監察御史宇文融獻策括籍外羨田逃戶自占者給復五年每丁稅錢千五百以攝御史分行括實陽翟尉皇甫憬上書言其不可玄宗方任用融乃貶憬爲盈川尉諸道所括得客戶八十餘萬田亦稱是州縣希旨張虛數以正田爲羨編戶爲客歲終籍錢數百萬緡十六年乃詔每三歲以九等定籍而庸調折租所取華好州縣長官勸織中書門下察濫惡以貶官吏精者褒賞之二十二年詔男十五女十三以上得嫁娶州縣歲上戶口登耗採訪使覆實之刺史

縣令以爲課最初永徽中禁買賣世業口分田其後豪富兼并貧者失業於是詔買者還地而罰之先是揚州租調以錢嶺南以米安南以絲益州以羅紬綾絹供春綵因詔江南亦以布代租中書令李林甫以租庸丁防和糴春綵稅草無定法歲爲旨符遣使一告費紙五十餘萬條目既多覆問踰年乃與採訪朝集使議革之爲長行旨以授朝集使及送旨符使歲有所支進畫附驛以達每州不過二紙凡庸調租資課皆任土所宜州縣長官涖定麤良具上中下三物之樣輸京都有濫惡督中物之直二十五年以江淮輸運有河洛之艱而關中蠶桑少菽粟常賤乃命庸調資課皆以米凶年樂輸布絹者亦從之河南北不通運州租皆爲絹代關中庸課詔度支減轉運明年又詔民三歲以下爲黃十五以下爲小二十以下爲中又以民門戶高丁多者率與父母別籍異居以避征戍乃詔十丁以上免二丁五丁以上免一丁侍丁孝者免徭役天寶三載更民十八以上爲中男二十三以上成丁五載詔貧不能自濟者每鄉免三十丁租庸男子七十五以上婦人七十以上中男一人爲侍八十以上以令式從事

是時海內富實米斗之價錢十三青齊間斗纔三錢絹一匹錢二百道路列肆具酒食以待行人店有驛驢行千里不持尺兵天下歲入之物租錢二百餘萬緡粟千九百八十餘萬斛庸調絹七百四十萬匹綿百八十餘萬屯布千三十五萬餘端天子驕於佚樂而用不知節大抵用物之數常過其所入於是錢穀之臣始事朘刻太府卿楊崇禮句剝分銖有欠折漬損者州縣督選歷年不止其子愼矜專知太府次子愼名知京倉亦以苛刻結主恩王鉷爲戶口色役使歲進錢百億萬緡非租庸正額者積百寶大盈庫以供天子燕私及安祿山反司空楊國忠以爲正庫物不可以給士遣侍御史崔衆至太原納錢度僧尼道士旬日得百萬緡而已自兩京陷沒民物耗弊天下蕭然肅宗即位遣御史鄭叔清等籍江淮蜀漢富商右族訾畜十收其二謂之率貸諸道亦稅商賈以贍軍錢一千者有稅於是北海郡錄事參軍第五琦以錢穀得見請於江淮置租庸使吳鹽蜀麻銅冶皆有稅市輕貨繇江陵襄陽上津路轉至鳳翔明年鄭叔清與宰相裴冕建議以天下用度不充諸道得召人納錢給空名告身授官勳

品號度道士僧尼不可勝計納錢百千賜明經出身商賈助軍者給復及兩京平又於關輔諸州納錢度道士僧尼萬人而百姓殘於兵盜米斗至錢七千鬻粇爲糧民行乞食者屬路乃詔能賑貧乏者寵以爵秩故事天下財賦歸左藏而太府以時上其數尚書比部覆其出入是時京師豪將假取不能禁第五琦爲度支鹽鐵使請皆歸大盈庫供天子給賜主以中官自是天下之財爲人君私藏有司不得程其多少廣德元年詔一戶二丁者免一丁凡畝稅二升男子二十五爲成丁五十五爲老以優民而彊寇未夷民耗斂重及吐蕃逼京師近甸屯兵數萬百官進俸錢又率戶以給軍糧至大曆元年詔流民還者給復二年田園盡則授以逃田天下苗一畝稅錢十五市輕貨給百官手力課以國用急不及秋方苗青卽征之號青苗錢又有地頭錢每畝二十通名爲青苗錢又詔上都秋稅分二等上等畝稅一斗下等六升荒田畝稅二升五年始定法夏上田畝稅六升下田畝四升秋上田畝稅五升下田畝三升荒田如故青苗錢畝加一倍而地頭錢不在焉初轉運使掌外度支使掌內永泰二年分天下財

賦鑄錢常平轉運鹽鐵置二使東都畿內河南淮南江東西湖南荊南山南東道以轉運使劉晏領之京畿關內河南劍南山南西道以京兆尹判度支第五琦領之及琦貶以戶部侍郎判度支韓滉與晏分治時回紇有助收西京功代宗厚遇之與中國婚姻歲送馬十萬匹酬以縑帛百餘萬匹而中國財力屈竭歲負馬價河湟六鎮既陷歲發防秋兵三萬戍京西資糧百五十餘萬緡而中官魚朝恩方恃恩擅權代宗與宰相元載日夜圖之及朝恩誅帝復與載貳君臣猜間不協邊計兵食置而不議者幾十年而諸鎮擅地結爲表裏日治兵繕壘天子不能繩以法顓留意祠禱焚幣玉寫浮屠書度支稟賜僧巫歲以鉅萬計然帝性儉約身所御衣必浣染至再三欲以先天下然生日端午四方貢獻至數千萬者加以恩澤而諸道尚侈麗以自媚朝多留事經歲不能遣置客省以居上封事不足采者蕃夷貢獻未報及失職未敘者食度支數千百人德宗即位用宰相崔祐甫拘客省者出之食度支者遣之歲省費萬計

唐書卷五十一

唐書卷五十一考證

食貨志一絹二匹綾絁二丈〇舊書皆二丈

唐書卷五十一考證

珍倣宋版

唐書卷五十二

宋 翰 林 學 士 歐 陽 修 撰

食貨志第四十二

租庸調之法以人丁爲本自開元以後天下戶籍久不更造丁口轉死田畝賣易貧富升降不實其後國家侈費無節而大盜起兵興財用益屈而租庸調法弊壞自代宗時始以畝定稅而斂以夏秋至德宗相楊炎遂作兩稅法夏輸無過六月秋輸無過十一月置兩稅使以總之量出制入戶無主客以居者爲簿人無丁中以貧富爲差商賈稅三十之一與居者均役田稅視大曆十四年墾田之數爲定遣黜陟使按比諸道丁產等級免鰥寡惸獨不濟者敢有加斂以枉法論議者以租庸調高祖太宗之法也不可輕改而德宗方信用炎不疑也舊戶三百八十萬五千使者按比得主戶三百八十萬客戶三十萬天下之民不土斷而地著不更版籍而得其虛實歲斂錢二千五十餘萬緡米四百萬斛以供外錢九百五十餘萬緡米千六百餘萬斛以供京師稅法既行民力未及

寬而朱滔王武俊田悅合從而叛用益不給而借商之令出初太常博士韋都賓陳京請借富商錢德宗以問度支杜佑以爲軍費裁支數月幸得商錢五百萬緡可支半歲乃以戶部侍郎趙贊判度支代佑行借錢令約罷兵乃償之京兆少尹韋禎長安丞薛萃搜督甚峻民有不勝其冤自經者家若被盜然總京師豪人田宅奴婢之估裁得八十萬緡又取僦櫃納質錢及粟麥糶於市者四取其一長安爲罷市市民相率遮邀宰相哭訴盧杞疾驅而過韋禎懼乃請錢不及百緡粟麥不及五十斛者免而所獲裁二百萬緡淮南節度使陳少游增其本道稅錢每緡二百因詔天下皆增之自太宗時置義倉及常平倉以備凶荒高宗以後稍假義倉以給他費至神龍中略盡玄宗即位復置之其後第五琦請天下常平倉皆置庫以畜本錢至是趙贊又言自軍興常平倉廢垂三十年凶荒潰散餧死相食不可勝紀陛下即位京城兩市置常平官雖頻年少雨米不騰貴可推而廣之宜兼儲布帛請於兩都江陵成都揚汴蘇洪置常平輕重本錢上至百萬緡下至十萬積米粟布帛絲麻貴則下價而出之賤則加估

而收之諸道津會置吏閱商賈錢每緡稅二十竹木茶漆稅十之一以贍常平本錢德宗納其策屬軍用迫蹙亦隨而耗竭不能備常平之積是時諸道討賊兵在外者度支給出界糧每軍以臺省官一人爲糧料使主供億士卒出境則給酒肉一卒出境兼三人之費將士利之逾境而屯趙贊復請稅間架算除陌其法屋二架爲間上間錢二千中間一千下間五百匿一間杖六十告者賞錢五萬除陌法公私貿易千錢舊算二十加爲五十物兩相易者約直爲率而民益愁怨及涇源兵反大譟長安市中曰不奪爾商戶僦質不稅爾間架除陌矣於是間架除陌竹木茶漆鐵之稅皆罷朱泚平天下戶口三耗其二貞元四年詔天下兩稅審等第高下三年一定戶自初定兩稅貨重錢輕乃計錢而輸綾絹既而物價愈下所納愈多絹匹爲錢三千二百其後一匹爲錢一千六百輸一者過二雖賦不增舊而民愈困矣度支以稅物頒諸司皆增本價爲虛估給之而繆以濫惡督州縣剝價謂之折納復有進奉宣索之名改科役曰召雇率配曰和市以巧避徵文比大曆之數再倍又癘疫水旱戶口減耗刺史析戶張

虛數以寬責逃死關稅取於居者一室空而四鄰亦盡戶版不緝無浮游之禁州縣行小惠以傾誘鄰境新收者優假之唯安居不遷之民賦役日重帝以問宰相陸贄贄上疏請釐革其甚害者大略有六其一曰國家賦役之法曰租曰調曰庸其取法遠其斂財均其域人固有田則有租有家則有調有身則有庸天下法制均壹雖轉徙莫容其姦故人無搖心天寶之季海內波蕩版圖隳於避地賦法壞於奉軍賦役舊法行之百年人以爲便兵興供億不常誅求隳制此時弊非法弊也時有弊而未理法無弊而已更兩稅新制竭耗編甿日日滋甚陛下初卽位宜損上益下嗇用節財而摘郡邑驗簿書州取大曆中一年科率多者爲兩稅定法此總無名之暴賦而立常規也夫財之所生必因人力兩稅以資產爲宗不以丁身爲本資產少者稅輕多者稅重不知有藏於襟懷囊篋物貴而人莫窺者有場圃囷倉直輕而衆以爲富者有流通蕃息之貨數寡而日收其贏者有廬舍器用價高而終歲利寡者計估算緡失平長僞挾輕費轉徙者脫傜稅敦本業者困斂求此誘之爲姦敺之避役也今傜賦輕重相百

而以舊爲準重處流亡益多輕處歸附益衆有流亡則攤出已重者愈重有歸附則散出已輕者愈輕人嬰其弊願詔有司與宰相量年支有不急者罷之廣費者節之軍與加稅諸道權宜所增皆可停稅物估價宜視月平至京與色樣符者不得虛稱折估有濫惡罪官吏勿督百姓每道以知兩稅判官一人與度支參計戶數量土地沃瘠物產多少爲二等州等下者配錢少高者配錢多不變法而逋逃漸息矣其二曰播殖非力不成故先王定賦以布麻繒纊百穀勉人功也又懼物失貴賤之平交易難準乃定貨泉以節輕重蓋爲國之利權守之在官不以任下然則穀帛人所爲也錢貨官所爲也人所爲者租稅取焉官所爲者賦斂捨焉國朝著令稅出穀庸出絹調出繒纊布麻曷嘗禁人鑄錢而以錢爲賦今兩稅效算緡之末法估資產爲差以錢穀定稅折供雜物歲目頗殊所供非所業所業非所供增價以市所無減價以貨所有耕織之力有限而物價貴賤無常初定兩稅萬錢爲絹三匹價貴而數不多及給軍裝計數不計價此稅少國用不充也近者萬錢爲絹六匹價賤而數加計口蠶織不殊而所

輸倍此供稅多人力不及也宜令有司覆初定兩稅之歲絹布定估爲布帛之數復庸調舊制隨土所宜各修家技物甚賤所出不加物甚貴所入不減且經費所資在錢者獨月俸資課以錢數多少給布廣鑄而禁用銅器則錢不乏有糴鹽以入直榷酒以納資何慮無所給哉其三曰廉使奏吏之能者有四科一曰戶口增加二曰田野墾闢三曰稅錢長數四曰率辦先期夫貴戶口增加詭情以誘姦浮苛法以析親族所誘者將議薄征則遽散所析者不勝重稅而亡有州縣破傷之病貴田野墾闢率民殖荒田限年免租新畝雖闢舊畬蕪矣人以免租年滿復爲汙萊有稼穡不增之病貴稅錢長數重困疲羸搥骨瀝髓苟媚聚斂之司有不恤人之病貴率辦先期作威殘人絲不容織粟不暇舂貧者奔迸有不恕物之病四病繇考覈不切事情之過驗之以實則租賦所加固有受其損者此州若增客戶彼郡必減居人增處邀賞而稅數加減處懼罪而稅數不降國家設考課之法非欲崇聚斂也宜命有司詳考課績州稅有定傜役有等覆實然後報戶部若人益阜實稅額有餘據戶均減十三爲上課減二次

之滅一又次之若流亡多加稅見戶者殿亦如之民納租以去歲輸數爲常罷據額所率者增闕勿益租廢耕不降數定戶之際視雜產以校之田既有常租則不宜復入兩稅如此不督課而人人樂耕矣其四曰明君不厚所資而害所養故先人事而借其暇力家給然後斂餘財今督收迫促蠶事方興而輸縑農功未艾而斂穀有者急賣而耗半直無者求假費倍定兩稅之初期約未詳屬征役多故率先限以收宜定稅期隨風俗時候務於紓人其五曰頃師旅亟興官司所儲唯給軍食凶荒不遑賑救人小乏則取息利大乏則鬻田廬斂穫始畢執契行貸饑歲室家相棄乞爲奴僕猶莫之售或縊死道途天災流行四方代有稅茶錢積戶部者宜計諸道戶口均之穀麥熟則平糴亦以義倉爲名主以巡院時稔傷農則優價廣糴穀貴而止小歉則借貸循環斂散使聚穀幸災者無以牟大利其六曰古者百畝地號一夫蓋一夫授田不得過百畝欲使人不廢業田無曠耕今富者萬畝貧者無容足之居依託彊家爲其私屬終歲服勞常患不充有田之家坐食租稅京畿田畝稅五升而私家收租畝一石官取

一私取十穡者安得足食宜爲占田條限裁租價損有餘優不足此安富恤窮之善經不可捨也贄言雖切以讒逐事無施行者十二年河南尹齊抗復論其弊以爲軍與國用稍廣隨要而稅吏擾人勞陛下變爲兩稅督納有時貪暴無容其姦二十年閒府庫充牣但定稅之初錢輕貨重故陛下以錢爲稅今錢重貨輕若更爲稅名以就其輕其利有六吏絶其姦一也人用不擾二也靜而獲利三也用不乏錢四也不勞而易知五也農桑自勸六也百姓本出布帛而稅反配錢至輸時復取布帛更爲三估計折州縣升降成姦若直定布帛無估可折蓋以錢爲稅則人力竭而有司不之覺今兩稅出於農人農人所有唯布帛而已用布帛處多用錢處少又有鼓鑄以助國計何必取於農人哉疏入亦不報初德宗居奉天儲畜空窘嘗遣卒視賊以苦寒乞襦袴帝不能致剔親王帶金而鬻之朱泚既平於是帝屬意聚斂常賦之外進奉不息劍南西川節度使韋臯有日進江西觀察使李兼有月進淮南節度使杜亞宣歙觀察使劉贊鎮海節度使王緯李錡皆徼射恩澤以常賦入貢名爲羨餘至代易又有進奉當

是時戶部錢物所在州府及巡院皆得擅留或矯密旨加斂謫官吏刻祿稟增稅通津死人及蔬果凡代易進奉取於稅入十獻二三無敢問者常州刺史裴肅鬻薪炭案紙爲進奉得遷浙東觀察使刺史進奉自肅始也劉贊卒于宣州其判官嚴綬傾軍府爲進奉召爲刑部員外郎判官進奉自綬始也自裴延齡用事益爲天子積私財而生民重困延齡死而人相賀是時宮中取物於市以中官爲宮市使兩市置白望數十百人以鹽估敝衣絹帛尺寸分裂酬其直又索進奉門戶及腳價錢有齎物入市而空歸者每中官出沽漿賣餅之家皆徹肆塞門諫官御史數上疏諫不聽人不堪其弊戶部侍郎蘇弁言京師游手數千萬家無生業者仰宮市以活奈何罷帝悅以爲然京兆尹韋湊奏小人因宮市爲姦真僞難辨宜下府縣供送帝許之中官言百姓賴宮市以養者也湊反得罪順宗即位乃罷宮市使及鹽鐵使月進憲宗又罷除官受代進奉及諸道兩稅外榷率分天下之賦以爲三一曰上供二曰送使三曰留州宰相裴垍又令諸道節度觀察調費取於所治州不足則取於屬州而屬州送使之餘與其

上供者皆輸度支是時因德宗府庫之積頗約費用天子身服澣濯及劉闢李錡既平訾藏皆入內庫山南東道節度使于頔河東節度使王鍔進獻甚厚翰林學士李絳嘗諫曰方鎮進獻因緣爲姦以侵百姓非聖政所宜帝喟然曰誠知非至德事然兩河中夏貢賦之地朝覲久廢河湟陷沒烽候列於郊甸方刷祖宗之耻不忍重斂於人也然獨不知進獻之取於人者重矣及討淮西判度支楊於陵坐饋餫不繼貶以司農卿皇甫鎛代之由是益爲刻剝司農卿王遂京兆尹李翛號能聚斂乃以爲宣歙浙西觀察使予之富饒之地以辦財賦鹽鐵使王播言劉晏領使時自按租庸然後知州縣錢穀利病虛實乃以副使程异巡江淮覈州府上供錢穀异至江淮得錢百八十五萬貫其年遂代播爲鹽鐵使是時河北兵討王承宗於是募人入粟河北淮西者自千斛以上皆授以官度支鹽鐵與諸道貢獻尤甚號助軍錢及賊平則有賀禮及助賞設物羣臣上尊號又有獻賀物穆宗卽位一切罷之兩稅外加率一錢者以枉法贓論然自在藩邸時習見用兵之弊以謂戎臣武卒法當姑息及卽位自神策諸軍非

時賞賜不可勝紀已而幽州兵囚張弘靖鎮州殺田弘正兩鎮用兵置南北供軍院而行營軍十五萬不能亢兩鎮萬餘之衆而饋運不能給帛粟未至而諸軍或彊奪於道蓋自建中定兩稅而物輕錢重民以爲患至是四十年當時爲絹二匹半者爲八匹大率加三倍豪家大商積錢以逐輕重故農人日困末業日增帝亦以貨輕錢重民困而用不充詔百官議革其弊而議者多請重挾銅之律戶部尚書楊於陵曰王者制錢以權百貨貿遷有無變通不倦使物無甚貴甚賤其術非他在上而已何則上之所重人必從之古者權之於上今索之於下昔散之四方今藏之公府昔廣鑄以資用今減鑪以廢功昔行之於中原今洩之於邊裔又有閭井送終之唅商賈貸舉之積江湖壓覆之耗則錢焉得不重貨焉得不輕開元中天下鑄錢七十餘鑪歲盈百萬今纔十數鑪歲入十五萬而已大曆以前淄青太原魏博雜鉛鐵以通時用嶺南雜以金銀丹砂象齒今一用泉貨故錢不足今宜使天下兩稅榷酒鹽利上供及留州送使錢悉輸以布帛穀粟則人寬於所求然後出內府之積收市廛之滯廣山鑄之數限

邊裔之出禁私家之積則貨日重而錢日輕矣宰相善其議由是兩稅上供留州皆易以布帛絲纊租庸課調不計錢而納布帛唯鹽酒本以榷率計錢與兩稅異不可去錢文宗太和九年以天下回殘錢置常平義倉本錢歲增市之非遇水旱不增者判官罰俸書下考州縣假借以枉法論文宗嘗召監倉御史崔虞問太倉粟數對曰有粟二百五十萬石帝曰今歲費廣而所畜寡奈何乃詔出使郎官御史督察州縣壅遏錢穀者時豪民侵噬産業不移戶州縣不敢傜役而征稅皆出下貧至於依富爲奴客役罰峻於州縣長吏歲輒遣吏巡覆田稅民苦其擾武宗卽位廢浮屠法天下毀寺四千六百招提蘭若四萬籍僧尼爲民二十六萬五十人奴婢十五萬人田數千萬頃大秦穆護祆二千餘人上都東都每街留寺二每寺僧三十人諸道留僧以三等不過二十人腴田鬻錢送戶部中下田給寺家奴婢丁壯者爲兩稅戶人十畝以僧尼既盡兩京悲田養病坊給寺田十頃諸州七頃主以耆壽自會昌末置備邊庫收度支戶部鹽鐵錢物宣宗更號延資庫初以度支郎中判之至是以屬宰相其任益重戶部

歲送錢帛二十萬度支鹽鐵送者三十萬諸道進奉助軍錢皆輸焉懿宗時雲南蠻數內寇徙兵戍嶺南淮北大水征賦不能辦人人思亂及龐勛反附者六七萬自關東至海大旱冬蔬皆盡貧者以蓬子爲麪槐葉爲虀乾符初大水山東饑中官田令孜爲神策中軍怙權用事督賦益急王仙芝黃巢等起天下遂亂公私困竭昭宗在鳳翔爲梁兵所圍城中人相食父食其子而天子食粥六宮及宗室多饑死其窮至於如此遂以亡初乾元末天下上計百六十九州戶百九十三萬三千一百二十四不課者百一十七萬四千五百九十二口千六百九十九萬三百八十六不課者千四百六十一萬九千五百八十七減天寶戶五百九十八萬二千五百八十四口三千五百九十二萬八千七百二十三元和中供歲賦者浙西浙東宣歙淮南江西鄂岳福建湖南八道戶百四十四萬比天寶纔四之一兵食於官者八十三萬加天寶三之一通以二戶養一兵京西北河北以屯兵廣無上供至長慶戶三百三十五萬而兵九十九萬率三戶以奉一兵至武宗即位戶二百一十一萬四千九百六十會昌末戶增至四

百九十五萬五千一百五十一宣宗既復河湟天下兩稅榷酒茶鹽錢歲入九百二十二萬緡歲之常費率少三百餘萬有司遠取後年乃濟及羣盜起諸鎮不復上計云

唐書卷五十二

唐書卷五十三

宋　翰　林　學　士　歐　陽　修　撰

食貨志第四十三

唐都長安而關中號稱沃野然其土地狹所出不足以給京師備水旱故常轉漕東南之粟高祖太宗之時用物有節而易贍水陸漕運歲不過二十萬石故漕事簡自高宗以後歲益增多而功利繁興民亦罹其弊矣初江淮漕租米至東都輸含嘉倉以車或馱陸運至陝而水行來遠多風波覆溺之患其失常十七八故其率一斛得八斗爲成勞而陸運至陝纔三百里率兩斛計庸錢千民送租者皆有水陸之直而河有三門底柱之險顯慶元年苑西監褚朗議鑿三門山爲梁可通陸運乃發卒六千鑿之功不成其後將作大匠楊務廉又鑿爲棧以輓漕舟輓夫繫二鉋於胷而繩多絕輓夫輒墜死則以逃亡報因繫其父母妻子人以爲苦開元十八年宣州刺史裴耀卿朝集京師玄宗訪以漕事耀卿條上便宜曰江南戶口多而無征防之役然送租庸調物以歲二月至揚州

入斗門四月已後始度淮入汴常苦水淺六七月乃至河口而河水方漲須八九月水落始得上河入洛而漕路多梗船檣阻隘江南之人不習河事轉雇河師水手重爲勞費其得行日少阻滯日多今漢隋漕路瀕河倉廩遺迹可尋可於河口置武牢倉鞏縣置洛口倉使江南之舟不入黃河黃河之舟不入洛口而河陽栢崖太原永豐渭南諸倉節級轉運水通則舟行水淺則寓於倉以待則舟無停留而物不耗失此甚利也玄宗初不省二十一年耀卿爲京兆尹京師兩水穀踊貴玄宗將幸東都復問耀卿漕事耀卿因請罷陝陸運而置倉河口使江南漕舟至河口者輸粟於倉而去縣官雇舟以分入河洛置倉三門東西漕舟輸其東倉而陸運以輸西倉復以舟漕以避三門之水險玄宗以爲然乃於河陰置河陰倉河西置栢崖倉三門東置集津倉西置鹽倉鑿山十八里以陸運自江淮漕者皆輸河陰倉自河陰西至太原倉謂之北運自太原倉浮渭以實關中玄宗大悅拜耀卿爲黃門侍郎同中書門下平章事兼江淮都轉運使以鄭州刺史崔希逸河南少尹蕭炅爲副使益漕晉絳魏濮邢貝濟博之

租輸諸倉轉而入渭凡三歲漕七百萬石省陸運傭錢三十萬緡是時民久不
罹兵革物力豐富朝廷用度亦廣不計道里之費而民之輸送所出水陸之直
增以函脚營窖之名民間傳言用斗錢運斗米其糜耗如此及耀卿罷相北運
頗艱米歲至京師纔百萬石二十五年遂罷北運而崔希逸爲河南陝運使歲
運百八十萬石其後以太倉積粟有餘歲減漕數十萬石二十九年陝郡太守
李齊物鑿砥柱爲門以通漕開其山顛爲輓路燒石沃醯而鑿之然棄石入河
激水益湍怒舟不能入新門候其水漲以人輓舟而上天子疑之遣宦者按視
齊物厚賂使者還言便齊物入爲鴻臚卿以長安令韋堅代之兼水陸運使堅
治漢隋運渠起關門抵長安通山東租賦乃絕灞滻並渭而東至永豐倉與渭
合又於長樂坡瀕苑牆鑿潭於望春樓下以聚漕舟堅因使諸舟各揭其郡名
陳其土地所產寶貨諸奇物於栿上先時民間唱俚歌曰得體紇那邪其後得
寶符於桃林於是陝縣尉崔成甫更得體歌爲得寶弘農野堅命舟人爲吳楚
服大笠廣袖芒屩以歌之成甫又廣之爲歌辭十闋自衣闕後綠衣錦半臂紅

抹額立第一船爲號頭以唱集兩縣婦女百餘人鮮服靚糚鳴鼓吹笛以和之
衆艘以次輳樓下天子望見大悅賜其潭名曰廣運潭是歲漕山東粟四百萬
石自裴耀卿言漕事進用者常兼轉運之職而韋堅爲最初耀卿與漕路請罷
陸運而不果廢自景雲中陸運北路分八遞雇民車牛以載開元初河南尹李
傑爲水陸運使運米歲二百五十萬石而八遞用車千八百乘耀卿罷久之河
南尹裴迥以八遞傷牛乃爲交場兩遞濱水處爲宿場分官總之自龍門東山
抵天津橋爲石堰以遏水其後大盜起而天下匱矣肅宗末年史朝義兵分出
宋州淮運於是阻絶租庸鹽鐵泝漢江而上河南尹劉晏爲戶部侍郎兼句當
度支轉運鹽鐵鑄錢使江淮粟帛繇襄漢越商於以輸京師及代宗出陝州關
中空窘於是盛轉輸以給用廣德二年廢句當度支使以劉晏顓領東都河南
淮西江南東西轉運租庸鑄錢鹽鐵轉輸至上都度支所領諸道租庸觀察使
凡漕事亦皆決於晏晏卽鹽利雇傭分吏督之隨江汴河渭所宜故時轉運船
繇潤州陸運至楊子斗米費錢十九晏命囊米而載以舟減錢十五繇揚州距

河陰斗米費錢百二十晏爲歇艎支江船二千艘每船受千斛十船爲綱每綱三百人篙工五十人自揚州遣將部送至河陰上三門號上門填闕船米斗減錢九十調巴蜀襄漢麻枲竹篠爲綯挽舟以朽索腐材代薪物無棄者未十年人人習河險江船不入汴汴船不入河河船不入渭江南之運積揚州汴河之運積河陰河船之運積渭口渭船之運入太倉歲轉粟百一十萬石無升斗溺者輕貨自揚子至汴州每馱費錢二千二百減九百歲省十餘萬緡又分官吏主丹陽湖禁引漑自是河漕不涸大曆八年以關內豐穰減漕十萬石度支和糴以優農晏自天寶末掌出納監歲運知左右藏主財穀三十餘年矣及楊炎爲相以舊惡罷晏轉運使復歸度支凡江淮漕米以庫部郎中崔河圖主之及田悅李惟岳李納梁崇義拒命舉天下兵討之諸軍仰給京師而李納田悅兵守渦口梁崇義搤襄鄧南北漕引皆絕京師大恐江淮水陸轉運使杜佑以秦漢運路出浚儀十里入琵琶溝絕蔡河至陳州而合自隋鑿汴河官漕不通若導流培岸功用甚寡疏雞鳴岡首尾可以通舟陸行纔四十里則江湖黔中嶺

南蜀漢之粟可方舟而下繇白沙趣東關歷頴蔡涉汴抵東都無蜀河泝淮之阻減故道二千餘里會李納將李洧以徐州歸命淮路通而止戶部侍郎趙贊又以錢貨出淮迂緩分置汴州東西水陸運兩稅鹽鐵使以度支總大綱貞元初關輔宿兵米斗千錢太倉供天子六宮之膳不及十日禁中不能釀酒以飛龍駝負永豐倉米給禁軍陸運牛死殆盡德宗以給事中崔造敢言爲能立事用爲相造以江吳素嫉錢穀諸使頗利罔上乃奏諸道觀察使刺使選官部送兩稅至京師廢諸道水陸轉運使及度支巡院江淮轉運使以度支鹽鐵歸尚書省宰相分判六尚書事以戶部侍郎元琇判諸道鹽鐵榷酒侍郎吉中孚判度支諸道兩稅增江淮之運浙江東西歲運米七十五萬石復以兩稅易米百萬石江西湖南鄂岳福建嶺南米亦百二十萬石詔浙江東西節度使韓滉淮南節度使杜亞運至東西渭橋倉諸道有鹽鐵處復置巡院歲終宰相計課最崔造厚元琇而韓滉方領轉運奏國漕不可改帝亦雅器滉復以爲江淮轉運使元琇嫉其剛不可共事因有隙琇稱疾罷而滉爲度支諸道鹽鐵轉運使於

是崔造亦罷浞遂劾琇常餫米淄青河中而李納懷光倚以構叛貶琇雷州司戶參軍尋賜死是時汴宋節度使春夏遣官監汴水察盜灌溉者歲漕經底柱覆者幾半河中有山號米堆運舟入三門雇平陸人爲門匠執標指麾一舟百日乃能上諺曰古無門匠墓謂皆溺死也陝虢觀察使李泌益鑿集津倉山西逕爲運道屬于三門倉治上路以回空車費錢五萬緡下路減半又爲入渭船方五板輸東渭橋太倉米至凡百三十萬石遂罷南路陸運其後諸道鹽鐵轉運使張滂復置江淮巡院及浙西觀察使李錡領使江淮堰埭隸浙西者增私路小堰之稅以副使潘孟陽主上都留後李巽爲諸道轉運鹽鐵使以堰埭歸鹽鐵使罷其增置者自劉晏後江淮米至渭橋寖減矣至巽乃復如晏之多初揚州疏太子港陳登塘凡三十四陂以益漕河輒復堙塞淮南節度使杜亞乃濬渠蜀岡疏句城湖愛敬陂起隄貫城以通大舟河益庳水下走淮夏則舟不得前節度使李吉甫築平津堰以洩有餘防不足漕流遂通然漕益少江淮米至渭橋者纔二十萬斛諸道鹽鐵轉運使盧坦糴以備一歲之費省冗職八十

員自江以南補署皆剸屬院監而漕米亡耗於路頗多刑部侍郎王播代坦建議米至渭橋五百石亡五十石者死其後判度支皇甫鎛議萬斛亡三百斛者償之千七百斛者流塞下過者死盜十斛者流三十斛者死而覆船敗輓至者不得十之四五部吏舟人相挾爲姦榜笞號苦之聲聞于道路禁錮連歲赦下而獄死者不可勝數其後貸死刑流天德五城人不畏法運米至者十亡七八鹽鐵轉運使柳公綽請如王播議加重刑太和初歲旱河涸掊沙而進米多耗抵死甚衆不待覆奏秦漢時故漕興成堰東達永豐倉咸陽縣令韓遼請疏之自咸陽抵潼關三百里可以罷車輓之勞宰相李固言以爲非時文宗曰苟利於人陰陽拘忌非朕所顧也議遂決堰成罷輓車之牛以供農耕關中賴其利故事州縣官充綱送輕貨四萬書上考開成初爲長定綱州擇清彊官送兩稅至十萬遷一官往來十年者授縣令江淮錢積河陰轉輸歲費十七萬餘緡行綱多以盜抵死判度支王彥威置縣遞郡畜萬三千三百乘使路傍民養以取傭日役一驛省費甚博而宰相亦以長定綱命官不以材江淮大州歲授官者

十餘人乃罷長定綱送五萬者書上考七萬者減一選五十萬減三選而已及戶部侍郎裴休爲使以河瀕縣令董漕事自江達渭運米四十萬石居三歲米至渭橋百二十萬石凡漕達于京師而足國用者大略如此其他州縣方鎮漕以自資或兵所征行轉運以給一時之用者皆不足紀唐開軍府以扞要衝因隙地置營田天下屯總九百九十二司農寺每屯三頃州鎮諸軍每屯五十頃水陸腴瘠播殖地宜與其功庸煩省收率之多少皆決於尚書省苑內屯以善農者爲屯官屯副御史巡行莅輸上地五十畝瘠地二十畝稻田八十畝則給牛一諸屯以地良薄與歲之豐凶爲三等具民田歲穫多少取中熟爲率有警則以兵若夫千人助收隸司農者歲三月卿少卿循行治不法者凡屯田收多者褒進之歲以仲春籍來歲頃畝州府軍鎮之遠近上兵部度便宜遣之開元二十五年詔屯官敘功以歲豐凶爲上下鎮戍地可耕者人給十畝以供糧方春屯官巡行謫作不時者天下屯田收穀百九十餘萬斛初度支歲市糧於北都以贍振武天德靈武鹽夏之軍費錢五六十萬緡泝河舟溺甚衆建中初宰

相楊炎請置屯田於豐州發關輔民鑿陵陽渠以增溉京兆尹嚴郢嘗從事朔方知其利害以爲不便奏疏不報郢又奏五城舊屯其數至廣以開渠之糧貸諸城約以冬輸又以開渠功直布帛先給田者據估轉穀如此則關輔免調發五城田闢比之浚渠利十倍也時楊炎方用事郢議不用而陵陽渠亦不成然振武天德良田廣袤千里元和中振武軍饑宰相李絳請開營田可省度支漕運及絕和糴欺隱憲宗稱善乃以韓重華爲振武京西營田和糴水運使起代北墾田三百頃出贓罪吏九百餘人給以耒耜耕牛假種糧使償所負粟二歲大熟因募人爲十五屯每屯百三十人人耕百畝就高爲堡東起振武西逾雲州極於中受降城凡六百餘里列柵二十墾田三千八百餘里歲收粟二十萬石省度支錢二千餘萬緡重華入朝奏請益開田五千頃法用人七千可以盡給五城會李絳已罷後宰相持其議而止憲宗末天下營田皆雇民或借庸以耕又以瘠地易上地民間苦之穆宗即位詔還所易地而耕以官兵耕官地者給三之一以終身靈武邠寧土廣肥而民不知耕太和末王起奏立營田後党

項大擾河西邠寧節度使畢誠亦募士開營田歲收三十萬斛省度支錢數百萬緡貞觀開元後邊土西舉高昌龜茲焉耆小勃律北抵薛延陀故地緣邊數十州戍重兵營田及地租不足以供軍於是初有和糴牛仙客爲相有彭果者獻策廣關輔之糴京師糧稟益羨自是玄宗不復幸東都天寶中歲以錢六十萬緡賦諸道和糴斗增三錢每歲短遞輸京倉者百餘萬斛米賤則少府加估而糴貴則賤價而糶貞元初吐蕃刼盟召諸道兵十七萬戍邊關中爲吐蕃蹂躪者二十年矣北至河曲人戶無幾諸道戍兵月給粟十七萬斛皆糴於關中宰相陸贄以關中穀賤請和糴可至百餘萬斛計諸縣船車至太倉穀價四十有餘米價七十則一年和糴之數當轉運之二年一斗轉運之資當和糴之五斗減轉運以實邊存轉運以備時要江淮米至河陰者罷八十萬斛河陰米至太原倉者罷五十萬太原米至東渭橋者罷二十萬以所減米糴江淮水菑州縣斗減時五十以救乏京城東渭橋之糴斗增時三十以利農以江淮糶米及減運直市絹帛送上都帝乃命度支增估糴粟三十三萬斛然不能盡用贄議

憲宗即位之初有司以歲豐熟請畿內和糴當時府縣配戸督限有稽違則迫

蹙鞭撻甚於稅賦號爲和糴其實害民

唐書卷五十三

唐書卷五十三考證

食貨志三凡三歲漕七百萬石省陸運傭錢三十萬緡○三十舊書作四十

唐書卷五十三考證

唐書卷五十四

宋 翰 林 學 士 歐 陽 修 撰

食貨志第四十四

唐有鹽池十八井六百四十皆隸度支蒲州安邑解縣有池五總曰兩池歲得鹽萬斛以供京師鹽州五原有烏池白池瓦池細項池靈州有溫泉池兩井池長尾池五泉池紅桃池回樂池弘靜池會州有河池三州皆輸米以代鹽安北都護府有胡落池歲得鹽萬四千斛以給振武天德黔州有井四十一成州巂州井各一果閬開通井百二十三山南西院領之邛眉嘉有井十三劍南西川院領之梓遂緜合昌渝瀘資榮陵簡有井四百六十劍南東川院領之皆隨月督課幽州大同橫野軍有鹽屯每屯有丁有兵歲得鹽二千八百斛下者千五百斛負海州歲免租爲鹽二萬斛以輸司農青楚海滄棣杭蘇等州以鹽價市輕貨亦輸司農天寶至德閒鹽每斗十錢乾元元年鹽鐵鑄錢使第五琦初變鹽法就山海井竈近利之地置監院游民業鹽者爲亭戶免雜傜盜鬻者論以

法及琦爲諸州榷鹽鐵使盡榷天下鹽斗加時價百錢而出之爲錢一百一十自兵起流庸未復稅賦不足供費鹽鐵使劉晏以爲因民所急而稅之則國足用於是上鹽法輕重之宜以鹽吏多則州縣擾出鹽鄉因舊監置吏亭戶糶商人縱其所之江嶺去鹽遠者有常平鹽每商人不至則減價以糶民官收厚利而人不知貴晏又以鹽生霖潦則鹵薄暵旱則土溜墳乃隨時爲令遣吏曉導倍於勸農吳越揚楚鹽廩至數千積鹽二萬餘石有漣水湖州越州杭州四場嘉興海陵鹽城新亭臨平蘭亭永嘉太昌侯官富都十監歲得錢百餘萬緡以當百餘州之賦自淮北置巡院十三曰揚州陳許汴州廬壽白沙淮西甬橋浙西宋州泗州嶺南兗鄆鄭滑捕私鹽者姦盜爲之衰息然諸道加榷鹽錢商人舟所過有稅晏奏罷州縣率稅禁堰埭邀以利者晏之始至也鹽利歲纔四十萬緡至大曆末六百餘萬緡天下之賦鹽利居半宮闈服御軍饟百官祿俸皆仰給焉明年而晏罷貞元四年淮西節度使陳少游奏加民賦自此江淮鹽每斗亦增二百爲錢三百一十其後復增六十河中兩池鹽每斗爲錢三百七十

江淮豪賈射利或時倍之官收不能過半民始怨矣劉晏鹽法既成商人納絹以代鹽利者每緡加錢二百以備將士春服包佶爲汴東水陸運兩稅鹽鐵使許以漆器瑇瑁綾綺代鹽價雖不可用者亦高估而售之廣虛數以罔上亭戶冒法私鬻不絕巡捕之卒遍于州縣鹽估益貴商人乘時射利遠鄉貧民困高估至有淡食者巡吏既多官冗傷財當時病之其後軍費日增鹽價寖貴有以穀數斗易鹽一升私糶犯法未嘗少息順宗時始減江淮鹽價每斗爲錢二百五十河中兩池鹽斗錢三百增雲安渙陽塗涪三監其後鹽鐵使李錡奏江淮鹽斗減錢十以便民未幾復舊方是時錡盛貢獻以固寵朝廷大臣皆餌以厚貨鹽鐵之利積于私室而國用耗屈榷鹽法大壞多爲虛估率千錢不滿百三十而已兵部侍郎李巽爲使以鹽利皆歸度支物無虛估天下糶鹽稅茶其贏六百六十五萬緡初歲之利如劉晏之季年其後則三倍晏時矣兩池鹽利歲收百五十餘萬緡四方豪商猾賈雜處解縣主以郎官其佐貳皆御史鹽民田園籍於縣而令不得以縣民治之憲宗之討淮西也度支使皇甫鎛加劍南東

西兩川山南西道鹽估以供軍貞元中盜鬻兩池鹽一石者死至元和中減死流天德五城鎛奏論死如初一斗以上杖背沒其車驢能捕斗鹽者賞千錢節度觀察使以判官州以司錄錄事參軍察私鹽漏一石以上罰課料鬻兩池鹽者坊市居邸主人市儈皆論坐盜刮鹻土一斗比鹽一升州縣團保相察比於貞元加酷矣自兵興河北鹽法羈縻而已至皇甫鎛又奏置榷鹽使如江淮榷法犯禁歲多及田弘正舉魏博歸朝廷穆宗命河北罷榷鹽戶部侍郎張平叔議榷鹽法弊請糶鹽可以富國詔公卿議其可否中書舍人韋處厚兵部侍郎韓愈條詰之以爲不可平叔屈服是時奉天鹵池生水柏以灰一斛得鹽十二斤利倍鹻鹵文宗時采灰一斗比鹽一斤論罪開成末詔私鹽月再犯者易縣令罰刺史俸十犯則罰觀察判官課料宣宗即位茶鹽之法益密糶鹽少私盜多者謫觀察判官不計十犯戶部侍郎判度支盧弘止以兩池鹽法敝遣巡院官司空輿更立新法其課倍入遷榷鹽使以壕籬者鹽池之隄禁有盜壞與鬻鹻皆死鹽盜持弓矢者亦皆死刑兵部侍郎判度支周墀又言兩池鹽盜販者

迹其居處保社按罪鬻五石市二石亭戶盜糶二石皆死是時江吳羣盜以所剽物易茶鹽不受者焚其室廬吏不敢枝梧鎮戍場鋪堰埭以關通致富宣宗乃擇嘗更兩畿輔望縣令者爲監院官戶部侍郎裴休爲鹽鐵使上鹽法八事其法皆施行兩池榷課大增其後兵遍天下諸鎮擅利兩池爲河中節度使王重榮所有歲貢鹽三千車中官田令孜募新軍五十四都餽轉不足乃倡議兩池復歸鹽鐵使而重榮不奉詔至舉兵反僖宗爲再出然而卒不能奪唐初無酒禁乾元元年京師酒貴肅宗以稟食方屈乃禁京城酤酒期以麥熟如初二年飢復禁酤非光祿祭祀燕蕃客不御酒廣德二年定天下酤戶以月收稅建中元年罷之三年復禁民酤以佐軍費置肆釀酒斛收直三千州縣總領醨薄私釀者論其罪尋以京師四方所湊罷榷貞元二年復禁京城畿縣酒天下置肆以酤者斗錢百五十免其傜役獨淮南忠武宣武河東榷麴而已元和六年罷京師酤肆以榷酒錢隨兩稅青苗斂之太和八年遂罷京師榷酤凡天下榷酒爲錢百五十六萬餘緡而釀費居三之一貧戶逃酤不在焉昭宗世以用度

(天)

不足易京畿近鎭麴法復榷酒以贍軍鳳翔節度使李茂貞方顓其利按兵請入奏利害天子遽罷之初德宗納戶部侍郎趙贊議稅天下茶漆竹木十取一以爲常平本錢及出奉天乃悼悔下詔亟罷之及朱泚平佞臣希意興利者益進貞元八年以水災減稅明年諸道鹽鐵使張滂奏出茶州縣若山及商人要路以三等定估十稅其一自是歲得錢四十萬緡然水旱亦未嘗拯之也穆宗卽位兩鎭用兵帑藏空虛禁中起百尺樓費不可勝計鹽鐵使王播圖寵以自幸乃增天下茶稅率百錢增五十江淮浙東西嶺南福建荆襄茶播自領之兩川以戶部領之天下茶加斤至二十兩播又奏加取焉又拾遺李珏上疏諫曰榷率起於養兵今邊境無虞而厚斂傷民不可一也茗飲人之所資重稅則價必增貧弱益困不可二也山澤之饒其出不訾論稅以售多爲利價騰踊則市者稀不可三也其後王涯判二使置榷茶使徙民茶樹於官場焚其舊積者天下大怨令狐楚代爲鹽鐵使兼榷茶使復令納榷加價而已李石爲相以茶稅皆歸鹽鐵復貞元之制武宗卽位鹽鐵轉運使崔珙又增江淮茶稅是時茶商

所過州縣有重稅或掠奪舟車露積雨中諸道置邸以收稅謂之搨地錢故私販益起大中初鹽鐵轉運使裴休著條約私鬻三犯皆三百斤乃論死長行羣旅茶雖少皆死雇載三犯至五百斤居舍儈保四犯至千斤者皆死園戶私鬻百斤以上杖背三犯加重徭伐園失業者刺史縣令以縱私鹽論廬壽淮南皆加半稅私商給自首之帖天下稅茶增倍貞元江淮茶爲大摸一斤至五十兩諸道鹽鐵使于悰每斤增稅錢五謂之剩茶錢自是斤兩復舊凡銀銅鐵錫之冶一百六十八陝宣潤饒衢信五州銀冶五十八銅冶九十六鐵山五錫山二鉛山四汾州礬山七麟德二年廢陝州銅冶四十八開元十五年初稅伊陽五重山銀錫德宗時戶部侍郎韓洄建議山澤之利宜歸王者自是皆隸鹽鐵使元和初天下銀冶廢者四十歲采銀萬二千兩銅二十六萬六千斤鐵二百七萬斤錫五萬斤鉛無常數開成元年復以山澤之利歸州縣刺史選吏主之其後諸州牟利以自殖舉天下不過七萬餘緡不能當一縣之茶稅及宣宗增河湟戍兵衣絹五十二萬餘疋鹽鐵轉運使裴休請復歸鹽鐵使以供國用增銀

冶二鐵山七十一廢銅冶二十七鉛山一天下歲率銀一萬五千兩銅六十五萬五千斤鉛十一萬四千斤錫萬七千斤鐵五十三萬二千斤隋末行五銖白錢天下盜起私鑄錢行千錢初重二斤其後愈輕不及一斤鐵葉皮紙皆以爲錢高祖入長安民間行綫環錢其製輕小凡八九萬纔滿半斛武德四年鑄開元通寶徑八分重二銖四參積十錢重一兩得輕重大小之中其文以八分篆隸三體洛幷幽益桂等州皆置監賜秦王齊王三鑪右僕射裴寂一鑪以鑄盜鑄者論死沒其家屬其後盜鑄漸起顯慶五年以惡錢多官爲市之以一善錢售五惡錢民間藏惡錢以待禁弛乾封元年改鑄乾封泉寶錢徑寸重二銖六分以一當舊錢之十踰年而舊錢多廢明年以商賈不通米帛踊貴復行開元通寶錢天下皆鑄之然私錢犯法日蕃有以舟筏鑄江中者詔所在納惡錢而姦亦不息儀鳳中瀕江民多私鑄錢爲業詔巡江官督捕載銅錫鑞過百斤者沒官四年命東都糶米粟斗別納惡錢百少府司農毀之是時鑄多錢賤米粟踊貴乃罷少府鑄尋復舊永淳元年私鑄者抵死鄰保里坊村正皆從坐武后

時錢非穿穴及鐵錫銅液皆得用之熟銅排斗沙澀之錢皆售自是盜鑄蜂起江淮游民依大山陂海以鑄吏莫能捕先天之際兩京錢益濫郴衡錢纔有輪郭鐵錫五銖之屬皆可用之或鎔錫摸錢須臾百十開元初宰相宋璟請禁惡錢行二銖四參錢毀舊錢不可用者江淮有官鑪錢偏鑪錢稜錢時錢遣監察御史蕭隱之使江淮率戶出惡錢捕責甚峻上青錢皆輸官小惡者沈江湖市井不通物價益貴隱之坐貶官宋璟又請出米十萬斛收惡錢少府毀之十一年詔所在加鑄禁賣銅錫及造銅器者二十年千錢以重六斤四兩爲率每錢重二銖四參禁缺頓沙澀盪染白彊黑彊之錢首者官爲市之銅一斤爲錢八千二十二年宰相張九齡建議古者以布帛菽粟不可尺寸抄勺而均乃爲錢以通貿易官鑄所入無幾而工費多宜縱民鑄議下百官宰相裴耀卿黃門侍郎李林甫河南少尹蕭炅祕書監崔沔皆以爲嚴斷惡錢則人知禁稅銅折役則官冶可成計估度庸則私錢以利薄而自息若許私鑄則下皆棄農而競利矣左監門衞錄事參軍事劉秩曰今之錢古之下幣也若捨之任人則上無以

御下下無以事上不可一也物賤傷農錢輕傷賈物重則錢輕錢輕由乎物多多則作法收之使少物少則作法布之使輕奈何假人不可二也鑄錢不雜鉛鐵則無利雜則錢惡今塞私鑄之路人猶冒死況設陷穽誘之不可三也鑄錢無利則人不鑄有利則去南畝者衆不可四也人富則不可以賞勸貧則不可以威禁法不行人不理繇貧富不齊若得鑄錢貧者服役於富室富室乘而益恣不可五也夫錢重繇人日滋於前而鑪不加舊公錢與銅價頗等故破重錢爲輕錢銅之不贍在採用者衆也銅之爲兵不如錢爲器不如漆禁銅則人無所用盜鑄者少公錢不破人不犯死錢又日增是一舉而四美兼也是時公卿皆以縱民鑄爲不便於是下詔禁惡錢而已信安郡王禕復言國用不足請縱私鑄議者皆畏禕帝弟之貴莫敢與抗獨倉部郎中韋伯陽以爲不可禕議亦格二十六年宣潤等州初置錢監兩京用錢稍善米粟價益下其後錢又漸惡詔出銅所在置監鑄開元通寶錢京師庫藏皆滿天下盜鑄益起廣陵丹陽宣城尤甚京師權豪歲歲取之舟車相屬江淮偏鑪錢數十種雜以鐵錫輕漫無

復錢形公鑄者號官鑪錢一以當偏鑪錢七八富商往往藏之以易江淮私鑄者兩京錢有鵝眼古文綫環之別每貫重不過三四斤至翦鐵而緡之宰相李林甫請出絹布三百萬匹平估收錢物價踊貴訴者日萬人兵部侍郎楊國忠欲招權以市恩揚鞭市門曰行當復之明日詔復行舊錢天寶十一載又出錢三十萬緡易兩市惡錢出左藏庫排斗錢許民易之國忠又言錢非鐵錫銅沙穿穴古文皆得用之是時增調農人鑄錢既非所習皆不聊生內作判官韋倫請厚價募工繇是役用減而鼓鑄多天下鑪九十九絳州三十揚潤宣鄂蔚皆十益郴皆五洋州三定州一每鑪歲鑄錢三千三百緡役丁匠三十費銅二萬一千二百斤鑞三千七百斤錫五百斤每千錢費錢七百五十天下歲鑄三十二萬七千緡肅宗乾元元年經費不給鑄錢使第五琦鑄乾元重寶錢徑一寸每緡重十斤與開元通寶參用以一當十亦號乾元十當錢先是諸鑪鑄錢窳薄鎔破錢及佛像謂之盤陀皆鑄為私錢犯者杖死第五琦為相復命絳州諸鑪鑄重輪乾元錢徑一寸二分其文亦曰乾元重寶背之外郭為重輪每緡重

十二斤與開元通寶錢並行以一當五十是時民間行三錢大而重稜者亦號重稜錢法既屢易物價騰踊米斗錢至七千餓死者滿道初有虛錢京師人人私鑄并小錢壞鍾像犯禁者愈衆鄭叔清爲京兆尹數月榜死者八百餘人肅宗以新錢不便命百官集議不能改上元元年減重輪錢以一當三十開元舊錢與乾元十當錢皆以一當十碾磑鬻受得爲實錢虛錢交易皆用十當錢由是錢有虛實之名史思明據東都亦鑄得一元寶錢徑一寸四分以一當開元通寶之百既而惡得一非長祚之兆改其文曰順天元寶代宗即位乾元重寶錢以一當二重輪錢以一當三凡三日而大小錢皆以一當一自第五琦更鑄犯法者日數百州縣不能禁止至是人甚便之其後民間乾元重稜二錢鑄爲器不復出矣當時議者以爲自天寶至今戶九百餘萬王制上農夫食九人中農夫七人以中農夫計之爲六千三百萬人少壯相均人食米二升日費米百二十六萬斛歲費四萬五千三百六十萬斛而衣倍之吉凶之禮再倍餘三年之儲以備水旱凶災當米十三萬六千八十萬斛以貴賤豐儉相當則米之直

與錢均也田以高下肥瘠豐耗爲率一頃出米五十餘斛當田二千七百二十一萬六千頃而錢亦歲毀於棺瓶埋藏焚溺其間銅貴錢賤有鑄以爲器者不出十年錢幾盡不足周當世之用諸道鹽鐵轉運使劉晏以江嶺諸州任土所出皆重麤賤弱之貨輸京師不足以供道路之直於是積之江淮易銅鉛薪炭廣鑄錢歲得十餘萬緡輸京師及荊揚二州自是錢日增矣大曆七年禁天下鑄銅器建中初戶部侍郎韓洄以商州紅崖冶銅多請復洛源廢監起十鑪歲鑄錢七萬二千緡每千錢費九百德宗從之江淮多鉛錫錢以銅盪外不盈斤兩帛價益貴銷千錢爲銅六斤鑄器則斤得錢六百故銷鑄者多而錢益耗判度支趙贊採連州白銅鑄大錢一當十以權輕重貞元初駱谷散關禁行人以一錢出者諸道鹽鐵使張滂奏禁江淮鑄銅爲器惟鑄鑑而已十年詔天下鑄銅器每器一斤其直不得過百六十銷錢者以盜鑄論然而民間錢益少繒帛價輕州縣禁錢不出境商賈皆絕浙西觀察使李若初請通錢往來而京師商賈齎錢四方貿易者不可勝計詔復禁之二十年命市井交易以綾羅絹布雜

貨與錢兼用憲宗以錢少復禁用銅器時商賈至京師委錢諸道進奏院及諸軍諸使富家以輕裝趨四方合券乃取之號飛錢京兆尹裴武請禁與商賈飛錢者廋索諸坊十人爲保鹽鐵使李巽以郴州平陽銅坑二百八十餘復置桂陽監以兩鑪日鑄錢二十萬天下歲鑄錢十三萬五千緡命商賈蓄錢者皆出以市貨天下有銀之山必有銅唯銀無益於人五嶺以北採銀一兩者流宅州官吏論罪元和四年京師用錢緡少二十及有鉛錫錢者捕之非交易而錢行衢路者不問復詔采五嶺銀坑禁錢出嶺六年貿易錢十緡以上者參用布帛蔚州三河冶距飛狐故監二十里而近河東節度使王鍔置鑪疏拒馬河水鑄錢工費尤省以刺史李聽爲使以五鑪鑄每鑪月鑄錢三十萬自是河東錫錢皆廢自京師禁飛錢家有滯藏物價寖輕判度支盧坦兵部尚書判戶部事王紹鹽鐵使王播請許商人於戶部度支鹽鐵三司飛錢每千錢增給百錢然商人無至者復許與商人敵貫而易之然錢重帛輕如故憲宗爲之出內庫錢五十萬緡市布帛每疋加舊估十之一會吳元濟王承宗連衡拒命以七道兵討

之經費屈竭皇甫鎛建議內外用錢每緡墊二十外復抽五十送度支以贍軍十二年復給京兆府錢五十萬緡市布帛而富家錢過五千貫者死王公重貶沒入於官以五之一賞告者京師區肆所積皆方鎮錢少亦五十萬緡乃爭市第宅然富賈倚左右神策軍官錢爲名府縣不敢劾問民間墊陌有至七十者鉛錫錢益多吏捕犯者多屬諸軍諸使譁集市人彊奪毆傷吏卒京兆尹崔元略請犯者本軍本使涖決帝不能用詔送本軍本使而京兆府遣人涖決穆宗卽位京師鬻金銀十兩亦墊一兩糴米鹽百錢墊七八京兆尹柳公綽以嚴法禁止之尋以所在用錢墊陌不一詔從俗所宜內外給用每緡墊八十寶曆初河南尹王起請銷錢爲佛像者以盜鑄錢論太和三年詔佛像以鉛錫土木爲之飾帶以金銀鍮石烏油藍鐵唯鑑磬釘鐶鈕得用銅餘皆禁之盜鑄者死是時峻鉛錫錢之禁告千錢者賞以五千四年詔積錢以七千緡爲率十萬緡者期以一年出之二十萬以二年凡交易百緡以上者疋帛米粟居半河南府揚州江陵府以都會之劇約束如京師未幾皆罷八年河東錫錢復起鹽鐵使王

涯置飛狐鑄錢院於蔚州天下歲鑄錢不及十萬緡文宗病幣輕錢重詔方鎮縱錢穀交易時雖禁銅爲器而江淮嶺南列肆鬻之鑄千錢爲器售利數倍宰相李珏請加鑪鑄錢於是禁銅器官一切爲市之天下銅坑五十歲采銅二十六萬六千斤及武宗廢浮屠法永平監官李郁彥請以銅像鍾磬鑪鐸皆歸巡院州縣銅益多矣鹽鐵使以工有常力不足以加鑄許諸道觀察使皆得置錢坊淮南節度使李紳請天下以州名鑄錢京師爲京錢大小徑寸如開元通寶交易禁用舊錢會宣宗卽位盡黜會昌之政新錢以字可辨復鑄爲像昭宗末京師用錢八百五十爲貫每百纔八十五河南府以八十爲百云

唐書卷五十四

唐書卷五十四考證

食貨志四每緡重十二斤○舊書作二十斤

唐書卷五十四考證

珍倣宋版印

唐書卷五十五

宋　翰　林　學　士　歐　陽　修　撰

食貨志第四十五

武德元年文武官給祿頗減隋制一品七百石從一品六百石二品五百石從二品四百六十石三品四百石從三品三百六十石四品三百石從四品二百六十石五品二百石從五品百六十石六品百石從六品九十石七品八十石從七品七十石八品六十石從八品五十石九品四十石從九品三十石皆以歲給之外官則否一品有職分田十二頃二品十頃三品九頃四品七頃五品六頃六品四頃七品三頃五十畝八品二頃五十畝九品二頃皆給百里內之地諸州都督都護親王府官二品十二頃三品十頃四品八頃五品七頃六品五頃七品四頃八品三頃九品二頃五十畝鎮戍關津岳瀆官五品五頃六品三頃五十畝七品三頃八品二頃九品一頃五十畝三衞中郎將上府折衝都尉六頃中府五頃五十畝下府及郎將五頃上府果毅都尉四頃中府三頃五

十畝下府三頃上府長史別將三頃中府下府二頃五十畝親王府典軍五頃五十畝副典軍四頃千牛備身左右太子千牛備身三頃折衝上府兵曹二頃中府下府一頃五十畝外軍校尉一頃二十畝旅帥一頃隊正副八十畝親王以下又有永業田百頃職事官一品六十頃郡王職事官從一品五十頃國公職事官從二品三十五頃縣公職事官三品二十五頃職事官從三品二十頃侯職事官四品十二頃子職事官五品八頃男職事官從五品五頃六品七品二頃五十畝八品九品二頃二品上柱國三十頃柱國二十五頃上護軍二十頃護軍十五頃上輕車都尉十頃輕車都尉七頃上騎都尉六頃騎都尉四頃驍騎飛騎尉八十畝雲騎武騎尉六十畝散官五品以上給同職事官五品以上受田寬鄉六品以下受於本鄉解免者追田除名者受口分之田襲爵者不別給流內九品以上口分田終其身六十以上停私乃收凡給田而無地者畝給粟二斗京師及州縣皆有公廨田供公私之費其後以用度不足京官有俸賜而已諸司置公廨本錢以番官貿易取息計員多少爲月料貞觀初百官得

上考者給祿一季未幾又詔得上下考給祿一年出使者稟其家新至官者計日給糧中書舍人高季輔言外官卑品貧匱宜給祿養親自後以地租春秋給京官歲凡五十萬一千五百餘斛外官降京官一等一品以五十石爲一等二品三品以三十石爲一等四品五品以二十石爲一等六品七品以五石爲一等八品九品以二石五斗爲一等無粟則以鹽爲祿十一年以職田侵漁百姓詔給逃還貧戶視職田多少每畝給粟二升謂之地子是歲以水旱復罷之十二年罷諸司公廨本錢以天下上戶七千人爲胥士視防閤制而收其課計官多少而給之十五年復置公廨本錢以諸司令史主之號捉錢令史每司九人補於吏部所主纔五萬錢以下市肆販易月納息錢四千歲滿受官諫議大夫褚遂良上疏京七十餘司更一二歲促錢令史六百餘人受職太學高第諸州進士拔十取五猶有犯禁罹法者況廛肆之人苟得無恥不可使其居職太宗乃罷捉錢令史復詔給百官俸十八年以京兆府岐同華邠坊州隙地陂澤可墾者復給京官職田二十二年置京諸司公廨本錢捉以令史府史胥士永徽

元年廢之以天下租脚直爲京官俸料其後又薄斂一歲稅以高戶主之月收息給俸尋顧以稅錢給之歲總十五萬二千七百三十緡一品月俸八千食料一千八百雜用一千二百二品月俸六千五百食料一千五百雜用一千三品月俸五千一百雜用九百四品月俸三千五百食料雜用七百五品月俸三千食料雜用六百六品月俸二千食料雜用四百七品月俸一千七百五十食料雜用三百五十八品月俸一千三百食料三百雜用二百五十九品月俸一千五十食料二百五十雜用二百行署月俸一百四十食料三十職事官又有防閤庶僕一品防閤九十六人二品七十二人三品四十八人四品三十二人五品二十四人六品庶僕十五人七品四人八品三人九品二人公主有邑士八十人郡主六十人縣主四十人外官以州府縣上下中爲差少尹長史司馬及丞減長官之半參軍博士減判司三之二主簿縣尉減丞三之二錄事市令以參軍職田爲輕重京縣錄事以縣尉職田爲輕重羈縻州官給以土物關監官給以年支輕貨折衝府官則有仗身上府折衝都尉六人果毅四人長史別將

三人兵曹二人中下府各減一人皆十五日而代開府儀同三司特進光祿大夫同職事官公廨雜用不給員外官檢校判試知給祿料食糧之半散官勳官衞官減四之一致仕五品以上給半祿解官充侍亦如之四夷宿衞同京官天下置公廨本錢以典史主之收贏十之七以供佐史以下不賦粟者常食餘爲百官俸料京兆河南府錢三百八十萬太原及四大都督府二百七十五萬中都督府上州二百四十二萬下都督中州一百五十四萬下州八十八萬京兆河南府京縣一百四十三萬太原府京縣九十一萬三千京兆河南府畿縣八十二萬五千太原府畿縣諸州上縣七十七萬中縣五十五萬中下縣下縣二十八萬五千折衝上府二十萬中府減四之一下府十萬麟德二年給文官五品以上仗身以掌閑幕士爲之咸亨元年與職事官皆罷乾封元年京文武官視職事品給防閤庶僕百官俸出於租調運送之費甚廣公廨出舉典史有徹垣墉鬻田宅以免責者又以雜職供薪炭納直倍於正丁儀鳳三年王公以下率口出錢以充百官俸食防閤庶僕邑士仗身封戶調露元年職事五品以上

復給仗身光宅元年以京官八品九品俸薄詔八品歲給庶僕三人九品二人文武職事三品以上給親事帳內以六品七品子爲親事以八品九品子爲帳內歲納錢千五百謂之品子課錢三師三公開府儀同三司百三十人嗣王郡王百八人上柱國領二品以上職事九十五人領三品職事六十九人柱國領二品以上職事七十三人領三品職事五十五人護軍領二品以上職事六十二人領三品職事三十六人二品以下又有白直執衣二品白直四十人三品三十二人四品二十四人五品十六人六品十人七品七人八品五人九品四人二品執衣十八人三品十五人四品十三人五品九人六品七品各六人八品九品各三人皆中男爲之防閤庶僕皆滿歲而代外官五品以上亦有執衣都護府不治州事亦有仗身都護四人副都護長史司馬三人諸曹參軍士二人上鎮將四人中下鎮將上鎮副三人中下鎮副各二人鎮倉曹關令丞戍主副各一人皆取於防人衞士十五日而代宿衞官三品以上仗身三人五品以上二人六品以下及散官五品以上各一人取於番上衞士役而不收課親王

出藩者府佐史典軍副典軍有事力人數如白直諸司諸使有守當及廳子以兵及勳官爲之白直執衣以下分三番周歲而代供役不踰境後皆納課仗身錢六百四十防閤庶僕白直錢二千五百執衣錢一千其後親事帳內亦納課如品子之數州縣典史捉公廨本錢者收利十之七富戶幸免徭役貧者破產甚衆祕書少監崔沔請計戶均出每丁加升尺所增蓋少流亡漸復倉庫充實然後取於正賦罷新加者開元十年中書舍人張嘉貞又陳其不便遂罷天下公廨本錢復稅戶以給百官籍內外職田賦逃還戶及貧民罷職事五品以上仗身十八年復給京官職田州縣籍一歲稅錢爲本以高戶捉之月收贏以給外官復置天下公廨本錢收贏十之六十九年初置職田頃畝簿租價無過六斗地不毛者畝給二斗二十四年令百官防閤庶僕俸食雜用以月給之總稱月俸一品錢三萬一千二品二萬四千三品萬七千四品萬一千五百六十七五品九千二百六品五千三百七品四千一百八品二千四百七十五九品千九百一十七祿米則歲再給之一品七百斛從一品六百斛二品五百斛從二

品四百六十斛三品四百斛從三品三百六十斛四品三百斛從四品二百五十斛五品二百斛從五品百六十斛六品百斛自此十斛爲率至從七品七十斛八品六十七斛自此五斛爲率至從九品五十二斛外官降一等先是州縣無防人者籍十八以上中男及殘疾以守城門及倉庫門謂之門夫番上不至者閏月督課爲錢百七十忙月二百至是以門夫資課給州縣官二十九年以京畿地狹計丁給田猶不足於是分諸司官在都者給職田於都畿以京師地給貧民是時河南北職田兼稅桑有詔公廨職田有桑者毋督絲課天寶初給員外郎料天下白直歲役丁十萬有詔罷之計數加稅以供用人皆以爲便自開元後置使甚衆每使各給雜錢宰相楊國忠身兼數官堂封外月給錢百萬幽州平盧節度使安祿山隴右節度使哥舒翰兼使所給亦不下百萬十二載國忠以兩京百官職田送租勞民請五十里外輸于縣倉斗納直二錢百里外納直三錢使百官就請于縣然縣吏欺盜蓋多而閑司有不能自直者十四載兩京九品以上月給俸加十之二同正員加十之一兵興權臣增領諸使月給

厚俸比開元制祿數倍至德初以用物不足內外官不給料錢郡府縣官給半祿及白直品子課乾元元年亦給外官半料及職田京官給手力課而已上元元年復令京官職田以時輸送受加耗者以枉法贓論其後籍以爲軍糧矣永泰末取州縣官及折衝府官職田苗子三之一市輕貨以賑京官大曆元年斂天下青苗錢得錢四百九十萬緡輸大盈庫封太府左右藏鑰而不發者累歲二年復給京兆府及畿縣官職田以三之一供軍饟增稅青苗錢一畝至三十權臣月俸有至九十萬者刺史亦至十萬楊綰常袞爲相增京官正員官及諸道觀察使都團練使副使以下料錢初檢校官同中書門下平章事者月給錢十二萬至是戶部侍郎判度支韓滉請同正官從高而給之文官一千八百五十四員武官九百四十二員月俸二十六萬緡而增給者居三之一先是州縣職田公廨田每歲六月以白簿上尙書省覆實至十月輸送則有黃籍歲一易之後不復簿上唯授租清望要官而職卑者稽留不付黃籍亦不復更矣德宗卽位詔黃籍與白簿皆上有司建中三年復減百官料錢以助軍李泌爲相又

增百官及畿內官月俸復置手力資課歲給錢六十一萬六千餘緡文官千八百九十二員武官八百九十六員左右衛上將軍以下又有六雜給一曰糧米二曰鹽三曰私馬四曰手力五曰隨身六曰春冬服私馬則有芻豆手力則有資錢隨身則有糧米鹽春冬服則有布絹絁紬綿射生神策軍大將軍以下增以鞋比大曆制祿又厚矣州縣官有手力雜給錢然俸最薄者也李泌以度支有兩稅錢鹽鐵使有筦榷錢可以擬經費中外給用每貫墊二十號戶部除陌錢復有闕官俸料職田錢積戶部號戶部別貯錢御史中丞專掌之皆以給京官歲費不及五十五萬緡京兆和糴度支給諸軍冬衣亦往往取之減王公以下永業田郡王職事官從一品田五十頃國公職事官正二品田四十頃郡公職事官從二品田三十頃縣公職事官正四品田十四頃職事官從四品田十一頃尚郡主檢校四品京官者月給料錢三十萬祿百二十石尚縣主檢校五品京官者料錢二十萬祿百石者自李泌增百官俸當時以為不可朘削矣然有名存而職廢額去而俸在者宰相李吉甫建議減之遂為常法于時祠祭蕃

夷賜宴別設皆長安萬年人吏主辦二縣置本錢配納質積戶收息以供費諸使捉錢者給牒免徭役有罪府縣不敢劾治民間有不取本錢立虛契子孫相承爲之嘗有毆人破首詣閑廄使納利錢受牒貸罪御史中丞柳公綽奏諸使捉錢戶府縣得捕役給牒者毀之自是不得錢者不納利矣議者以兩省尙書自御史臺總樞機正百寮而倍稱息利非馭官之體元和九年戶部除陌錢每緡增墊五錢四時給諸司諸使之餐置驅使官督之御史一人覈其侵漁起明年正月收息五之一號元和十年新收置公廨本錢初捉錢者私增公廨本以防耗失而富人乘以爲姦可督者私之外以逋官錢迫蹙閭里民不堪其擾御史中丞崔從奏增錢者不得踰官本其後兩省捉錢官給牒逐利江淮之民鬻茶鹽以撓法十三年以職田多少不均每司收草粟以多少爲差其後宰相李珏楊嗣復奏堂廚食利錢擾民煩碎於是罷堂廚捉錢官置庫量入計費唐世百官俸錢會昌後不復增減令著其數太師太傅太保錢二百萬太尉司徒司空百六十萬侍中百五十萬中書令門下中書侍郎左右僕射太子太師太保

太傅百四十萬尚書御史大夫太子少師少保少傅百萬節度使三十萬都防禦使副使監軍十五萬觀察使十萬左右丞侍郎散騎常侍諫議大夫給事中中書舍人祕書殿中內侍監御史中丞太常宗正大理司農太府鴻臚太僕光祿衞尉卿國子祭酒將作少府監太子賓客詹事諸府尹大都督府長史都團練使副使上州刺史八萬太常宗正少卿太子左右庶子節度副使刺史知軍事七萬六軍統軍諸府少尹少監少卿國子司業少詹事六萬五千左右衞金吾衞上將軍六軍大將軍六萬左右驍衞武衞威衞領軍衞監門衞千牛衞上將軍上州別駕五萬五千郎中司天監太子左右諭德家令寺僕寺率更寺令親王傅別勑判官觀察團練判官掌書記上州長史司馬五萬左右衞金吾衞大將軍懷化大將軍諸府大都督司錄參軍事畿赤縣令四萬五千員外郎起居郎通事舍人起居舍人著作郎內常侍侍御史殿中侍御史太常宗正殿中祕書丞大理正國子博士京都宮苑總監監都水使者太子中舍中允王府長史歸德將軍節度推官支使防禦判官上州錄事參軍事畿縣上縣令四萬懷

化中郎將三萬七千左右驍衞武衞威衞領軍衞監門衞千牛衞殿前左右射生軍神策軍大將軍左右衞金吾衞將軍三萬六千補闕殿中侍御史諸府大都督府判官赤縣丞三萬五千懷化郎將三萬二千拾遺司天少監六局奉御內常侍監察御史御史臺主簿太常博士陵署令大理司直中書主書門下錄事太子贊善典內洗馬司議郎王府司馬驍衞武衞威衞領軍衞監門衞六軍射生神策軍將軍歸德中郎將觀察防禦團練推官巡官鶴赤縣丞兩赤縣主簿尉上州功曹參軍以下上縣丞三萬城門郎祕書郎著作佐郎六局直長十六衞六軍諸府十率府長史懷化司階畿縣丞鶴赤縣主簿尉二萬五千歸德司階二萬三千五官正太常寺協律郎陵署丞諸寺監主簿國子太學廣文助教都水監丞詹事府司直太子通事舍人文學三寺丞五局郎王府諮議參軍支畿縣上縣主簿尉二萬懷化中候萬八千十六衞六軍十率府率副率中郎中郎將萬七千三百五十歸德中候萬七千四門助教十六衞佐祕書省崇文弘文館校書郎正字太常寺奉禮郎太祝郊社太樂鼓吹署令四門助教京都

宮苑總監副監九成宮總監監主事十六衞六軍衞佐尚書省都事萬六千十
六衞六軍中候太子內率府千牛六千一百七十四內寺伯懷化司戈諸府大
都督府參軍事文學博士錄事上州參軍事博士萬五千歸德司戈萬四千十
六衞六軍十率府左右郎將親王府典軍副典軍萬三千八百司戈內率府備
身僕寺進馬三千七百一十二符寶郎內謁者監九寺諸監詹事府丞太醫署
令太學廣文四門博士中書門下主事太子文學侍醫諸府都督府醫博士法
直兩赤縣錄事上州錄事市令萬三千懷化執戟長上萬一千門下省典儀侍
御醫司天臺丞都水監主簿率府衞佐諸司主事御史臺主事萬二千司醫太
醫署丞歸德執戟長上一萬醫佐大理寺評事太常宗正寺詹事府主簿寺監
內侍省司天臺左右春坊詹事府錄事主事八千司階千牛備身左右七千九
百九十京都園苑四面監監兩京諸市中尚武庫武成王廟署令王府掾屬主
簿記室錄事參軍事七千司天臺主簿靈臺郎保章正上局署令七品陵廟令
京都宮苑總監丞司竹温泉監監太子內坊丞王府功曹以下參軍事親王國

令公主邑司令六千奚官內僕內府局令司竹溫泉副監五千書算律學博士
內謁者中局署令上局署丞五官挈壺正京都園苑四面監九成宮總監副監
醫針博士醫監陵廟令司竹溫泉監丞太子藥藏局丞王府參軍事王國大農
公主邑司丞四千獄丞國子監直講掌客司儀中局署丞監膳監作監事食醫
尚輦進馬奉乘主乘典乘司庫司廩十六衞十率府錄事親勳翊府兵曹參軍
事司天臺司辰司曆監候內坊典直宮教博士樂正醫正卜正按摩呪禁卜博
士針醫卜書算助教陵廟太樂鼓吹署丞京都園苑四面監九成宮總監丞諸
總監主簿太子典膳內直典設宮門局丞三寺主簿親王國尉丞三千十六衞
六軍十率府執戟長上左右中郎將二千八百五十

唐書卷五十五

珍倣宋版印

唐書卷五十五考證

食貨志五四門助教○此句已見前文疑重出

唐書卷五十五考證

珍倣宋版印

唐書卷五十六

宋 翰 林 學 士 歐 陽 修 撰

刑法志第四十六

古之爲國者議事以制不爲刑辟懼民之知爭端也後世作爲刑書惟恐不備俾民之知所避也其爲法雖殊而用心則一蓋皆欲民之無犯也然未知夫導之以德齊之以禮而可使民遷善遠罪而不自知也唐之刑書有四曰律令格式令者尊卑貴賤之等數國家之制度也格者百官有司之所常行之事也式者其所常守之法也凡邦國之政必從事於此三者其有所違及人之爲惡而入于罪戾者一斷以律律之爲書因隋之舊爲十有二第一曰名例二曰衞禁三曰職制四曰戶婚五曰廄庫六曰擅興七曰賊盜八曰鬭訟九曰詐僞十曰雜律十一曰捕亡十二曰斷獄其用刑有五一曰笞笞之爲言恥也凡過之小者捶撻以恥之漢用竹後世更以楚書曰扑作教刑是也二曰杖杖者持也可持以擊也書曰鞭作官刑是也三曰徒徒者奴也蓋奴辱之周禮曰其奴男子

入于罪隸任之以事寘之圜土而教之量其罪之輕重有年數而捨四曰流書云流宥五刑謂不忍刑殺宥之于遠也五曰死乃古大辟之刑也自隋以前死刑有五曰罄絞斬梟裂而流徒之刑鞭笞兼用數皆踰百至隋始定爲笞刑五自十至于五十杖刑五自六十至于百徒刑五自一年至于三年流刑三自一千里至于二千里死刑二絞斬除其鞭刑及梟首轘裂之酷又有議請減贖當免之法唐皆因之然隋文帝性刻深而煬帝昏亂民不勝其毒唐興高祖入京師約法十二條惟殺人劫盜背軍叛逆者死及受禪命納言劉文靜等損益律令武德二年頒新格五十三條唯吏受賕犯盜詐冒府庫物赦不原凡斷屠日及正月五月九月不行刑四年高祖躬錄囚徒以人因亂冒法者衆盜非劫傷其主及征人逃亡官吏枉法皆原之已而又詔僕射裴寂等十五人更撰律令凡律五百麗以五十三條流罪三皆加千里居作三歲至二歲半者悉爲一歲餘無改焉太宗卽位詔長孫无忌房玄齡等復定舊令議絞刑之屬五十皆免死而斷右趾既而又哀其斷毀支體謂侍臣曰肉刑前代除之久矣今復斷人

趾吾不忍也王珪蕭瑀陳叔達對曰受刑者當死而獲生豈憚去一趾去趾所以使見者知懼今以死刑爲斷趾蓋寬之也帝曰公等更思之其後蜀王法曹參軍裴弘獻駮律令四十餘事乃詔房玄齡與弘獻等重加删定玄齡等以謂古者五刑刖居其一及肉刑既廢今以笞杖徒流死爲五刑而又刖足是六刑也於是除斷趾法爲加役流三千里居作二年太宗嘗覽明堂針灸圖見人之五臟皆近背針灸失所則其害致死歎曰夫箠者五刑之輕死者人之所重安得犯至輕之刑而或致死遂詔罪人無得鞭背五年河内人李好德坐妖言下獄大理丞張蘊古以爲好德病狂瞀法不當坐治書侍御史權萬紀劾蘊古相州人好德兄厚德方爲相州刺史故蘊古奏不以實太宗怒遽斬蘊古既而大悔因詔死刑雖令卽決皆三覆奏久之謂羣臣曰死者不可復生昔王世充殺鄭頲而猶能悔近有府史取賕不多朕殺之是思之不審也決囚雖三覆奏而頃刻之間何暇思慮自今宜二日五覆奏決日尚食勿進酒肉教坊太常輟教習諸州死罪三覆奏其日亦蔬食務合禮撤樂減膳之意故時律兄弟分居蔭

不相及而連坐則俱死同州人房彊以弟謀反當從坐帝因錄囚爲之動容曰反逆有二興師動衆一也惡言犯法二也輕重固異而鈞謂之反連坐皆死豈定法耶玄齡等議曰禮孫爲父尸故祖有蔭孫令是祖孫重而兄弟輕於是令反逆者祖孫與兄弟緣坐皆配沒惡言犯法者兄弟配流而已玄齡等遂與法司增損隋律降大辟爲流者九十二流爲徒者七十一以爲律定令一千五百四十六條以爲令又刪武德以來敕三千餘條爲七百條以爲格又取尚書省列曹及諸寺監十六衞計帳以爲式凡州縣皆有獄而京兆河南獄治京師其諸司有罪及金吾捕者又有大理獄京師之囚刑部月一奏御史巡行之每歲立春至秋及大祭祀致齊朔望上下弦二十四氣雨及夜未明假日斷屠月皆停死刑京師決死涖以御史金吾在外則上佐餘皆判官涖之五品以上罪論死乘車就刑大理正涖之或賜死于家凡囚已刑無親屬者將作給棺瘞于京城七里外壙有甎銘上揭以榜家人得取以葬諸獄之長官五日一慮囚夏置漿飲月一沐之疾病給醫藥重者釋械其家一人入侍職事散官三品以上婦

女子孫二人入侍天下疑獄讞大理寺不能決尚書省衆議之錄可爲法者送祕書省奏報不馳驛經覆而決者刑部歲以正月遣使巡覆所至閱獄囚杻校糧餉法不如法者杻校鉗鎖皆有長短廣狹之制量囚輕重用之囚二十日一訊三訊而止數不過二百凡杖皆長三尺五寸削去節目訊杖大頭徑三分二釐小頭二分二釐常行杖大頭二分七釐小頭一分七釐笞杖大頭二分小頭一分有半死罪校而加杻官品勳階第七者鎖禁之輕罪及十歲以下至八十以上者廢疾侏儒懷姙皆頌繫以待斷居作者著鉗若校京師隸將作女子隸少府縫作旬給假一日臘寒食二日毋出役院病者釋鉗校給假疾差陪役謀反者男女奴婢沒爲官奴婢隸司農七十者免之凡役男子入于蔬圃女子入于廚饎流移人在道疾病婦人免乳祖父母父母喪男女奴婢死皆給假授程糧非反逆緣坐六歲縱之特流者三歲縱之有官者得復仕初太宗以古者斷獄訊於三槐九棘乃詔死罪中書門下五品以上及尚書等平議之三品以上犯公罪流私罪徒皆不追身凡所以纖悉條目必本於仁恕然自張蘊古之死

也法官以失出爲誡有失入者又不加罪自是吏法稍密帝以問大理卿劉德威對曰律失入減三等失出減五等今失入無辜而失出爲大罪故吏皆深文帝矍然遂命失出入者皆如律自此吏亦持平十四年詔流罪無遠近皆徙邊要州後犯者寖少十六年又徙死罪以實西州流者戍之以罪輕重爲更限廣州都督党仁弘嘗率鄉兵二千助高祖起封長沙郡公仁弘交通豪酋納金寶沒降獠爲奴婢又擅賦夷人既還有舟七十或告其贓法當死帝哀其老且有功因貸爲庶人乃召五品以上謂曰賞罰所以代天行法今朕寬仁弘死是自弄法以負天也人臣有過請罪於君君有過宜請罪於天其令有司設藁席于南郊三日朕將請罪房玄齡等曰寬仁弘不以私而以功何罪之請百僚頓首三請乃止太宗以英武定天下然其天姿仁恕初即位有勸以威刑肅天下者魏徵以爲不可因爲上言王政本於仁恩所以愛民厚俗之意太宗欣然納之遂以寬仁治天下而於刑法尤慎四年天下斷死罪二十九人六年親錄囚徒閔死罪者三百九十人縱之還家期以明年秋即刑及期囚皆詣朝堂無後者

太宗嘉其誠信悉原之然嘗謂羣臣曰吾聞語曰一歲再赦好人喑啞吾有天下未嘗數赦者不欲誘民於幸免也自房玄齡等更定律令格式訖太宗世用之無所變改高宗初卽位詔律學之士撰律疏又詔長孫无忌等增損格敕其曹司常務曰留司格頒之天下曰散頒格龍朔儀鳳中司刑太常伯李敬玄左僕射劉仁軌相繼又加刊正武后時內史裴居道鳳閣侍郎韋方質等又刪武德以後至于垂拱詔敕爲新格藏於有司曰垂拱留司格神龍元年中書令韋安石又續其後至於神龍爲散頒格睿宗卽位戶部尚書岑羲等又著太極格玄宗開元三年黄門監盧懷慎等又著開元格至二十五年中書令李林甫又著新格凡所損益數千條明年吏部尚書宋璟又著後格皆以開元名書天寶四載又詔刑部尚書蕭炅稍復增損之肅宗代宗無所改造至德宗時詔中書門下選律學之士取至德以來制敕奏讞掇其可爲法者藏之而不名書憲宗時刑部侍郎許孟容等刪天寶以後敕爲開元格後敕文宗命尚書省郎官各刪本司敕而丞與侍郎覆視中書門下參其可否而奏之爲太和格後敕開成

三年刑部侍郎狄兼謩採開元二十六年以後至于開成制敕刪其繁者爲開成詳定格宣宗時左衛率府倉曹參軍張戣以刑律分類爲門而附以格敕爲大中刑律統類詔刑部頒行之此其當世所施行而著見者其餘有其書而不常行者不足紀也書曰愼乃出令蓋法令在簡簡則明行之在久久則信而中材之主庸愚之吏常莫克守之而喜爲變革至其繁積則雖有精明之士不能徧習而吏得上下以爲姦此刑書之弊也蓋自高宗以來其大節鮮可紀而格令之書不勝其繁也高宗既昏懦而繼以武氏之亂毒流天下幾至於亡自永徽以後武氏已得志而刑濫矣當時大獄以尚書刑部御史臺大理寺雜按謂之三司而法吏以慘酷爲能至不釋枷而笞箠以死者皆不禁律有杖百凡五十九條犯者或至死而杖未畢乃詔除其四十九條然無益也武后已稱制懼天下不服欲制以威乃脩後周告密之法詔官司受訊有言密事者馳驛奏之自徐敬業越王貞琅邪王沖等起兵討亂武氏益恐乃引酷吏周興來俊臣輩典大獄與侯思止王弘義郭弘霸李敬仁康暐衛遂忠等集告事數百人共爲

羅織構陷無辜自唐之宗室與朝廷之士日被告捕不可勝數天下之人爲之仄足如狄仁傑魏元忠等皆幾不免左臺御史周矩上疏曰比姦憸告訐習以爲常推劾之吏以深刻爲功鑿空爭能相矜以虐泥耳囊頭摺脅籤爪縣髮燻耳臥隣穢溺刻害支體糜爛獄中號曰獄持閉絕食飲晝夜使不得眠號曰宿囚殘賊威暴取快目前被誣者苟求得死何所不至爲國者以仁爲宗以刑爲助周用仁而昌秦用刑而亡願陛下緩刑用仁天下幸甚武后不納麟臺正字陳子昂亦上書切諫不省及周興來俊臣等誅死后亦老其意少衰而狄仁傑姚崇宋璟王及善相與論垂拱以來酷濫之冤太后感寤由是不復殺戮然其毒虐所被自古未之有也大足元年乃詔法司及推事使敢多作辯狀而加語者以故入論中宗韋后繼以亂敗玄宗自初卽位勵精政事常自選太守縣令告戒以言而良吏布州縣民獲安樂二十年閒號稱治平衣食富足人罕犯法是歲刑部所斷天下死罪五十八人往時大理獄相傳烏雀不棲至是有鵲巢其庭樹羣臣稱賀以爲幾致刑錯然而李林甫用事矣自來俊臣誅後至此始

復起大獄以誣陷所殺數十百人如韋堅李邕等皆一時名臣天下冤之而天子亦自喜邊功遣將分出以擊蠻夷兵數大敗士卒死傷以萬計國用耗乏而轉漕輸送遠近煩費民力既弊盜賊起而獄訟繁矣天子方惻然詔曰徒非重刑而役者寒暑不釋械繫杖古以代肉刑也或犯非巨蠹而捶以至死其皆免以配諸軍自效民年八十以上及重疾有罪皆勿坐侍丁犯法原之俾終養以此施德其民然巨盜起天下被其毒民莫蒙其賜也安史之亂僞官陸大鈞等背賊來歸及慶緒奔河北脅從者相率待罪闕下自大臣陳希烈等合數百人以御史大夫李峴中丞崔器等爲三司使而肅宗方喜刑名器亦刻深乃以河南尹達奚珣等三十九人爲重罪斬于獨柳樹者十一人珣及韋恆腰斬陳希烈等賜自盡於獄中者七人其餘決重杖死者二十一人以歲除日行刑集百官臨視家屬流竄初史思明高秀巖等自拔歸命聞珣等被誅懼不自安乃復叛而三司用刑連年流貶相繼及王璵爲相請詔三司推覈未已者一切免之然河北叛人畏誅不降兵連不解朝廷屢起大獄肅宗後亦悔歎曰朕爲三司

所懊臨崩詔天下流人皆釋之代宗性仁恕常以至德以來用刑爲戒及河洛平下詔河北河南吏民任僞官者一切不問得史朝義將士妻子四百餘人皆赦之僕固懷恩反免其家不緣坐劇賊高玉聚徒南山啗人數千後擒獲會赦代宗將貸其死公卿議請爲菹醢帝不從卒杖殺之諫者常諷帝政寬故朝廷不肅帝笑曰艱難時無以逮下顧刑法峻急有威無恩朕不忍也即位五年府縣寺獄無重囚故時別勑決人捶無數寶應元年詔曰凡制敕與一頓杖者其數止四十至到與一頓及重杖一頓痛杖一頓者皆止六十德宗性猜忌少恩然用刑無大濫刑部侍郎班宏言謀反大逆及叛惡逆四者十惡之大也犯者宜如律其餘當斬絞刑者決重杖一頓處死以代極法故時死罪皆先決杖其數或百或六十於是悉罷之憲宗英果明斷自即位數誅方鎮欲治僭叛一以法度然於用刑喜寬仁是時李吉甫李絳爲相吉甫言治天下必任賞罰陛下頻降赦令蠲逋負賑飢民恩德至矣然典刑未舉中外有懈怠心絳曰今天下雖未大治亦未甚亂乃古平國用中典之時自古欲治之君必先德化至暴亂

之世始專任刑法吉甫之言過矣憲宗以爲然司空于頔亦諷帝用刑以收威柄帝謂宰相曰頔懷姦謀欲朕失人心也元和八年詔兩京關內河東河北淮南山南東西道死罪十惡殺人鑄錢造印若彊盜持杖劫京兆界中及宅盜贓踰三匹者論如故其餘死罪皆流天德五城父祖子孫欲隨者勿禁蓋刑者政之輔也政得其道仁義興行而禮讓成俗然猶不敢廢刑所以爲民防也寬之而已今不隆其本顧風俗謂何而廢常刑是弛民之禁啓其姦由積水而決其防故自玄宗廢徒杖刑至是又廢死刑民未知德而徒以爲幸也穆宗童昏然頗知愼刑法每有司斷大獄令中書舍人一人參酌而輕重之號參酌院大理少卿崔杞奏曰國家法度高祖太宗制二百餘年矣周禮正月布刑張之門閭及都鄙邦國所以屢丁寧使四方謹行之大理寺陛下守法之司也今別設參酌之官有司定罪乃議其出入是與奪繫於人情而法官不得守其職昔子路問政孔子曰必也正名乎臣以爲參酌之名不正宜廢乃罷之太和六年興平縣民上官興以醉殺人而逃聞械其父乃自歸京兆尹杜悰御史中丞宇文鼎

以其就刑免父請減死詔兩省議以爲殺人者死百王所守若許以生是誘之殺人也諫官亦以爲言文宗以興免父囚近於義杖流靈州君子以爲失刑文宗好治躬自謹畏然閹宦肆孽不能制至誅殺大臣夷滅其族濫及者不可勝數心知其冤爲之飲恨流涕而莫能救止蓋仁者制亂而弱者縱之然則剛彊非不仁而柔弱者仁之賊也武宗用李德裕誅劉稹等大刑舉矣而性嚴刻故時竊盜無死所以原民情迫於飢寒也至是贓滿千錢者死至宣宗乃罷之而宣宗亦自喜刑名常曰犯我法雖子弟不宥也然少仁恩唐德自是衰矣蓋自高祖太宗除隋虐亂治以寬平民樂其安重於犯法致治之美幾乎三代之盛時考其推心惻物其可謂仁矣自高宗武后以來毒流邦家唐祚絕而復續玄宗初勵精爲政二十年間刑獄減省歲斷死罪纔五十八人以此見致治雖難勉之則易未有爲而不至者自此以後兵革遂興國家多故而人主規規無復太宗之志其雖有心於治者亦不能講考大法而性有寬猛凡所更革一切臨時苟且或重或輕徒爲繁文不足以示後世而高祖太宗之法僅守而存故自

肅宗以來所可書者幾希矣懿宗以後無所稱焉

唐書卷五十六

唐書卷五十六考證

刑法志定令一千五百四十六條○舊書作一千五百九十條

明年吏部尚書宋璟又著後格○臣酉按上文云二十五年則此明年爲二十六年宋璟卒于二十五年安得至此始著後格耶舊書作六年似得其實

唐書卷五十六考證

珍倣宋版印

唐書卷五十七

宋　翰　林　學　士　歐　陽　修　撰

藝文志第四十七

自六經焚於秦而復出於漢其師傳之道中絶而簡編脫亂訛闕學者莫得其本真於是諸儒章句之學興焉其後傳注箋解義疏之流轉相講述而聖道粗明然其爲說固已不勝其繁矣至於上古三皇五帝以來世次國家興滅終始僭竊僞亂史官備矣而傳記小說外暨方言地理職官氏族皆出於史官之流也自孔子在時方修明聖經以絀繆異而老子著書論道德接乎周衰戰國遊談放蕩之士田駢愼到列莊之徒各極其辯而孟軻荀卿始專修孔子以折異端然諸子之論各成一家自前世皆存而不絶也夫王迹熄而詩亡離騷作而文辭之士興歷代盛衰文章與時高下然其變態百出不可窮極何其多也自漢以來史官列其名氏篇第以爲六藝九種七略至唐始分爲四類曰經史子集而藏書之盛莫盛於開元其著錄者五萬三千九百一十五卷而唐之學者

自爲之書者又二萬八千四百六十九卷嗚呼可謂盛矣六經之道簡嚴易直而天人備故其愈久而益明其餘作者衆矣質之聖人或離或合然其精深閎博各盡其術而怪奇偉麗往往震發於其間此所以使好奇博愛者不能忘也然凋零磨滅亦不可勝數豈其華文少實不足以行遠歟而俚言俗說猥有存者亦其有幸不幸者歟今著于篇有其名而亡其書者十蓋五六也可不惜哉

初隋嘉則殿書三十七萬卷至武德初有書八萬卷重複相糅王世充平得隋舊書八千餘卷太府卿宋遵貴監運東都浮舟泝河西致京師經砥柱舟覆盡亡其書貞觀中魏徵虞世南顏師古繼爲祕書監請購天下書選五品以上子孫工書者爲書手繕寫藏於內庫以宮人掌之玄宗命左散騎常侍昭文館學士馬懷素爲修圖書使與右散騎常侍崇文館學士褚无量整比會幸東都乃就乾元殿東序檢校无量建議御書以宰相宋璟蘇頲同署如貞觀故事又借民間異本傳錄及還京師遷書東宮麗正殿置修書院於著作院其後大明宮光順門外東都明福門外皆創集賢書院學士通籍出入既而太府月給蜀郡

麻紙五千番季給上谷墨三百三十六丸歲給河閒景城清河博平四郡兔千五百皮爲筆材兩都各聚書四部以甲乙丙丁爲次列經史子集四庫其本有正有副軸帶帙籤皆異色以别之安祿山之亂尺簡不藏元載爲宰相奏以千錢購書一卷又命拾遺苗發等使江淮括訪至文宗時鄭覃侍講進言經籍未備因詔祕閣搜採於是四庫之書復完分藏于十二庫黃巢之亂存者蓋尠昭宗播遷京城制置使孫惟晟斂書本軍寓教坊於祕閣有詔還其書命監察御史韋昌範等諸道求購及徙洛陽蕩然無遺矣

甲部經錄其類十一一曰易類二曰書類三曰詩類四曰禮類五曰樂類六曰春秋類七曰孝經類八曰論語類九曰讖緯類十曰經解類十一曰小學類凡著錄四百四十家五百九十七部六千一百四十五卷不著錄一百一十七家三千三百六十卷

連山十卷司馬膺注歸藏十三卷周易卜商傳二卷孟喜章句十卷京房章句十卷費直章句四卷馬融章句十卷荀爽章句十卷鄭玄注周易十卷劉表注

五卷董遇注十卷宋忠注十卷王肅注十卷王弼注七卷又大衍論三卷虞翻注九卷陸績注十三卷姚信注十卷荀輝注十卷蜀才注十卷王廙注十卷干寶注十卷又爻義一卷黄穎注十卷崔浩注十卷崔覲注十三卷何胤注十卷盧氏注十卷傅氏注十四卷王又玄注十卷王凱沖注十卷荀氏九家集解十卷馬鄭二王集解十卷王弼韓康伯注十卷二王集解十卷張璠集解十卷又略論一卷謝萬注繫辭二卷桓玄注繫辭二卷荀諺注繫辭二卷荀柔之注繫辭二卷宋褰注繫辭二卷宋明帝注義疏二十卷張該等羣臣講易疏二十卷梁武帝大義二十卷又大義疑問二十卷蕭偉發義一卷又幾義一卷蕭子政義疏十四卷又繫辭義二卷張譏講疏三十卷何妥講疏十三卷褚仲都講疏十六卷梁蕃文句義疏二十卷又開題論序疏十卷釋序義三卷劉瓛繫辭義疏二卷又乾坤義疏一卷鍾會周易論四卷范氏周易論四卷應吉甫明易論一卷鄒湛統略論三卷阮長成阮仲容難答論二卷宋處宗通易論一卷宣聘通易象論一卷欒肇通易象論一卷袁宏略譜一卷楊乂卦序論一卷沈熊周

易譜一卷雜音三卷任希古注周易十卷周易正義十六卷國子祭酒孔穎達顏師古司馬才章王恭太學博士馬嘉運太學助教趙乾叶王談于志寧等奉詔撰四門博士蘇德融趙弘智覆審陸德明周易文句義疏二十四卷文外大義二卷陰弘道周易新傳疏十卷顥子臨渙令薛仁貴周易新注本義十四卷王勃周易發揮五卷玄宗周易大衍論三卷李鼎祚集注周易十七卷東鄉助周易物象釋疑一卷僧一行周易論卷亡又大衍玄圖一卷義決一卷大衍論二十卷崔良佐易忘象卷亡元載集注周易一百卷李吉甫注一行易卷亡衞元嵩元包十卷蘇源明傳李江注高定周易外傳二十二卷郢子京兆府參軍裴通易書一百五十卷字又玄士淹子文宗訪以易義令進所撰書盧行超易義五卷字孟起大中六合丞陸希聲周易傳二卷

右易類七十六家八十八部六百六十五卷失姓名一家李鼎祚以下不著錄十一家三百二十九卷

古文尙書孔安國傳十三卷謝沈注十三卷王肅注十卷又釋駁五卷范甯注十卷李顒集注十卷又新釋二卷要略二卷姜道盛集注十卷徐邈注逸篇三卷伏勝注大傳三卷又暢訓一卷劉向洪範五行傳論十一卷馬融傳十卷王

肅孔安國問答三卷鄭玄注古文尚書九卷又注釋問四卷王粲問田瓊韓益正呂文優
義注三卷伊說釋義四卷顧歡百問一卷巢猗百釋三卷又義疏十卷費甝義
疏十卷任孝恭古文大義二十卷蔡大寶義疏三十卷劉焯義疏二十卷顧彪
古文音義五卷又文外義五卷劉炫述義二十卷王儉音義四卷王玄度注尚
書十三卷今文尚書十三卷開元十四年玄宗以洪範無偏無頗聲不協詔改爲無偏無陂天寶三載又詔集賢學士衞包改古
文從今文尚書正義二十卷國子祭酒孔穎達太學博士王德韶四門助教李子雲等奉詔撰四門博士朱長才蘇德融太學助教隋德素
四門助教王士雄趙弘智覆審太尉揚州都督長孫無忌司空李勣左僕射于志寧右僕射張行成吏部尚書侍中高季輔吏部尚書褚遂良中書令柳奭弘
文館學士谷那律劉伯莊太學博士賈公彥范義頵齊威太常博士柳士宣孔志約四門博士趙君贊右內率府長史弘文館直學士薛伯珍國子助教史士
弘太學助教鄭祖玄周玄達四門助教李玄植王貞儒與王德韶隋德素等刊定王元感尚書糾繆十卷穆元休洪範
外注十卷陳正卿續尚書纂漢至唐十二代詔策章疏歌頌符檄論議成書開元末上之卷亡崔良佐尚書演範
卷亡

右書類二十五家三十三部三百六卷王元感以下不著錄四家二十卷

韓詩卜商序韓嬰注二十二卷又外傳十卷卜商集序二卷又翼要十卷毛萇

傳十卷鄭玄箋毛詩詁訓二十卷又譜三卷王肅注二十卷又雜義駁八卷問難二卷葉遵注二十卷號葉詩崔靈恩集注二十四卷義注五卷劉楨義問十卷王基毛詩駁五卷毛詩雜答問五卷雜義難十卷孫毓異同評十卷楊乂毛詩辯三卷陳統難孫氏詩評四卷又表隱二卷元延明誼府三卷張氏義疏五卷陸璣草木鳥獸魚蟲疏二卷謝沈釋義十卷劉氏序義一卷劉炫述義三十卷魯世達音義二卷鄭玄等諸家音十五卷王玄度注毛詩二十卷毛詩正義四十卷孔穎達王德韶齊威等奉詔撰趙乾叶四門助教賈普曜趙弘智等覆正許叔牙毛詩纂義十卷成伯璵毛詩指說一卷又斷章二卷毛詩草木蟲魚圖二十卷開成中文宗命集賢院修撰幷繪圖象大學士楊嗣復學士張次宗上之

右詩類二十五家三十一部三百二十二卷失姓名三家許叔牙以下不著錄三家三十三卷

大戴德禮記十三卷又喪服變除一卷鄭玄注小戴聖禮記二十卷又禮議二十卷禮記音三卷曹耽解三禮目錄一卷注周官十三卷音三卷注儀禮十七卷喪服變除一卷注喪服紀一卷盧植注小戴禮記二十卷馬融周官傳十二卷

又注喪服記一卷王肅注小戴禮記三十卷又注周官十二卷注儀禮十七卷音二卷喪服要記一卷注喪服紀一卷鄭小同禮記義記四卷袁準注儀禮一卷孔倫注一卷陳銓注一卷蔡超宗注二卷田僧紹注二卷傅玄周官論評十二卷（陳邵駮）杜預喪服要集議三卷賀循喪服譜一卷又喪服要記五卷（謝徽注）干寶注周官十二卷又答周官駮難五卷（孫略問）李軌小戴禮記音二卷尹毅音二卷徐邈音三卷徐爰音二卷司馬伷周官寧朔新書八卷又禮記寧朔新書二十卷（並王懋約注）戴顒月令章句十二卷又中庸傳二卷緱氏要鈔六卷王逡之注喪服五代行要記十卷徐廣禮論問答九卷范甯禮問九卷又禮論答問九卷射慈小戴禮記音二卷又喪服天子諸侯圖一卷崔游喪服圖一卷蔡謨喪服譜一卷喪服要難一卷（趙成問袁祈答）伊說注周官十卷孫炎注禮記三十卷葉遵注十二卷董勛問禮俗十卷劉雋禮記評十卷吳商雜禮義十一卷何承天禮論三百七卷顏延之禮逆降議三卷任預禮論條牒十卷又禮論帖三卷禮論鈔六十六卷庾蔚之禮記略解十卷又注喪服要記五卷禮論鈔二十卷王儉禮

儀答問十卷又禮雜答問十卷喪服古今集記三卷荀萬秋禮雜鈔略二卷傅隆禮議一卷梁武帝禮大義十卷周捨禮疑義五十卷何佟之禮記義十卷又禮答問十卷戚壽雜禮義問答四卷賀瑒禮論要鈔一百卷賀述禮統十二卷崔靈恩周官集注二十卷又三禮義宗三十卷元延明三禮宗略二十卷皇侃禮記講疏一百卷又義疏五十卷喪服文句義十卷沈重周禮義疏四十卷又禮記義疏四十卷熊安生義疏四十卷劉芳義證十卷沈文阿喪服經傳義疏四卷又喪服發題二卷夏侯伏朗三禮圖十二卷禮記隱二十六卷禮類聚十卷禮儀雜記故事十一卷禮統郊祀六卷禮論要鈔十三卷區分十卷禮論鈔略十三卷禮記正義七十卷（孔穎達國子司業朱子奢國子助教李善信賈公彥柳士宣范義頵魏王參軍事張權等奉詔撰與周玄達趙君贊王士雄趙弘智覆審）賈公彥禮記正義八十卷又周禮疏五十卷儀禮疏五十卷魏徵次禮記二十卷（亦曰類禮）王玄度周禮義決三卷又注禮記二十卷元行沖類禮義疏五十卷御刊定禮記月令一卷（集賢院學士李林甫陳希烈徐安貞直學士劉光謙齊光乂陸善經修撰官史玄晏待制官梁令瓚等注解自第五易爲第一）成伯璵禮記外傳四卷王元感禮記繩愆三十卷王方

慶禮經正義十卷禮雜問答十卷李敬玄禮論六十卷張鎰三禮圖九卷陸質類禮二十卷韋彤五禮精義十卷丁公著禮志十卷禮記字例異同一卷元和十二年詔定丘敬伯五禮異同十卷孫玉汝五禮名義十卷杜肅禮略十卷張頻禮粹二十卷

右禮類六十九家九十六部一千八百二十七卷失姓名七家元行沖以下不著錄十六家二百九十五卷

桓譚樂元起二卷又琴操二卷孔衍琴操一卷荀勗太樂雜歌辭三卷又太樂歌辭二卷樂府歌詩十卷謝靈運新錄樂府集十一卷信都芳删注樂書九卷留進管絃記十二卷淩秀管弦志十卷公孫崇鐘磬志二卷梁武帝樂社大義十卷又樂論三卷沈重鐘律五卷釋智匠古今樂錄十三卷鄭譯樂府歌辭八卷又樂府聲調六卷蘇夔樂府志十卷李玄楚樂經三十卷元慇樂略四卷又聲律指歸一卷翟子樂府歌詩十卷又三調相和歌辭五卷劉氏周氏琴譜四卷陳懷琴譜二十一卷漢魏吳晉鼓吹曲四卷琴集歷頭拍簿一卷外國伎曲

三卷又一卷論樂事二卷歷代曲名一卷推七音一卷十二律譜義一卷鼓吹樂章一卷李守真古今樂記八卷蕭吉樂譜集解二十卷武后樂書要錄十卷趙邪利琴敘譜九卷張文收新樂書十二卷劉貺太學令壁記三卷徐景安歷代樂儀三十卷崔令欽教坊記一卷吳兢樂府古題要解一卷郗昂樂府古今題解三卷（一作王昌齡）段安節樂府雜錄一卷（文昌孫）寶璡正聲樂調一卷玄宗金風樂一卷蕭祐無射商九調譜一卷趙惟暕琴書三卷陳拙大唐正聲新址琴譜十卷呂渭廣陵止息譜一卷李良輔廣陵止息譜一卷李約東杓引譜一卷（勉子兵部員外郎）齊嵩琴雅略一卷王大力琴聲律圖一卷陳康士琴譜十三卷（字安道僖宗時人）又琴調四卷琴譜一卷離騷譜一卷趙邪利琴手勢譜一卷南卓羯鼓錄一卷

右樂類三十一家三十八部二百五十七卷（失姓名九家張文收以下不著錄二十家九十三卷）

左丘明春秋外傳國語二十卷董仲舒春秋繁露十七卷春秋穀梁傳十五卷（尹更始注）春秋公羊傳五卷（嚴彭祖述）賈逵春秋左氏長經章句二十卷又解詁三十卷

春秋三家訓詁十二卷董遇左氏經傳章句三十卷王肅注三十卷又國語章
句二十二卷王朗注左氏十卷士燮注春秋經十一卷杜預左氏經傳集解三
十卷又釋例十五卷音三卷鄭衆牒例章句九卷穎容釋例七卷劉寔條例十
卷方範經例六卷何休左氏膏肓十卷鄭玄箴又公羊解詁十三卷春秋漢議十
卷麋信注鄭玄駮公羊條傳一卷墨守一卷鄭玄發穀梁廢疾三卷鄭玄釋張靖成服虔左氏解
誼三十卷又膏肓釋痾五卷春秋成長說七卷塞難三卷音隱一卷駮何氏春
秋漢議十一卷王玢達長義一卷孫毓左氏傳義注三十卷又賈服異同略五
卷梁簡文帝左氏傳例苑十八卷干寶春秋函傳十六卷序論一卷殷興左氏
釋滯十卷何始真春秋左氏區別十二卷張沖春秋左氏義略三十卷嚴彭祖
春秋圖七卷吳略春秋經傳詭例疑隱一卷京相璠春秋土地名三卷王延之
旨通十卷顧啓期大夫譜十一卷李謐叢林十二卷崔靈恩立義十卷申先儒
傳例十卷沈宏經傳解六卷又文苑六卷嘉語六卷沈文阿義略二十七卷劉
炫攻昧十二卷又規過三卷述議三十七卷高貴鄉公左氏音三卷曹耽荀訥

音四卷李軌音三卷孫邈音三卷王元規音三卷孔氏公羊集解十四卷王愆期注公羊十二卷又難答論一卷庾翼難高龔傳記十二卷荀爽徐欽答問五卷劉寔左氏牒例二十卷又公羊違義三卷劉晏注王儉音二卷春秋穀梁傳段肅注十三卷唐固注穀梁十二卷又注國語二十一卷麋信注穀梁十二卷又左氏傳說要十卷張靖集解十一卷程闡經傳集注十六卷孔衍訓注十三卷范甯集注十二卷徐乾注十三卷徐邈注十二卷又傳義十卷音一卷沈仲義集解十卷蕭邕問傳義三卷劉兆三家集解十一卷韓益三傳論十卷胡訥集撰三傳經解十一卷又三傳評十卷潘叔度春秋成集十卷又合三傳通論十卷江熙公羊穀梁二傳評三卷李鉉春秋二傳異同十二卷虞翻注國語二十一卷韋昭注二十一卷孔鼂解二十一卷春秋辨證明經論六卷左氏音十二卷左氏鈔十卷春秋辭苑五卷雜義難五卷左氏杜預評二卷春秋正義三十六卷孔穎達楊士勛朱長才奉詔撰馬嘉運王德韶蘇德融與隋德素覆審楊士勛穀梁疏十二卷王玄度注春秋左氏傳卷亡盧藏用春秋後語十卷高重春秋纂要四十卷字文明士廉五代孫文宗時翰林侍講學

士帝好左氏春秋命重分諸國各為書別名經傳要略歷國子祭酒許康佐等集左氏傳三十卷一作文宗御集徐文遠左傳義疏六十卷又左傳音三卷陰弘道春秋左氏傳序一卷李氏三傳異同例十三卷開元中右威衛錄事參軍失名馮伉三傳異同三卷劉軻三傳指要十五卷韋表微春秋三傳總例二十卷王元感春秋振滯二十卷韓滉春秋通一卷陸質集注春秋二十卷又集傳春秋纂例十卷春秋微旨二卷春秋辨疑七卷樊宗師春秋集傳十五卷春秋加減一卷元和十二年國子監修定李瑾春秋指掌十五卷張傑春秋圖五卷又春秋指元十卷裴安時左氏釋疑七卷字適之大中江陵少尹第五泰左傳事類二十卷字伯通青州益都人咸通鄂州文學成玄穀梁總例十卷字又玄咸通山陽令陸希聲春秋通例三卷陳岳折衷春秋三十卷唐末鍾傳江西從事郭翔春秋義鑑三十卷柳宗元非國語二卷

右春秋類六十六家一百部一千一百六十三卷失姓名五家王玄度以下不著錄二十二家四百三卷

古文孝經孔安國傳一卷劉邵注一卷孝經王肅注一卷鄭玄注一卷韋昭注

一卷孫熙注一卷蘇林注一卷謝萬注一卷虞盤佐注一卷孔光注一卷殷仲文注一卷殷叔道注一卷徐整默注二卷車胤講孝經義四卷荀昶講孝經集解一卷皇侃義疏三卷何約之大明中皇太子講義疏一卷梁武帝疏十八卷太史叔明發題四卷劉炫述義五卷張士儒演孝經十二卷應瑞圖一卷賈公彥孝經疏五卷魏克己注孝經一卷任希古越王孝經新義十卷今上孝經制旨一卷玄宗元行沖御注孝經疏二卷尹知章注孝經一卷孔穎達孝經義疏卷亡王元感注孝經一卷李嗣真孝經指要一卷平貞昚孝經議卷亡徐浩廣孝經十卷浩稱四明山人乾元二年上授校書郎

右孝經類二十七家三十六部八十二卷失姓名一家尹知章以下不著錄六家一十三卷

論語鄭玄注十卷又注論語釋義一卷論語篇目弟子一卷王弼釋疑二卷王肅注論語十卷又注孔子家語十卷李充注論語十卷梁顗注十卷孟釐注九卷袁喬注十卷尹毅注十卷張氏注十卷何晏集解十卷孫綽集解十卷盈氏集義十卷江熙集解十卷徐氏古論語義注譜一卷虞喜讚鄭玄論語注十卷

暢惠明義注十卷宋明帝補衞瓘論語注十卷欒肇論語釋十卷又駮二卷崔豹大義解十卷繆播旨序二卷郭象體略二卷戴詵述議二十卷劉炫章句二十卷皇侃疏十卷褚仲都講疏十卷義注隱三卷雜義十三卷剔義十卷徐邈音二卷孔叢七卷王勃次論語十卷賈公彥論語疏十五卷韓愈注論語十卷張籍論語注辨二卷

右論語類三十家三十七部三百二十七卷失姓名三家韓愈以下不著錄二家十二卷

宋均注易緯九卷注詩緯十卷注禮緯三卷注樂緯三卷注春秋緯三十八卷注論語緯十卷注孝經緯五卷鄭玄注書緯三卷注詩緯三卷

右讖緯類二家九部八十四卷

劉向五經雜義七卷又五經通義九卷五經要義五卷許慎五經異義十卷鄭玄駮譙周五經然否論五卷楊方五經鉤沈十卷楊思五經咨疑八卷元延明五經宗略四十卷劉炫五經正名十二卷沈文阿經典玄儒大義序錄十卷班固等白虎通義六卷鄭玄六藝論一卷鄭志九卷鄭記六卷王肅聖證論十一卷

梁武帝孔子正言二十卷簡文帝長春義記一百卷樊文深七經義綱略論三
十卷又質疑五卷張譏游玄桂林二十卷謚法三卷荀顗演劉熙注沈約謚例十卷賀
琛謚法三卷集天名稱三卷陸德明經典釋文三十卷顏師古匡謬正俗八卷
趙英五經對訣四卷英龍朔中汲令劉迅六說五卷劉貺六經外傳三十七卷張謚五
經微旨十四卷韋表微九經師授譜一卷裴僑卿微言注集二卷開元中鄭縣尉高重
經傳要略十卷王彥威續古今謚法十四卷慕容宗本五經類語十卷字泰初幽州人
大中時劉氏經典集音三十卷鎔字正範絳州正平人咸通晉州長史
右經解類十九家二十六部三百八十一卷失姓名二家趙英以下不著錄十家一百二十七卷
爾雅李巡注三卷樊光注六卷孫炎注六卷沈璇集注十卷郭璞注一卷又圖
一卷音義一卷江灌圖贊一卷又音六卷李軌解小爾雅一卷楊雄別國方言
十三卷劉熙釋名八卷韋昭辨釋名一卷李斯等三蒼三卷郭璞解杜林蒼頡訓
詁二卷張揖廣雅四卷又埤蒼三卷三蒼訓詁三卷雜字一卷古文字訓二卷
樊恭廣蒼一卷史游急就章一卷曹壽解顏之推注一卷司馬相如凡將篇一卷

班固在昔篇一卷太甲篇一卷蔡邕聖草章一卷又勸學篇一卷今字石經論
語二卷崔瑗飛龍篇篆草勢合三卷許愼說文解字十五卷呂忱字林七卷楊
承慶字統二十卷馮幹括字苑十三卷賈魴字屬篇一卷葛洪要用字苑一卷
戴規辨字一卷僧寶誌文字釋訓三十卷周成解文字七卷王延雜文字音七
卷王氏文字要說一卷阮孝緒文字集略一卷彭立文字辨嫌一卷王愔文字
志三卷顧野王玉篇三十卷李登聲類十卷呂靜韻集五卷陽休之韻略一卷
又辨嫌音二卷夏侯詠四聲韻略十三卷張諒四聲部三十卷趙氏韻篇十二
卷陸慈切韻五卷郭訓字旨篇一卷古文奇字二卷衛宏詔定古文字書一卷
虞龢法書目錄六卷衛恆四體書勢一卷蕭子雲五十二體書一卷庾肩吾書
品一卷顏之推筆墨法一卷僧正度雜字書八卷何承天纂文三卷顏延之纂
要六卷又詁幼文三卷張推證俗音三卷顏愍楚證俗音略一卷李虔續通俗
文二卷李少通俗語難字一卷諸葛穎桂苑珠叢一百卷朱嗣卿幼學篇一卷
項峻始學篇十二卷王羲之小學篇一卷楊方少學集十卷顧凱之啓疑三卷

蕭子範千字文一卷周興嗣次韻千字文一卷演千字文五卷黃初篇一卷吳章篇一卷音隱四卷難要字三卷覽字知源三卷字書十卷敘同音三卷桂苑珠叢略要二十卷古今八體六文書法一卷古來篆隸詁訓名錄一卷筆墨法一卷鹿紙筆墨疏一卷篆書千字文一卷今字石經易篆三卷今字石經尚書本五卷今字石經鄭玄尚書八卷三字石經尚書古篆三卷今字石經毛詩三卷今字石經儀禮四卷三字石經左傳古篆書十二卷今字石經左傳經十卷今字石經公羊傳九卷蔡邕今字石經論語二卷曹憲爾雅音義二卷又博雅十卷文字指歸四卷劉伯莊續爾雅一卷顏師古注急就章一卷武后字海一百卷凡武后所著書皆元方頃范履冰苗神客周思茂胡楚賓衛業等撰李嗣真書後品一卷徐浩書譜一卷古跡記一卷張懷瓘書斷三卷開元中翰林院供奉又評書藥石論一卷張敬玄書則一卷貞元中處士褚長文書指論一卷張彥遠法書要錄十卷弘靖孫乾符初大理卿裴行儉草書雜體卷亡荊浩筆法記一卷浩稱洪谷子二王張芝張昶等書一千五百一十卷太宗出御府金帛購天下古本命魏徵虞世南褚遂良定真僞凡得羲之真行二百九十紙爲八十卷又得獻之張芝等書以貞觀字爲印章跡命遂良楷書小字以影

之其古本多梁隋官書梁則滿騫徐僧權沈熾文朱异隋總姚察署記帝令魏褚卷尾各署名開元五年敕陸玄悌魏哲劉懷信檢校分益卷秩玄宗自書開元自爲印王方慶寶章集十卷又王氏八體書範四卷王氏工書狀十五卷玄宗開元文字音義三十卷張參五經文字三卷唐玄慶九經字樣一卷文宗時待詔顏元孫干祿字書一卷歐陽融經典分毫正字一卷李騰說文字源一卷陽冰從子僧慧力像文玉篇三十卷蕭鈞韻音二十卷孫愐唐韻五卷武元之韻銓十五卷玄宗韻英五卷天寶十四載撰詔集賢院寫付諸道採訪使傳布天下顏真卿韻海鏡源三百六十卷李舟切韻十卷僧猷智辨體補修加字切韻五卷

右小學類六十九家一百三部七百二十一卷失姓名二十三家徐浩以下不著錄二十三家二千四十五卷

唐書卷五十七

唐書卷五十七考證

藝文志一甲部經錄其類十一〇舊書作十二

右禮類注二百九十五卷〇沈炳震曰按上止二百六十五卷作九十五卷誤

唐書卷五十七考證

宋　翰　林　學　士　歐　陽　修　撰

藝文志第四十八

乙部史錄其類十三一曰正史類二曰編年類三曰僞史類四曰雜史類五曰起居注類六曰故事類七曰職官類八曰雜傳記類九曰儀注類十曰刑法類十一曰目錄類十二曰譜牒類十三曰地理類凡著錄五百七十一家八百五十七部一萬六千八百七十四卷不著錄三百五十八家一萬二千二百二十七卷

司馬遷史記一百三十卷裴駰集解史記八十卷徐廣史記音義十三卷鄒誕生史記音三卷班固漢書一百一十五卷服虔漢書音訓一卷應劭漢書集解音義二十四卷諸葛亮論前漢事一卷又音一卷孟康漢書音義九卷晉灼漢書集注十四卷又音義十七卷韋昭漢書音義七卷崔浩漢書音義二卷孔氏漢書音義鈔二卷孔文祥劉嗣等漢書音義二十六卷夏侯泳漢書音二卷包愷

漢書音十二卷蕭該漢書音十二卷陰景倫漢書律曆志音義一卷項岱漢書敘傳八卷劉寶漢書駮義二卷陸澄漢書新注一卷韋稜漢書續訓二卷姚察漢書訓纂三十卷顏游秦漢書決疑十二卷僧務靜漢書正義三十卷李喜漢書辨惑二十卷漢書正名氏義十二卷漢書英華八卷劉珍等東觀漢記一百二十六卷又錄一卷謝承後漢書一百三十三卷又錄一卷薛瑩後漢記一百卷司馬彪續漢書八十三卷又錄一卷劉義慶後漢書五十八卷華嶠後漢書三十一卷謝沈後漢書一百二卷又外傳十卷袁崧後漢書一百一卷又錄一卷范曄後漢書九十二卷又論贊五卷劉昭補注後漢書五十八卷張瑩漢南紀五十八卷劉熙注范曄後漢書一百二十二卷蕭該後漢書音三卷劉芳後漢書音一卷臧競後漢書音三卷王沈魏書四十七卷陳壽魏國志三十卷蜀國志十五卷吳國志二十一卷（並裴松之注）韋昭吳書五十五卷王隱晉書八十九卷虞預晉書五十八卷朱鳳晉書十四卷謝靈運晉書三十五卷又錄一卷臧榮緒晉書一百一十卷干寶晉書二十二卷蕭子雲晉書九卷何法盛晉中興

書八十卷徐爰宋書四十二卷孫嚴宋書五十八卷沈約宋書一百卷王智深宋書三十卷魏收後魏書一百三十卷魏澹後魏書一百七卷李德林北齊未修書二十四卷王劭齊志十七卷又隋書八十卷蕭子顯齊書六十卷劉陟齊書十三卷謝昊姚察梁書三十四卷顧野王陳書三卷傅縡陳書三卷許子儒注史記一百三十卷又音三卷字文舉叔牙子也證聖天官侍郎潁川縣男劉伯莊史記音義二十卷御銓定漢書八十七卷高宗與郝處俊等撰顧胤漢書古今集義二十卷顏師古注漢書一百二十卷章懷太子賢注後漢書一百卷賢命劉訥言格希玄等注韋機後漢書音義二十七卷晉書一百三十卷房玄齡褚遂良許敬宗來濟陸元仕劉子翼令狐德棻李義府薛元超上官儀崔行功李淳風辛丘馭劉引之陽仁卿李延壽張文恭敬播李安期李懷儼趙弘智等修而名爲御撰姚思廉梁書五十六卷陳書三十六卷皆魏徵等同撰張大素後魏書一百卷又北齊書二十卷隋書三十二卷李百藥北齊書五十卷令狐德棻後周書五十卷隋書八十五卷志三十卷顏師古孔穎達于志寧李淳風韋安仁李延壽與德棻敬播趙弘智魏徵等撰王元感注史記一百三十卷徐堅注史記一百三十卷李鎮注史記一百三十卷開元十七年上授門下典儀又義林二十卷陳伯宣注史記一

百三十卷貞元中上韓琬續史記一百三十卷司馬貞史記索隱三十卷開元潤州別駕劉伯莊又撰史記地名二十卷漢書音義二十卷張守節史記正義三十卷竇羣史記名臣疏三十四卷敬播注漢書四十卷又漢書音義十二卷元懷景漢書議苑卷亡開元右庶子武陵縣男謚曰文姚庭漢書紹訓四十卷沈遵漢書問答五卷李善漢書辨惑一十卷徐堅晉書一百一十卷高希嶠注晉書一百三十卷開元一十年上授清池主簿何超晉書音義三卷處士武德貞觀兩朝史八十卷長孫无忌令狐德棻顧胤等撰吳兢又齊史十卷梁史十卷陳史五卷周史十卷隋史二十卷唐書一百卷又一百三十卷兢韋述柳芳令狐峘于休烈等撰國史一百六卷又一百一十三卷裴安時史記纂訓二十卷又元魏書三十卷字適之大中江陵小尹

凡集史五家六部一千二百二十二卷高峻以下不著錄三家四百四十卷

梁武帝通史六百二卷李延壽南史八十卷又北史一百卷高氏小史一百二十卷高峻初六十卷其子迥釐益之峻元和中人劉氏洞史二十卷劉權忠州刺史晏曾孫姚康復統史二百卷大中太子詹事

右正史類七十家九十部四千八十五卷失姓名二家王元感以下不著錄二十三家一千七百九十卷總七十三家六十九部

紀年十四卷汲冢書荀悅漢紀三十卷應劭等注荀悅漢紀三十卷崔浩漢紀音義三卷侯瑾漢皇德紀三十卷張璠後漢紀三十卷袁宏後漢紀三十卷張緬後漢略二十七卷劉艾漢靈獻二帝紀六卷袁曄漢獻帝春秋十卷樂資山陽公載記十卷習鑿齒漢晉春秋五十四卷魏武本紀四卷孫盛魏武春秋二十卷又晉陽秋二十二卷魏澹魏記十二卷梁祚魏書國紀十卷環濟吳紀十卷陸機晉帝紀四卷干寶晉紀二十二卷劉協注干寶晉紀六十卷劉謙之晉紀二十卷曹嘉之晉紀十卷徐廣晉紀四十五卷鄧粲晉紀十一卷又晉陽秋三十二卷檀道鸞晉春秋二十卷蕭景暢晉史草三十卷郭季產晉續紀五卷晉錄五卷王智深宋紀三十卷裴子野宋略二十卷鮑衡卿宋春秋二十卷王琰宋春秋二十卷沈約齊紀二十卷吳均齊春秋三十卷謝昊梁典三十九卷劉璠梁典三十卷何之元梁典三十卷蕭韶梁太清紀十卷皇帝紀七卷梁末代

紀一卷臧嚴棲鳳春秋五卷姚最梁昭後略十卷北齊紀二十卷王劭北齊志十七卷趙毅隋大業略紀三卷杜延業晉春秋略二十卷張大素隋後略十卷柳芳唐曆四十卷續唐曆二十二卷韋澳蔣偕李荀張彥遠崔瑄譔崔龜從監修吳兢唐春秋三十卷韋述唐春秋三十卷陸長源唐春秋六十卷陳嶽唐統紀一百卷焦璐唐朝年代紀十卷徐州從事龐勛亂遇害李仁實通曆七卷馬總通曆十卷王氏五位圖十卷王起廣五運圖卷亡苗台符古今通要四卷宣懿時人賈欽文古今年代曆一卷大中時人曹圭五通錄十二卷張敦素建元曆二卷劉軻帝王曆數謌一卷字希仁元和末進士第洛州刺史封演古今年號錄一卷天寶末進士第韋美嘉號錄一卷中和中進士柳璨正閏位曆三卷李匡文兩漢至唐年紀一卷昭宗時宗正少卿

右編年類四十一家四十八部九百四十七卷失姓名四家柳芳以下不著錄十九家三百五十五卷

常璩華陽國志十三卷又漢之書十卷蜀李書九卷和包漢趙紀十四卷田融趙石紀二十卷又二石紀二十卷符朝雜記一卷王度隨翽二石僞事六卷二石書十卷范亨燕書二十卷王景暉南燕錄六卷張銓南燕書十卷高閭燕志

十卷段龜龍涼記十卷西河記二卷張諮涼記十卷劉昞涼書十卷又燉煌實錄二十卷裴景仁秦記十一卷杜惠明注拓拔涼錄十卷桓玄僞事二卷鄴洛鼎峙記十卷守節先生天啓紀十卷崔鴻十六國春秋一百二十卷蕭方三十國春秋三十卷李概戰國春秋二十卷蔡允恭後梁春秋十卷武敏之三十國春秋一百卷

右僞史類一十七家二十七部五百四十二卷失姓名三家

古文瑣語四卷汲冢周書十卷子貢越絶書十六卷孔晁注周書八卷何承天春秋前傳十卷又春秋前傳雜語十卷樂資春秋後傳三十卷孟儀注周載三十卷趙曄吳越春秋十二卷楊方吳越春秋削煩五卷吳越記六卷劉向戰國策三十二卷高誘注戰國策三十二卷延篤戰國策論一卷陸賈楚漢春秋九卷衞颯史記要傳十卷張瑩史記正傳九卷譙周古史考二十五卷王粲漢書英雄記十卷葛洪史記鈔十四卷又漢書鈔三十卷後漢書鈔三十卷張緬後漢書略二十五卷又晉書鈔二十卷范曄後漢書纘十三卷孔衍春秋時國語

十卷又春秋後國語十卷漢尚書十卷漢春秋十卷後漢尚書六卷後漢春秋六卷後魏尚書十四卷後魏春秋九卷王越客後漢文武釋論二十卷袁希之漢表十卷張温三史要略三十卷阮孝緒正史削繁十四卷王廷秀史要二十八卷蕭蕭合史二十卷又錄一卷王蔑史漢要集二卷司馬彪九州春秋九卷後漢雜事十卷魚豢魏略五十卷孫壽魏陽秋異同八卷魏武本紀年曆五卷王隱刪補蜀記七卷張勃吳錄三十卷李槪左史六卷胡沖吳朝人士品秩狀八卷又吳曆六卷虞禹吳士人行狀名品二卷虞溥江表傳五卷徐衆三國評三卷王濤三國志序評三卷傅暢晉諸公讚二十二卷晉曆二卷荀綽晉後略五卷賈匪之漢魏晉帝要紀三卷郭頒魏晉代說十卷謝綽宋拾遺錄十卷孔思尚宋齊語錄十卷陰僧仁梁撮要三十卷宋孝王關東風俗傳六十三卷來奧帝王本紀十卷環濟帝王略要十二卷劉滔先聖本紀十卷楊曄華夷帝王紀三十七卷張愔等帝系譜二卷韋昭洞紀四卷皇甫謐帝王代紀十卷又年曆六卷何茂林續帝王代紀十卷帝王代紀十六卷曆紀十卷姚恭年曆帝紀

二十六卷吉文甫十五代略十卷代譜四十八卷周武帝勅撰諸葛耽帝錄十卷庚和之歷代紀三十卷熊襄十代紀十卷盧元福帝王編年錄五十一卷又共和以來甲乙紀年二卷趙弘禮王業曆二卷周樹洞曆紀九卷徐整三五曆紀二卷又通曆二卷雜曆五卷孔衍國志曆五卷長曆十四卷千年曆二卷許氏千歲曆三卷陶弘景帝王年曆五卷羊瑗分王年曆五卷王嘉拾遺錄三卷又拾遺記十卷蕭綺錄周祗崇安記二卷王韶之崇安記十卷鮑衡卿乘輿飛龍記二卷蕭大圜淮海亂離志四卷李仁實通曆七卷裴矩隋開業平陳記十二卷褚无量帝王紀錄三卷皇甫遵吳越春秋傳十卷盧彥卿後魏紀三十三卷劉允濟魯後春秋二十卷丘悅三國典略三十卷元行沖魏典三十卷員半千三國春秋二十卷李筌閫外春秋十卷李吉甫六代略三十卷張詢古五代新記二卷許嵩建康實錄二十卷柳氏自備三十卷柳仲郢鄭暐史雋十卷呂才隋記二十卷丘啓期隋記十卷開元管城尉杜寶大業雜記十卷杜儒童隋季革命記五卷武后時人劉氏行年記二十卷劉仁軌崔良佐三國春秋卷亡良佐深州安平人日用從子居於白鹿山門人諡曰

貞文孝父裴遵度王政記楊岑皇王寶運錄並卷亡岑憲宗時人功臣錄三十卷唐穎稽典一
百三十卷開元中穎罷臨汾尉上之張說奏留史館修史兼集賢待制王彥威唐典七十卷吳兢唐書備闕
記十卷續皇王寶運錄十卷韋昭度楊涉譔韓祐續古今人表十卷開元十七年上授太常寺太祝張
薦宰輔傳略卷亡蔣乂大唐宰輔錄七十卷又淩煙功臣秦府十八學士史臣等
傳四十卷淩璠唐錄政要十二卷昭宗時江都尉南卓唐朝綱領圖一卷字昭嗣大中黔南觀察使
薛璠唐聖運圖一卷劉肅大唐新語十三卷元和中江都主簿李肇國史補三卷翰林學士
坐薦柏耆自中書舍人左遷將作少監林恩補國史十卷僖宗時進士傳載一卷史遺一卷溫大雅今
上王業記六卷李延壽大宗政典三十卷吳兢太宗勳史一卷又貞觀政要十
卷李康明皇政錄十卷鄭處誨明皇雜錄二卷鄭棨開天傳信記一卷溫畬天
寶亂離西幸記一卷宋巨明皇幸蜀記一卷姚汝能安祿山事迹三卷華陰尉包
諝河洛春秋二卷安祿山史思明事徐岱奉天記一卷德宗西狩事崔光庭德宗幸奉天錄
一卷趙元一奉天錄四卷張讀建中西狩錄十卷字聖用僖宗時吏部侍郎袁皓興元聖功
錄三卷谷況燕南記三卷張孝忠事路隋平淮西記一卷杜信史略三十卷又閑居

錄三十卷鄭澥涼國公平蔡錄一卷字蘊士李愬山南東道掌書記開州刺史薛圖存河南記一卷李師道事李潛用乙卯記一卷李訓鄭注事太和摧凶記一卷野史甘露記二卷開成紀事二卷李石開成承詔錄二卷李德裕次柳氏舊聞一卷又文武兩朝獻替記三卷會昌伐叛記一卷上黨紀叛一卷劉從諫事韓昱壺關錄三卷裴庭裕東觀奏記三卷大順中詔修宣懿僖實錄以日曆注記亡闕因摭宣宗政事奏記於監修國史杜讓能庭裕字膺餘昭宗時翰林學士左散騎常侍貶湖南卒令狐澄貞陵遺事二卷綯子也乾符中書舍人柳玭續貞陵遺事一卷鄭言平剡錄一卷裘甫事言字垂之浙西觀察使王式從事咸通翰林學士戶部侍郎張雲咸通解圍錄一卷字景之一字瑞卿起居舍人鄭樵彭門紀亂三卷龐勛事王坤驚聽錄一卷黃巢事郭廷誨廣陵妖亂志二卷高駢事乾寧會稽錄一卷董昌事韓偓金鑾密記五卷王振汴水滔天錄一卷昭宗時拾遺公沙仲穆太和野史十卷起太和盡龍紀

右雜史類八十八家一百七部一千八百二十八卷失姓名八家元行沖以下不著錄六十八家八百六十一卷

郭璞穆天子傳六卷漢獻帝起居注五卷李軌晉泰始起居注二十卷又晉咸

寧起居注二十二卷晉太康起居注二十二卷晉永平起居注八卷晉咸和起居注十八卷晉咸康起居注二十二卷劉道薈晉起居注三百二十卷晉建武大興永昌起居注二十二卷晉建元起居注四卷晉永和起居注二十四卷晉升平起居注十卷晉隆和興寧起居注五卷晉太和起居注六卷晉咸安起居注三卷晉寧康起居注六卷晉太元起居注五十二卷晉崇寧起居注十卷晉元興起居注九卷晉義熙起居注三十四卷晉元熙起居注二卷何始真晉起居鈔五十一卷晉起居注鈔二十四卷宋永初起居注六卷宋景平起居注三卷宋元嘉起居注七十一卷宋孝建起居注十七卷宋大明起居注十五卷後魏起居注二百七十六卷齊永明起居注二十五卷梁大同七年起居注十卷陳起居注四十一卷隋開皇元年起居注六卷王逡之三代起居注鈔十五卷流別起居注四十七卷溫大雅大唐創業起居注三卷開元起居注二千六百八十二卷（失譔人名）姚璹修時政記四十卷

凡實錄二十八部三百四十五卷（劉知幾以下不著錄四百五十七卷）

周興嗣梁皇帝實錄二卷謝吳梁皇帝實錄五卷梁太清實錄十卷高祖實錄二十卷敬播譔房玄齡監修許敬宗刪改今上實錄二十卷敬播顧胤譔房玄齡監修長孫无忌貞觀實錄四十卷許敬宗皇帝實錄三十卷高宗後修實錄三十卷初令狐德棻譔止乾封劉知幾吳兢續成韋述高宗實錄三十卷武后高宗實錄一百卷則天皇后實錄二十卷魏元忠武三思祝欽明徐彥伯柳沖韋承慶崔融岑羲徐堅譔劉知幾吳兢刪正宗秦客聖母神皇實錄十八卷吳兢中宗實錄二十卷劉知幾太上皇實錄十卷吳兢睿宗實錄五卷張說今上實錄二十卷說與唐潁譔次玄宗開元初事開元實錄四十七卷失譔人名玄宗實錄一百卷令狐峘譔元載監修肅宗實錄三十卷元載監修令狐峘代宗實錄四十卷沈既濟建中實錄十卷德宗實錄五十卷蔣乂樊紳林寶韋處厚獨孤郁譔裴垍監修順宗實錄五卷韓愈沈傳師宇文籍譔李吉甫監修憲宗實錄四十卷沈傳師鄭澣宇文籍蔣係李漢陳夷行蘇景胤譔杜元潁韋處厚路隋監修景胤弁子也中書舍人穆宗實錄二十卷蘇景胤王彥威楊漢公蘇滌裴休譔路隋監修滌字玄獻冕子也荊南節度使吏部尚書敬宗實錄十卷陳商鄭亞譔李讓夷監修商字述聖禮部侍郎秘書監文宗實錄四十卷盧耽蔣偕王渢盧告牛叢譔魏謩監修耽字子嚴一字子重歷西川節度使同中書門下平章事渢字中德歷東都留守告字子有弘宣子也歷吏部侍郎武宗實錄三十卷韋保衡監修

凡詔令一家一十一部三百五卷（失姓名十家溫彥博以下不著錄十一家二百二十二卷）

晉雜詔書一百卷又二十八卷又六十六卷晉詔書黃素制五卷晉定品雜制八卷晉太元副詔二十一卷晉崇安元與大亨副詔八卷晉義熙詔二十二卷宋永初詔六卷宋元嘉詔二十一卷宋幹詔集區別二十七卷溫彥博古今詔集三十卷李義府古今詔集一百卷薛克構聖朝詔集三十卷唐德音錄三十卷太平內制五卷明皇制詔錄十卷元和制集十卷王起寫宣十卷馬文敏王言會最五卷唐舊制編錄六卷（費氏集）擬狀注制十卷

右起居注類六家三十八部一千二百七十二卷（失姓名二十六家開元起居注以下不著錄三家三千七百二十五卷）總七家七十七部

秦漢以來舊事八卷漢武帝故事二卷韋氏三輔舊事一卷葛洪西京雜記二卷建武故事三卷永平故事二卷應劭漢朝駮三十卷漢諸王奏事十卷漢魏吳蜀舊事八卷魏名臣奏事三十卷魏臺訪議三卷魏廷尉決事十卷南臺奏事九卷晉太始太康故事八卷孔愉晉建武咸和咸康故事四卷晉建武以來

故事三卷晉氏故事三卷晉朝雜事二卷晉故事四十三卷晉諸雜故事二十二卷晉雜議十卷晉要事三卷晉宋舊事一百三十卷車灌晉修復山陵故事五卷盧綝晉八王故事十二卷又晉四王起事四卷張敞晉東宮舊事十卷范汪尚書大事二十一卷華林故事名一卷劉道薈先朝故事二十卷交州雜故事九卷中興伐逆事二卷溫子昇魏永安故事三卷蕭大圜梁魏舊事三十卷僧士名天正舊事三卷應詹江南故事三卷大司馬陶公故事三卷郗太尉爲尚書令故事三卷王愆期救襄陽上都府事一卷春坊舊事三卷武后述聖紀一卷杜正倫春坊要錄四卷王方慶南宮故事十二卷裴矩鄴都故事十卷馬總唐年小錄八卷張齊賢孝和中興故事三卷盧若虛南宮故事三十卷令狐德棻淩煙閣功臣故事四卷敬播文貞公傳事四卷劉禕之文貞公故事六卷張大業魏文貞故事八卷王方慶文貞公事錄一卷李仁實衞公平突厥故事二卷謝偃英公故事四卷劉禕之英國貞武公故事四卷陳諫等彭城公故事一卷劉晏張九齡事迹一卷李渤事迹一卷杜悰事迹一卷吳湘事迹一卷丘據

相國涼公錄一卷李抱玉事據諫議大夫

右故事類十七家四十三部四百九十六卷失姓名二十三家裴矩以下不著錄十六家九十卷

王隆漢官解詁三卷胡廣注應劭漢官五卷漢官儀十卷蔡質漢官典儀一卷丁孚漢官儀式選用一卷荀攸等魏官儀一卷傅暢晉公卿禮秩故事九卷百官名十四卷干寶司徒儀注五卷陸機晉惠帝百官名三卷晉官屬名四卷晉過江人士目一卷衛禹晉永嘉流士二卷登城三戰簿三卷范曄百官階次一卷荀欽明宋百官階次三卷宋百官春秋六卷魏官品令一卷王珪之齊職官儀五十卷徐勉梁選簿三卷沈約梁新定官品十六卷梁百官人名十五卷陳將軍簿一卷太建十一年百官簿狀二卷郎楚之隋官序錄十二卷王道秀百官春秋十三卷郭演職令古今百官注十卷陶彥藻職官要錄三十六卷職員舊事三十卷王方慶宮卿舊事一卷六典三十卷開元十年起居舍人陸堅被詔集賢院修六典玄宗手寫六條曰理典教典禮典政典刑典事典張說知院委徐堅經歲無規制乃命毋煚余欽咸廙業孫季良韋述參譔始以令式象周禮六官爲制蕭嵩知院加劉鄭蘭蕭晟盧若虛張九齡知院加陸善經李林甫代九齡加苑咸二十六年書成王方慶又譔尚書考功簿五卷又尚書

考功狀績簿十卷尚書科配簿五卷五省遷除二十卷裴行儉選譜十卷唐循資格一卷天寶中定沈既濟選舉志十卷梁載言具員故事十卷又具員事迹十卷杜英師職該二卷任戩官品纂要十卷溫大雅大丞相唐王官屬記二卷杜易簡御史臺雜注五卷韓琬御史臺記十二卷韋述御史臺記十卷又集賢注記三卷李構御史臺故事三卷劉貺天官舊事一卷柳芳大唐宰相表三卷馬宇鳳池錄五十卷賀蘭正元輔佐記十卷又舉選衡鑑三卷昭義判官貞元十三年上韋瑄國相事狀七卷憲宗時人張之緒文昌損益二卷德宗時人李肇翰林志一卷李吉甫元和國計簿十卷又元和百司舉要一卷王涯唐循資格五卷韋處厚太和國計二十卷王彥威占額圖一卷孫結大唐國照圖一卷文宗時人大唐國要圖五卷左僕射賈耽纂監察御史褚璆重修翰林內誌一卷楊鉅翰林學士院舊規一卷字文碩收子也昭宗時翰林學士吏部侍郎

右職官類十九家二十六部二百六十二卷失姓名十家六典以下不著錄二十九家二百八十卷

趙岐三輔決錄十卷摯虞注魏文帝海內四品錄三卷海內先賢傳五卷魏明帝時譔

李氏海內先賢行狀三卷韋氏四海耆舊傳一卷諸國先賢傳一卷圈稱陳留風俗傳三卷蘇林陳留耆舊傳三卷劉昞燉煌實錄二十卷陳英宗陳留先賢傳像讚一卷江敞陳留人物志十五卷周斐汝南先賢傳五卷陸胤志廣州先賢傳一卷劉芳廣州先賢傳七卷徐整豫章舊志八卷又豫章烈士傳三卷華隔廣陵烈士傳一卷張勝桂陽先賢畫讚五卷朱育會稽記四卷虞預會稽典錄二十四卷謝承會稽先賢傳七卷賀氏會稽先賢傳像讚四卷鍾離岫會稽後賢傳三卷賀氏會稽太守像讚二卷陸凱吳國先賢傳五卷吳國先賢像讚三卷陳壽益部耆舊傳十四卷益州耆舊雜傳記二卷白褎魯國先賢傳十四卷張方楚國先賢傳十二卷高範荆州先賢傳一卷仲長統山陽先賢傳一卷范瑗交州先賢傳四卷習鑿齒襄陽耆舊傳五卷又逸人高士傳八卷王基東萊耆舊傳一卷王義度徐州先賢傳九卷又一卷劉義慶徐州先賢傳讚八卷劉彧長沙舊邦傳讚四卷郭緣生武昌先賢傳三卷虞溥江表傳三卷崔蔚祖海岱志十卷吳均吳郡錢塘先賢傳五卷陽休之幽州古今人物志三十卷劉

叔先東陽朝堂書讚一卷濟北先賢傳一卷廬江七賢傳一卷零陵先賢傳一卷蕭廣濟孝子傳十五卷師覺授孝子傳八卷王韶之孝子傳十五卷又讚三卷宗躬孝子傳二十卷又止足傳十卷虞盤佐孝子傳一卷又高士傳二卷徐廣孝子傳三卷梁武帝孝子傳三十卷雜孝子傳二卷鄭緝之孝子傳讚十卷申秀孝友傳八卷元懌顯忠錄二十卷嵇康聖賢高士傳八卷皇甫謐高士傳十卷又逸士傳一卷公晏春秋二卷韋氏家傳三卷周續之上古以來聖賢高士傳讚三卷劉畫高才不遇傳四卷周弘讓續高士傳八卷張顯逸人傳三卷鍾離儒逸人傳十卷袁宏名士傳三卷袁淑真隱傳二卷阮孝緒高隱傳十卷劉向列士傳二卷范晏陰德傳二卷齊竟陵文宣王子良止足傳十卷鍾岏良吏傳十卷先儒傳五卷殷系英藩可錄事三卷（一云張萬賢譔）鄭忱文林館記十卷張隲文士傳五十卷梁元帝孝德傳三十卷又忠臣傳三十卷全德志一卷丹揚尹傳十卷同姓名錄一卷懷舊志九卷裴懷貴兄弟傳三卷悼善列傳四卷劉昭幼童傳十卷盧思道知己傳一卷孫敏春秋列國名臣傳九卷孔子弟子傳

五卷東方朔傳八卷李固別傳七卷梁冀傳二卷郭沖諸葛亮隱沒五事一卷何顒傳一卷曹瞞傳一卷毋丘儉記三卷管辰管輅傳二卷戴逵竹林七賢論二卷孟仲暉七賢傳七卷桓玄傳二卷雜傳六十九卷又四十卷又九卷任昉雜傳一百二十卷荊楊二州遷代記四卷元暉等秘錄二百七十卷王孝恭集記一百卷漢明帝畫讚五十卷姚澹四科傳讚四卷七國敘讚十卷益州文翁學堂圖一卷荀伯子荀氏家傳十卷又薛常侍傳二卷明氏世錄六卷明粲漢南庾氏家傳三卷庾守業褚氏家傳一卷褚結撰褚陶注殷氏家傳三卷殷敬崔氏世傳七卷崔鴻邵氏家傳十卷王氏家傳二十一卷江氏家傳七卷江饒暨氏家傳一卷虞氏家傳五卷虞覽裴氏家記三卷裴松之諸葛傳五卷曹氏家傳一卷曹毗諸王傳一卷陸史十五卷陸煦王劭介朱氏家傳二卷何妥家傳二卷裴若弼家傳一卷令狐德棻令狐家傳一卷張大素燉煌張氏家傳二十卷魏徵自古諸侯王善惡錄二卷章懷太子列藩正論三十卷鄭世翼交游傳二卷李襲譽忠孝圖傳讚二十卷許敬宗文館詞林文人傳一百卷崔玄暐友義傳十卷又義士傳十五卷

傳奕高識傳十卷郎餘令孝子後傳三十卷平貞眘養德傳卷亡徐堅大隱傳三卷裴朏續文士傳十卷開元中懷州司馬李襲譽又譔江東記三十卷李義府宦遊記七十卷王方慶友悌錄十五卷又王氏訓誡五卷王氏列傳十五卷王氏尚書傳五卷魏文貞故書十卷唐臨冥報記二卷李筌中台志十卷盧詵四公記一卷一作梁載言王瓘廣軒轅本紀三卷李渤六賢圖讚一卷陸龜蒙小名錄五卷張昌宗古文紀年新傳三卷昌宗冀州南宮人太子舍人王緒永寧公輔梁記十卷緒開元人僧辨兄孫也永寧即僧辨所封賈閏甫李密傳三卷閏甫密舊屬顏師古安興貴家傳卷亡陸氏英賢徵記三卷陸師儒李邕狄仁傑傳三卷郭湜高氏外傳一卷力士湜大曆大理司直李翰張巡姚誾傳二卷陳翃郭公家傳八卷子儀翃嘗為其寮屬後又從事渾瑊河中幕殷亮顏氏家傳一卷杲卿殷仲容顏氏行狀一卷真卿馬宇段公別傳二卷秀實宇元和秘書少監史館修譔李繁相國鄴侯家傳十卷王起李趙公行狀一卷李吉甫張茂樞河東張氏家傳三卷弘靖孫崔氏唐顯慶登科記五卷失名姚康科第錄十六卷字汝諧南仲孫也兵部郎中金吾將軍李奕唐登科記二卷文場盛事一卷張鷟朝野僉載二十卷自號浮休子封氏聞見記五卷封演

劉餗國朝傳記三卷國朝舊事四十卷蘇特唐代衣冠盛事錄一卷李綽尚書故實一卷（尚書郎張延賞）柳氏訓序一卷（柳玭）武平一景龍文館記十卷蕭叔和天祚永歸記一卷（睿宗事）韋機西征記（卷亡）韓琬南征記十卷凌準邠志二卷陸贄遣使錄一卷裴肅平戎記五卷（休父）房千里投荒雜錄一卷（字鵠舉太和初進士第高州刺史）杜佑賓佐記一卷文宗朝備問一卷黃璞閩川名士傳一卷（字紹山大順中進士第）魏徵祥瑞錄十卷徐景玉璽正錄一卷國寶傳一卷許康佐九鼎記四卷顏師古王會圖（卷亡）李德裕異域歸忠傳二卷西蕃會盟記三卷西戎記二卷英雄錄一卷趙琉孝行志二十卷（字盈之晉州岳陽人會昌中）武誼自古忠臣傳二十卷（字子思楚州盱眙人咸通中州從事）

凡女訓十七家二十四部三百八十三卷（失姓名一家王方慶以下不著錄五家八十三卷）

劉向列女傳十五卷（曹大家注）皇甫謐列女傳六卷綦母邃列女傳七卷劉熙列女傳八卷趙母列女傳七卷項宗列女後傳十卷曹植列女傳頌一卷孫夫人列女傳序讚一卷杜預列女記十卷虞通之后妃記四卷又妬記二卷諸葛亮貞潔記一卷曹大家女誡一卷辛德源王劭等內訓二十卷徐湛之婦人訓解集

十卷女訓集六卷長孫皇后女則要錄十卷魏徵列女傳略七卷武后列女傳一百卷又孝女傳二十卷古今內範一百卷內範要略十卷保傅乳母傳七卷鳳樓新誡二十卷王方慶王氏女記十卷又王氏王嬪傳五卷續妬記五卷尚宮朱氏女論語十篇薛蒙妻韋氏續曹大家女訓十二章韋溫女蒙字仲明開成中進士第王摶妻楊氏女誡一卷

右雜傳記類一百二十五家一百四十六部一千六百五十六卷失姓名十四家崔玄暐以下不著錄五十一家二千五百七十四卷總一百四十七家一百五十一部

衛宏漢舊儀四卷董巴大漢輿服志一卷徐廣車服雜注一卷又晉尚書儀曹新定儀注四十一卷晉儀注三十九卷傅瑗晉新定儀注四十卷晉尚書儀曹吉禮儀注三卷晉尚書儀曹事九卷晉雜儀注二十一卷宋尚書儀注三十六卷宋儀注二卷張鏡宋東宮儀記二十三卷嚴植之南齊儀注二十八卷又梁皇帝崩凶儀十一卷梁皇太子喪禮五卷梁王侯以下凶禮九卷士喪禮儀注十四卷沈約梁儀注十卷又梁祭地祇陰陽儀注二卷鮑泉新儀三十卷明山

賓等梁吉禮十八卷梁吉禮儀注四卷又十卷梁尚書儀曹儀注十八卷又二
十卷梁天子喪禮七卷又五卷梁大行皇帝皇后崩儀注一卷梁太子妃薨凶
儀注九卷梁諸侯世子卒凶儀注九卷梁陳大行皇帝崩儀注八卷賀瑒等梁
賓禮一卷梁賓禮儀注十三卷陸璉梁軍禮四卷司馬褧梁嘉禮三十五卷又
嘉禮儀注四十五卷陳吉禮儀注五十卷陳雜吉儀注三十卷陳雜儀注六卷
陳諸帝后崩儀注五卷陳雜儀注凶儀十三卷陳皇太后崩儀注四卷儀曹撰陳
皇太子妃薨儀注五卷儀曹撰張彥陳賓禮儀注六卷常景後魏儀注五十卷趙
彥深北齊吉禮七十二卷北齊皇太后喪禮十卷高熲隋吉禮五十四卷牛弘
潘徽隋江都集禮一百二十卷大駕鹵簿一卷周遷古今輿服雜事十卷蕭子
雲古今輿服雜事二十卷甲辰儀注五卷摯虞決疑要注一卷崔豹古今注一
卷諸王國雜儀注十卷雜儀注一百卷范注雜府州郡儀十卷又祭典三卷何
胤喪服治禮儀注九卷何點理禮儀注九卷冠婚儀四卷崔皓婚儀祭儀二卷
何晏魏明帝諡議二卷魏氏郊丘二卷高堂隆魏臺雜訪議三卷晉諡議八卷

晉餉文謚議四卷孔晁等晉明堂郊社議三卷蔡謨晉七廟議三卷干寶雜議五卷荀顗等晉雜議十卷王景之要典三十九卷王逸齊典四卷丘仲孚皇典五卷盧諶雜祭注六卷盧辨祀典五卷徐爰家儀一卷王儉吉儀二卷又弔答書儀十卷皇室書儀七卷鮑衡卿皇室書儀十三卷謝朏書筆儀二十卷謝允書儀二卷唐瑾婦人書儀八卷童悟十三卷紀僧真玉璽譜一卷姚察傳國璽十卷徐令言玉璽正錄一卷張大頤明堂儀一卷姚璠等明堂儀注三卷皇太子方岳亞獻儀二卷蕭子雲東宮雜事二十卷陸開明宇文愷東宮典記七十卷令狐德棻皇帝封禪儀六卷孟利貞封禪錄十卷裴守真神岳封禪儀注十卷郭山惲大享明堂儀注二卷親享太廟儀注三卷裴矩虞世南大唐書儀十卷竇維鍌吉凶禮要二十卷韋叔夏五禮要記三十卷王愨中禮儀注八卷楊炯家禮十卷大唐儀禮一百卷長孫无忌房玄齡魏徵李百藥顏師古令狐德棻孔穎達于志寧等撰吉禮六十篇賓禮四篇軍禮二十篇嘉禮四十二篇凶禮六篇國恤五篇總一百三十篇貞觀十一年上永徽五禮一百三十卷長孫无忌侍中許敬宗兼中書令李義府黃門侍郎劉祥道許圉師太常卿韋琨博士蕭楚材孔志約等撰削國恤以爲豫凶事非臣子所宜論次定著二百九十九篇顯慶三年上

武后紫宸禮要十卷開元禮一百五十卷開元中通事舍人王嵒請改禮記附唐制度張說引嵒就集賢書院詳議說奏禮記漢代舊文不可更請修貞觀永徽五禮爲開元禮命賈登張烜施敬本李銳王仲丘陸善經洪孝昌譔緝蕭嵩總之蕭嵩開元禮義鏡一百卷開元禮京兆義羅十卷開元禮類釋二十卷開元禮百問二卷顏真卿禮樂集十卷禮儀使所定韋渠牟貞元新集開元後禮二十卷柳逞唐禮纂要六卷韋公肅禮閣新儀三十卷元和人王彥威元和曲臺禮三十卷又續曲臺禮三十卷李弘澤直禮一卷林甫孫開成太府卿韋述東封記一卷李襲譽明堂序一卷員半千明堂新禮三卷李嗣真明堂新禮十卷王涇大唐郊祀錄十卷貞元九年上時爲太常禮院修譔裴瑾崇豐二陵集禮卷亡瑾字封叔光庭曾孫元和吉州刺史王方慶三品官祔廟禮二卷又古今儀集五十卷孟詵家祭禮一卷徐閏家祭儀一卷范傳式寢堂時饗儀一卷鄭正則祠享儀一卷周元陽祭錄一卷賈頊家薦儀一卷盧弘宣家祭儀卷亡孫氏仲享儀一卷孫日用劉孝孫二儀實錄一卷袁郊二儀實錄衣服名義圖一卷又服飾變古元錄一卷字之儀滋子也昭宗時翰林學士王晉使範一卷戴至德喪服變服一卷張戩喪儀纂要九卷孟詵喪服正要二卷商价喪禮極議一卷張薦五服

圖卷亡仲子陵五服圖十卷貞元九年上裴茝內外親族五服儀二卷又書儀三卷朱傳

注茝元和太常少卿葬王播儀一卷鄭氏書儀二卷鄭餘慶裴度書儀二卷杜有晉書儀二

卷

右儀注類六十一家一百部一千四百六十七卷失姓名三十二家竇維鋈以下不著錄四十九家八

百九十三卷

漢建武律令故事三卷漢名臣奏二十九卷廷尉決事二十卷廷尉駮事十一

卷廷尉雜詔書二十六卷南臺奏事二十二卷應劭漢朝議駮三十卷陳壽漢

名臣奏事三十卷晉駮事四卷晉彈事九卷賈充杜預刑法律本二十一卷又

晉令四十卷宗躬齊永明律八卷蔡法度梁律二十卷又梁令三十卷梁科二

卷條鈔晉宋齊梁律二十卷范泉等陳律九卷又陳令三十卷陳科三十卷趙

郡王叡北齊律二十卷令八卷麟趾格四卷文襄帝時撰趙肅等周律二十五卷蘇

綽大統式三卷張斐律解二十卷劉邵律略論五卷高熲等隋律十二卷牛弘

等隋開皇令三十卷隋大業律十八卷武德律十二卷又式十四卷令三十一

卷尚書左僕射裴寂右僕射蕭瑀大理卿崔善爲給事中王敬業中書舍人劉林甫顏師古王孝達涇州別駕靖延太常丞丁孝烏隋大理丞房軸天策上

將府參軍李桐客太常博士徐上機等奉詔譔定以五十三條附新律餘無增改武德七年上貞觀律十二卷又令二十七卷

格十八卷留司格一卷式三十三卷中書令房玄齡右僕射長孫无忌蜀王府法曹參軍裴弘獻等奉詔譔定凡律五百

條令一千五百四十六條格七百條以尚書省諸曹爲目其常務留本司者著爲留司格永徽律十二卷又式十四卷式本

四卷令三十卷散頒天下格七卷留本司行格十八卷太尉无忌司空李勣左僕射于志寧右僕射張

行成侍中高季輔黃門侍郎宇文節柳奭尚書右丞段寶玄太常少卿令狐德棻吏部侍郎高敬言刑部侍郎劉燕客給事中趙文恪中書舍人李友益少府

丞張行寶大府丞王文端大理丞元紹刑部郎中賈敏行等奉詔譔定分格爲二部以曹司常務爲行格天下所共爲散頒格永徽三年上至龍朔二年詔司

刑太常伯源直心少常伯李敬玄司刑大夫李文禮復刪定唯改官曹局名而已題行格日留本司行格中本散頒格曰天下散行格中本律疏三

十卷无忌李勣于志寧刑局尚書唐臨大理卿段寶玄尚書右丞劉燕客御史中丞賈敏行等奉詔譔永徽四年上永徽留本司格後

十一卷左僕射劉仁軌右僕射戴至德侍中張文瓘中書令李敬玄右庶子郝處俊黃門侍郎來恆左庶子高智周右庶子李義琰吏部侍郎裴行儉

馬載兵部侍郎蕭德昭裴炎工部侍郎李義琛刑部侍郎張楚金金部郎中盧律師等奉詔譔儀鳳二年上趙仁本法例二卷崔知

悌法例二卷垂拱式二十卷又格十卷新格二卷散頒格三卷留司格六卷秋官

尚書裴居道夏官尚書同鳳閣鸞臺三品岑長倩鳳閣侍郎同鳳閣鸞臺平章事韋方質刪定官袁智弘咸陽尉王守慎奉詔譔加計帳勾帳二式垂拱元年

上新格武后製序刪垂拱式二十卷又散頒格七卷中書令韋安石禮部尚書同中書門下三品祝欽明尚書右丞蘇瓌
兵部郎中狄光嗣等刪定神龍元年上太極格十卷戶部尚書同中書門下三品岑羲中書侍郎同中書門下三品陸象先右散騎常侍徐堅
右司郎中唐紹刑部員外郎邵知新大理寺丞陳義海評事張名播右衛長史張處斌左衛率府倉曹參軍羅思貞刑部主事閻義顓等刪定太極元年上
開元前格十卷兵部尚書兼紫微令姚崇黃門監盧懷愼紫微侍郎兼刑部尚書李乂紫微侍郎蘇頲舍人呂延祚給事中魏奉古大理評事
高智靜韓城縣丞侯郢璡瀛州司法參軍閻義顓等奉詔刪定開元三年上開元後格十卷又三十卷式二十卷吏部
侍郎兼侍中宋璟中書侍郎蘇頲尚書左丞盧從愿吏部侍郎裴漼慕容珣戶部侍郎楊滔中書舍人劉令植大理司直高智靜幽州司功參軍侯郢璡等刪
定開元七年上格後長行敕六卷侍中裴光庭中書令蕭嵩等刪次開元十九年上開元新格十卷格式律令
事類四十卷中書令李林甫侍中牛仙客御史中丞王敬從右武衛胄曹參軍崔晃衞州司戶參軍直中書陳承信酸棗尉直刑部俞元杞等刪
定開元二十五年上度支長行旨五卷王行先律令手鑑二卷元泳式苑四卷裴光庭唐
開元格令科要一卷元和格敕三十卷權德輿劉伯芻等集元和刪定制敕三十卷許孟容韋
貫之蔣乂柳登等集太和格後敕四十卷格後敕五十卷初前大理丞謝登纂凡六十卷詔刑部詳定去其繁複太和七
年上狄兼謩開成詳定格十卷大中刑法總要格後敕六十卷刑部侍郎劉瑑等纂張戣大
中刑律統類十二卷盧紓刑法要錄十卷裴向上之張伾判格三卷李崇法鑑八卷

右刑法類二十八家六十一部一千四卷失姓名九家自開元新格以下不著錄十三家三百二十三卷

劉向七略別錄二十卷劉歆七略七卷荀勖晉中經簿十四卷又新撰文章家集敘五卷丘深之晉義熙以來新集目錄三卷王儉宋元徽元年四部書目錄四卷令書七志七十卷賀縱補注阮孝緒七錄十二卷丘賓卿梁天監四年書目四卷劉遵梁東宮四部書目四卷陳天嘉四部書目四卷牛弘隋開皇四年書目四卷王劭隋開皇二十年書目四卷殷淳四部書目序錄三十九卷楊松珍史目三卷摯虞文章志四卷宋明帝晉江左文章志二卷沈約宋世文章志二卷傅亮續文章志二卷名手畫錄一卷虞龢法書目錄六卷羣書四錄二百卷殷踐猷王愜韋述余欽毋煚劉彥直王灣王仲丘撰元行沖上之毋煚古今書錄四十卷韋述集賢書目一卷李肇經史釋題二卷宗諫注十三代史目十卷常寶鼎文選著作人名目三卷尹植文樞祕要目七卷鈔文思博要藝文類聚爲祕要唐書敘例目錄一卷孫玉汝唐列聖賢錄目二十五卷吳氏西齋書目一卷吳兢河南東齋史目三卷蔣彧新集書目一卷杜信東齋籍二十卷字立言元和國子司業

右目錄類十九家二十二部四百六卷失姓名二家毋煚以下不著錄十二家一百十四卷

宋衷世本四卷世本別錄一卷宋均注帝譜世本七卷王氏注世本譜二卷漢氏帝王譜二卷齊永元中表簿六卷梁大同四年表簿三卷齊梁宗簿三卷梁親表譜五卷後魏皇帝宗族譜四卷元暉業後魏辨宗錄二卷後魏譜二卷後魏方司格一卷齊高氏譜六卷周宇文氏譜一卷賈冠國親皇太子親傳四卷王儉百家集譜十卷王僧孺百家譜三十卷又十八州譜七百一十二卷徐勉百官譜二十卷賈執百家譜五卷又姓氏英賢譜一百卷何承天姓苑十卷賈希鏡氏族要狀十五卷官族傳十五卷冀州姓族譜七卷洪州諸姓譜九卷袁州諸姓譜七卷司馬氏世家二卷楊氏譜一卷蘇氏譜一卷孫氏譜記十五卷韋氏譜十卷韋鼎裴氏家牒二十卷裴守貞大唐氏族志一百卷高士廉韋挺岑文本令狐德棻撰姓氏譜二百卷許敬宗李義府孔志約楊仁卿史玄道李才撰柳沖大唐姓族系錄二百卷路敬淳衣冠譜六十卷又著姓略記二十卷王元感姓氏實論十卷崔日用姓苑略一卷岑羲氏族錄卷亡王方慶王氏家牒十五卷又家譜二十卷王氏著錄十卷韋述

開元譜二十卷國朝宰相甲族一卷百家類例三卷唐新定諸家譜錄一卷李林甫等林寶元和姓纂十卷竇從一系纂七卷陳湘姓林五卷孔至姓氏雜錄一卷李利涉唐官姓氏記五卷初十卷利涉貶南方亡其半又編古命氏三卷柳璨姓氏韻略六卷蕭穎士梁蕭史譜二十卷柳芳永泰新譜二十卷一作皇室新譜柳璟續譜十卷皇唐玉牒一百一十卷開成二年李衢林寶譔唐皇室維城錄一卷李匡文天潢源派譜一卷又唐偕日譜一卷玉牒行樓一卷皇孫郡王譜一卷元和縣主譜一卷家譜一卷李衢大唐皇室新譜一卷黃恭之孔子系葉傳二卷謝氏家譜一卷東萊呂氏家譜一卷薛氏家譜一卷顏氏家譜一卷虞氏家譜一卷孫氏家譜一卷吳郡陸氏宗系譜一卷陸景獻劉氏譜考三卷劉氏家史十五卷並劉子玄紀王慎家譜一卷蔣王惲家譜一卷李用休家譜二卷紀王慎之後徐氏譜一卷徐商徐義倫家譜一卷劉晏家譜一卷劉輿家譜一卷周長球家譜一卷施氏家譜二卷萬氏家譜一卷滎陽鄭氏家譜一卷竇氏家譜一卷懿宗時國子博士竇澄之鮮于氏家譜一卷趙郡東祖李氏家譜二卷李氏房從譜一卷韋氏諸房略一卷韋絢諱行錄一卷

右譜牒類十七家三十九部一千六百一十七卷王元感以下不著錄二十二家三百三十三卷

三輔黃圖一卷三輔舊事三卷漢宮閣簿三卷洛陽宮殿簿三卷葛洪西京雜記二卷薛冥西京記三卷潘岳關中記一卷陸機洛陽記一卷戴延之洛陽記一卷後魏洛陽記五卷楊佺期洛城圖一卷鄧基陸澄地理志一百五十卷任昉地記二百五十二卷虞茂區宇圖一百二十八卷郎蔚之隋圖經集記一百卷周地圖一百三十卷雜記十二卷雜地志五卷地理志書鈔十卷地域方丈圖一卷地城方尺圖一卷職方記十六卷晉太康土地記十卷太康州郡縣名五卷後魏諸州記二十卷周處風土記十卷圈稱陳留風俗傳三卷揚雄蜀王本記一卷譙周三巴記一卷李克益州記三卷郭仲產荆州記二卷鮑堅南雍州記三卷阮敍之南兗州記一卷山謙之南徐州記二卷劉損之京口記二卷孫處玄潤州圖注二十卷雷次宗豫章記一卷鄭緝之東陽記一卷張僧監潯陽記二卷李叔布齊州記四卷張勃吳地記一卷晏模齊地記二卷陸翽鄴中記二卷劉芳徐地錄一卷梁元帝職貢圖一卷又荆南地志二卷王範交廣二

州記一卷樊文深中岳潁州志五卷秣陵記二卷湘州記四卷湘州圖副記一卷京邦記二卷分吳會丹陽三郡記二卷西河舊事一卷闞駰十三州志十四卷顧野王輿地志三十卷又十國都城記十卷周明帝國都城記九卷郭璞注山海經二十三卷又山海經圖讚二卷山海經音二卷桑欽水經三卷一作郭璞譔酈道元注水經四十卷僧道安四海百川水源記一卷又一卷江圖二卷庾仲雍江記五卷又漢水記五卷尋江源記五卷劉澄之永初山川古今記二十卷李氏宜都山川記一卷沈瑩臨海水土異物志一卷楊孚交州異物志一卷陳祈暢異物志一卷萬震南州異物志一卷朱應扶南異物志一卷京兆郡方物志二十卷諸郡土俗物產記十九卷涼州異物志二卷廟記一卷薛泰輿駕東幸記一卷諸葛穎巡總揚州記七卷戴祚西征記二卷郭緣生述征記二卷姚最述行記二卷沈懷文隨王入沔記十卷魏聘使行記五卷李彤聖賢塚墓記一卷宋雲魏國以西十一國事一卷沈懷遠南越志五卷程士章西域道里記二卷常駿等赤土國記二卷王玄策中天竺國行記十卷僧智猛游行外國傳

一卷僧法盛歷國傳二卷日南傳一卷林邑國記一卷眞臘國事一卷交州以來外國傳一卷奉使高麗記一卷西南蠻入朝首領記一卷裴矩高麗風俗一卷鄧行儼東都記三十卷貞觀著作郎括地志五百五十卷又序略五卷魏王泰命著作郎蕭德言秘書郎顧胤記室參軍蔣亞卿功曹參軍謝偃蘇勗譔長安四年十道圖十三卷開元三年十道圖十卷劍南地圖二卷李播方志圖卷亡西域圖志六十卷高宗遣使分往康國吐火訪其風俗物產畫圖以聞詔史官譔次許敬宗領之顯慶三年上李吉甫元和郡縣圖誌五十四卷又十道圖十卷古今地名三卷刪水經十卷梁載言十道志十六卷王方慶九嵕山志十卷賈耽地圖十卷又皇華四達記十卷古今郡國縣道四夷述四十卷關中隴右山南九州別錄六卷貞元十道錄四卷吐蕃黃河錄四卷韋澳諸道山河地名要略九卷一作處分語劉之推文括九州要略三卷郡國志十卷馬敬寔諸道行程血脈圖一卷鄧世隆東都記三十卷韋機東都記二十卷韋述兩京新記五卷兩京道里記三卷李仁實戎州記一卷盧鴻嵩山記一卷天寶人馬温鄴都故事二卷肅代時人劉公銳鄴城新記三卷張周封華陽風俗錄一卷字子望西川節度使李德裕從事試協律郎盧求

成都記五卷（西川節度使白敏中從事）鄭暐益州理亂記三卷李璋太原事迹記十四卷張文規吳興雜錄七卷房千里南方異物志一卷孟琯嶺南異物志一卷劉恂嶺表錄異三卷余知古渚宮故事十卷（文宗時人）吳從政襄沔記三卷張氏燕吳行役記二卷（宣宗時人失名）韋宙零陵錄一卷張密廬山雜記一卷張容九江新舊錄三卷（咸通人）莫休符桂林風土記三卷段公路北戶雜錄三卷（文昌孫）林諝閩中記十卷裴矩又譔西域圖記三卷顧愔新羅國記一卷（大曆中歸崇敬使新羅愔爲從事）張建章渤海國記三卷戴斗諸蕃記一卷達奚通海南諸蕃行記一卷袁滋雲南記五卷李繁北荒君長錄三卷高少逸四夷朝貢錄十卷呂述黠戛斯朝貢圖傳一卷（字修業會昌秘書少監商州刺史）樊綽蠻書十卷（咸通中嶺南西道節度使蔡襲從事）竇滂雲南別錄一卷雲南行記一卷徐雲虔南詔錄三卷（乾符中人）

右地理類六十三家一百六部一千二百九十二卷（失姓名三十一家李播以下不著錄五十三家九百八十九卷）

唐書卷五十八

唐書卷五十八考證

藝文志二乙部李喜漢書辨惑三十卷○舊書作李善臣酉按李善本傳善漢書辨惑三十卷當從舊書又此志後復載李善漢書辨惑一十卷乃重出卷數亦誤

右編年類注三百五十五卷○沈炳震曰按上止三百四十五卷作五十五誤

任昉雜傳一百二十卷○沈炳震曰按隋書經籍志作三十六卷注云本百四十七卷亡此云一百二十卷既非原本又非缺本未詳何據

唐書卷五十八考證

珍倣宋版印

唐書卷五十九

宋　翰　林　學　士　歐　陽　修　撰

藝文志第四十九

丙部子錄其類十七一曰儒家類二曰道家類三曰法家類四曰名家類五曰墨家類六曰縱橫家類七曰雜家類八曰農家類九曰小說類十曰天文類十一曰曆算類十二曰兵書類十三曰五行類十四曰雜藝術類十五曰類書類十六曰明堂經脈類十七曰醫術類凡著錄六百九家九百六十七部一萬七千一百五十二卷不著錄五百七家五千六百一十五卷

晏子春秋七卷(晏嬰) 曾子二卷(曾參) 子思子七卷(孔伋) 公孫尼子一卷 趙岐注孟子十四卷(孟軻) 劉熙注孟子七卷 鄭玄注孟子七卷 綦毋邃注孟子七卷 荀卿子十二卷(荀況) 董子一卷(董無心) 魯連子一卷(魯仲連) 陸賈新語二卷 賈誼新書十卷 桓寬鹽鐵論十卷 劉向新序三十卷 又說苑三十卷 揚子法言六卷(揚雄) 宋衷注法言十卷 李軌注法言三卷 陸績注揚子太玄經十二卷 虞翻注太玄經十四卷 范望

注太玄經十二卷宋仲子注太玄經十二卷蔡文邵注太玄經十卷桓子新論十七卷桓譚王符潛夫論十卷仲長子昌言十卷仲長統荀悅申鑒五卷魏子三卷魏朗魏文帝典論五卷徐氏中論六卷徐幹王粲去代論集三卷王肅政論十卷杜氏體論四卷杜恕顧子新論五卷顧譚文禮通語十卷殷興續諸葛亮集誡二卷陸景典訓十卷譙子法訓八卷又五教五卷譙周王嬰古今通論三卷周生烈子五卷袁子正論二十卷又正書二十五卷袁準孫氏成敗志三卷孫敏夏侯湛新論十卷楊泉物理論十六卷又太玄經十四卷劉緝注華譚新論十卷虞喜志林新書二十卷又後林新書十卷顧子義訓十卷顧夷蔡洪清化經十卷干寶正言十卷又立言十卷蔡韶閼論二卷呂竦要覽五卷周捨正覽六卷劉徽魯史欹器圖一卷綦毋氏誡林三卷顏氏家訓七卷顏之推李穆叔典言四卷王滂百里昌言二卷崔子至言六卷崔靈童盧辯墳典三十卷王劭讀書記三十二卷王通中說五卷辛德源正訓二十卷太宗序志一卷又帝範四卷賈行注高宗天訓四卷武后紫樞要錄十卷又臣軌二卷百寮新誡五卷青宮紀要三十卷少陽正範三十

卷列藩正論三十卷章懷太子春秋要錄十卷又修身要覽十卷君臣相起發事三卷魏徵諫事五卷又自古諸侯王善惡錄二卷張太玄平臺百一寓言三卷楊相如君臣政理論三卷陸善經注孟子七卷張鎰孟子音義三卷楊倞注荀子二十卷汝士子大理評事王涯注太玄經六卷員俶太玄幽贊十卷開元四年京兆府童子進書召試及第授散官文學直弘文館柳宗元注揚子法言十三卷李襲譽五經妙言四十卷鄭澣經史要錄二十卷劉貺續說苑十卷杜正倫百行章一卷憲宗前代君臣事跡十四篇武后訓記雜載十卷采青宮紀要維城典訓古今內範內範要略等書為雜載云維城典訓二十卷諸无量翼善記卷亡裴光庭搖山往則一卷又維城前軌一卷丁公著皇太子諸王訓十卷六經法言二十卷韋處厚路隋撰崔郾諸經纂要十卷于志寧諫苑二十卷王方慶諫林二十卷楊浚聖典三卷校書郎開元中上張九齡千秋金鏡錄五卷唐次辨謗略三卷元和辨謗略十卷令狐楚沈傳師杜元穎撰裴潾太和新修辨謗略三卷李仁實格論三卷趙冬曦王政三卷景龍二年上馮中庸政錄十卷開元十九年上授汜水尉賈子一卷開元中藍田尉失名儲光羲正論十五卷兗州人開元進士第又詔中書試文章歷監察御史安祿山反陷賊自歸牛希濟

理源二卷陸質君臣圖翼二十五卷李吉甫古今說苑十一卷李德裕御臣要略卷亡丘光庭康教論一卷元子十卷又浪說七篇漫說七篇元結杜信元和子二卷林慎思伸蒙子三卷咸通中人冀子五卷冀重字子泉定州容城人廣明修武令崔褧儒玄論三卷字敬之後魏白馬侯浩七世孫中和光祿丞

右儒家類六十九家九十二部七百九十一卷陸善經以下不著錄三十九家三百七十一卷

鬻子一卷鬻熊老子道德經二卷李耳又三卷河上公注老子道德經二卷王弼注新記玄言道德二卷又老子指例略二卷蜀才注老子二卷鍾會注二卷羊祜注二卷又解釋四卷孫登注老子二卷王尚注二卷袁真注二卷張憑注二卷劉仲融注二卷陶弘景注四卷樹鍾山注二卷李允愿注二卷陳嗣古注二卷僧惠琳注二卷惠嚴注二卷鳩摩羅什注二卷義盈注二卷程韶集注二卷任真子集解四卷張道相集注四卷盧景裕梁曠等注二卷安丘望之老子章句二卷又道德經指趣三卷王肅玄言新記道德二卷梁曠道德經品四卷嚴遵指歸十四卷何晏講疏四卷又道德問二卷梁武帝講疏四卷又講疏六卷顧

歡道德經義疏四卷又義疏治綱一卷孟智周義疏五卷戴詵義疏六卷葛洪老子道德經序訣二卷韓莊玄旨八卷劉遺民玄譜一卷節解二卷章門一卷李軌老子音一卷鶡冠子三卷張湛注列子八卷（列禦寇）郭象注莊子十卷（莊周）向秀注二十卷崔譔注十卷司馬彪注二十一卷又注音一卷李頤集解二十卷王玄古集解二十卷李充釋莊子論二卷馮廓老子指歸十三卷又莊子古今正義十卷梁簡文帝講疏三十卷王穆疏十卷又音一卷莊子疏七卷文子十二卷廣成子十二卷（商洛公譔張太衡注）唐子十卷（唐滂）蘇子七卷（蘇彥）宣子二卷（宣聘）陸子十卷（陸雲）抱朴子內篇十卷（葛洪）孫子十二卷（孫綽）符子三十卷（符朗）賀子十卷（賀道養）牟子二卷（牟融）傅奕注老子二卷楊上善注老子道德經二卷又注莊子十卷老子指略論二卷（太子文學）辟閭仁諝注老子二卷（聖曆司禮博士）賈大隱老子述義十卷陸德明莊子文句義二十卷玄宗注道德經一卷又疏八卷（天寶中加號玄通道德經世不稱之）盧藏用注老子二卷又注莊子內外篇十二卷邢南和注老子（開元二十一年上）馮朝隱注老子白履忠注老子李播注老子尹知章注老子傅奕老子音義（並卷亡）陸德明老

子疏十五卷逢行珪注鬻子一卷鄭縣尉陳庭玉老子疏開元二十年上授校書郎卷亡陸希聲
道德經傳四卷吳善經注道德經二卷貞元中人楊上善道德經三略論三卷道士
成玄英注老子道德經二卷又開題序訣義疏七卷注莊子三十卷疏十二卷
玄英字子實陝州人隱居東海貞觀五年召至京師永徽中流郁州書成道王元慶遣文學賈鼎就授大義嵩高山人李利涉爲序唯老子注莊子疏著錄
張游朝南華象罔說十卷又沖虛白馬非馬證八卷張志和父孫思邈注老子卷亡又
注莊子柳縱注莊子開元二十年上授章懷太子廟丞尹知章注莊子並卷亡甘暉魏包注莊子
卷亡開元末奉詔注元載南華通微十卷張志和太易十五卷又玄真子十二卷韋詣作內解
陳庭玉莊子疏卷亡道士李含光老子莊子周易學記三卷又義略三卷含光揚州江都
人本姓弘避孝敬皇帝諱改焉天寶間人張隱居莊子指要三十三篇名九垓號渾論子代德時人帥夜光三玄
異義三十卷幽州人開元二十年上授校書郎直國子監徐靈府注文子十二卷李暹訓注文子十
二卷王士元亢倉子二卷天寶元年詔號莊子爲南華真經列子爲沖虛真經文子爲通玄真經亢桑子爲洞靈真經然亢桑子求
之不獲襄陽處士王士元謂莊子作庚桑子太史公列子作亢倉子其實一也取諸子文義類者補其亡無能子三卷不著人名氏光啓中隱民
間

凡神仙三十五家五十部三百四十一卷（失姓名十三家自道藏音義以下不著錄六十二家二百六十五卷）

尹喜高士老君內傳三卷玄景先生老子道德簡要義五卷梁簡文帝老子私記十卷戴詵老子西升經義一卷韋處玄集解老子西升經二卷老子黃庭經一卷老子探真經一卷老君科律一卷老子宣時誡一卷老子入室經一卷老子華蓋觀天訣一卷老子消水經一卷老子神策百二十條經一卷鬼谷先生關令尹喜傳一卷（四皓注）清虛真人王君內傳一卷王褒三天法師張君內傳一卷李遵茅君內傳一卷呂先生太極左仙公葛君內傳一卷華嶠紫陽真人周君傳一卷趙昇等仙人馬君陰君內傳一卷鄭雲千清虛真人裴君內傳一卷范邈紫虛元君南岳夫人內傳一卷項宗紫虛元君魏夫人內傳一卷王羲之許先生傳一卷九華真妃內記一卷宋都能嵩高少室寇天師傳三卷王喬傳一卷漢武帝傳二卷劉向列仙傳二卷葛洪神仙傳十卷見素子洞仙傳十卷東方朔神異經二卷（張華注）又十洲記一卷周季通蘇君記一卷梁曠南華仙人莊子論三十卷南華真人道德論三卷任子道論十卷任嘏顧道士論三卷（顧谷）

矩威渾輿經一卷杜夷幽求子三十卷張譏玄書通義十卷陶弘景登真隱訣一十五卷又真誥十卷張湛養生要集十卷養性傳二卷張太衡無名子一卷劉道人老子玄譜一卷劉無待同光子八卷侯儼注靈人辛玄子自序一卷華陽子自序一卷茅處玄無上祕要七十二卷道要三十卷馬樞學道傳十二卷郭憲漢武帝別國洞冥記四卷道藏音義目錄一百一十三卷崔湜薛稷沈佺期道士史崇玄等譔集注陰符經一卷太公范蠡鬼谷子張良諸葛亮李淳風李筌李治李鑒李銳楊晟李靖陰符機一卷道士李少卿十異九迷論一卷道士劉進喜老子通諸論一卷又顯正論一卷張果陰符經太無傳一卷又陰符經辨命論一卷氣訣一卷神仙得道靈藥經一卷罔象成名圖一卷丹砂訣一卷開元二十二年上韋弘陰符經正卷一卷李筌驪山母傳陰符玄義一卷筌號少室山達觀子於嵩山虎口巖石壁得黃帝陰符本題云魏道士寇謙之傳諸名山筌至驪山老母傳其說葉靜能太上北帝靈文三卷李淳風注泰乾祕要三卷楊上器注太上玄元皇帝聖紀十卷崔少元老子心鏡一卷皇天原太上老君現跡記一卷文明元年老子降事呂氏老子昌言二卷王方慶神仙後傳十卷玄晉蘇元明太清石壁記三卷乾元中劍州司馬纂

失名議化胡經狀一卷萬歲通天元年僧惠澄上言乞毀老子化胡經敕秋官侍郎劉知璿等議狀寧州寧真觀二十七宿真形圖讚一卷記天寶中寧州羅川縣金華洞獲玉像皆列宿之真准少氏宿改縣爲寧真事道士令狐見堯正一真人二十四治圖一卷貞元人孫思邈馬陰二君內傳一卷又太清真人煉雲母訣二卷攝生真錄一卷養生要錄一卷氣訣一卷燒煉祕訣一卷龍虎通元訣一卷龍虎亂日篇一卷幽傳福壽論一卷枕中素書一卷會三教論一卷龍虎篇一卷青羅子周希彭少室山人孺登同注朱少陽道引錄三卷浮山隱士代德時人張志和玄真子二卷戴簡真教元符三卷楊嗣復九徵心戒一卷裴煜延壽赤書一卷紇干臮序通解錄一卷字咸一大中中江西觀察使守真子秦鑑語一卷道士張仙庭三洞瓊綱三卷段世貴演正一炁化圖三卷女子胡愔黃庭內景圖一卷道士司馬承禎坐忘論一卷又修生養氣訣一卷洞元靈寶五岳名山朝儀經一卷賈參寥莊子通真論三卷垂拱中隱武陵白履忠注黃庭內景經卷亡又三玄精辨論一卷吳筠神仙可學論一卷又玄綱論三卷明真辨僞論二卷輔正除邪論一卷辨方正惑論一卷道釋優劣論一卷心目論一卷復淳化論一卷著生論一卷形神可固論一

卷李延章集鄭綽錄中元論一卷太和人 施肩吾辨疑論一卷睦州人元和進士第隱洪洲西山道士令狐見堯玉笥山記一卷道士李冲昭南岳小錄一卷沈汾續神仙傳三卷道士胡慧超神仙內傳一卷晉洪州西山十二真君內傳一卷李渤真系傳一卷李遵茅三君內傳一卷道士胡法超許遜修行傳一卷張說洪崖先生傳一卷張氳先生唐初人 冲虛子胡慧超傳一卷失名慧超高宗時道士 潘尊師傳一卷師正 蔡尊師傳一卷名南玉字叔寶宋同部尚書郭七世孫歷金部員外郎棄官入道大曆中卒 劉谷神葉法善傳二卷正元師謫仙崔少元傳二卷陰日用傳仙宗行記一卷仙宗開元資陽道士 謝良嗣吳天師內傳一卷吳筠 溫造瞿童述一卷大曆中辰溪童子瞿柏庭昇仙造爲朗州刺史追述其事 李堅東極真人傳一卷果州謝自然 江積八仙傳一卷大中後事 王仲丘攝生纂錄一卷高福攝生錄三卷郭霽攝生經一卷上宮翼養生經一卷康仲熊服內元氣訣一卷氣經新舊服法三卷康真人氣訣一卷太无先生炁訣一卷失名大曆中遇羅浮王公傳氣術 菩提達磨胎息訣一卷李林甫唐朝煉大丹感應頌一卷崔元真靈沙受氣用藥訣一卷又雲母論二卷天寶隱岷山 劉知古日月元樞一卷海蟾子元英還金篇一卷還陽子大還

丹金虎白龍論一卷隱士失姓名陳少微太洞鍊真寶經修伏丹砂妙訣一卷嚴靜

大丹至論一卷

凡釋氏二十五家四十部三百九十五卷失姓名一家玄琬以下不著錄七十四家九百四十一卷

蕭子良淨注子二十卷王融頌僧僧祐法苑集十五卷又弘明集十四卷釋迦譜十卷薩婆多師資傳四卷虞孝敬高僧傳六卷又內典博要三十卷僧賢明真言要集十卷郭瑜修多羅法門二十卷駱子義經論纂要十卷顧歡夷夏論二卷甄鸞笑道論三卷衞元嵩齊三教論七卷杜乂甄正論三卷李思慎心鏡論十卷裴子野名僧錄十五卷僧寶昌名僧傳三十卷又比丘尼傳四卷僧惠皎高僧傳十四卷僧道宗續高僧傳三十二卷陶弘景草堂法師傳一卷蕭回理草堂法師傳一卷稠禪師傳一卷陽衒之洛陽伽藍記五卷費長房歷代三寶記三卷長房成都人隋翻經學士僧彥琮崇正論六卷又集沙門不拜俗議六卷福田論二卷道宣統略淨注子二卷又通惑決疑錄二卷廣弘明集三十卷集古今佛道論衡四卷續高僧傳二十卷起梁初盡貞觀十九年後集續高僧傳十卷東夏三寶感通

錄三卷大唐貞觀內典錄十卷義淨大唐西域求法高僧傳二卷法琳辯正論八卷陳子良注又破邪論二卷琳姓陳氏太史令傅奕請廢佛法琳諍之放死蜀中永隆二年答太子文學權無二釋典稽疑楊上善六趣論六卷又三教銓衡十卷僧玄琬佛教後代國王賞罰三寶法一卷又安養蒼生論一卷三德論一卷姓楊氏新豐人貞觀十年上入道方便門二卷衆經目錄五卷鏡諭論一卷無礙緣起一卷十種讀經儀一卷無盡藏儀一卷發戒緣起二卷法界僧圖一卷十不論一卷懺悔罪法一卷禮佛儀式二卷李師政內德論一卷上黨人貞觀門下典儀僧法雲辨量三教論三卷又十王正業論十卷絳州人道宣又譔注戒本二卷疏記四卷注羯磨二卷疏記四卷行事删補律儀三卷或六卷釋門正行懺悔儀三卷釋門亡物輕重儀二卷釋門章服儀二卷釋門歸敬儀二卷釋門護法儀二卷釋氏譜略二卷聖迹見在圖贊二卷佛化東漸圖贊二卷釋迦方志二卷僧彥琮大唐京寺錄傳十卷又沙門不敬錄六卷龍朔人幷有二彥琮隋玄應大唐衆經音義二十五卷玄惲敬福論十卷又略論二卷大小乘觀門十卷法苑珠林集一百卷四分律僧尼討要略五卷金剛

般若經集注三卷百願文一卷玄惲本名道世玄範注金剛般若經一卷又注二帝三藏聖教序一卷太宗高宗慧覺華嚴十地維摩纘義章十三卷姓范氏武德人行友已知沙門傳一卷序僧海順事道岳三藏本疏二十二卷姓孟氏河陽人貞觀中道基雜心玄章并鈔八卷又大乘章鈔八卷姓呂氏東平人貞觀時智正華嚴疏十卷姓白氏安喜人貞觀中慧淨雜心玄文三十卷姓房隋國子博士徽遠從子又俱舍論文疏三十卷大莊嚴論文疏三十卷法華經纘述十卷那提大乘集議論四十卷釋疑論一卷注金剛般若經一卷諸經講序一卷玄會義源文本四卷又時文釋鈔四卷涅槃義章句四卷字懷默姓席氏安定人貞觀中慧休雜心玄章鈔疏卷亡姓樂氏瀛州人靈潤涅槃義疏十三卷又玄章三卷遍攝大乘論義鈔十三卷玄章三卷姓梁氏虞鄉人辯相攝論疏五卷辯相居淨影寺玄奘大唐西域記十二卷姓陳氏緱氏人辯機西域記十二卷清徹金陵塔寺記三十六卷師哲前代國王修行記五卷盡中宗時大唐內典錄十卷西明寺僧撰毋煚開元內外經錄十卷道釋書二千五百餘部九千五百餘卷智矩寶林傳十卷法常攝論義疏八卷又玄章五卷姓張氏南陽人貞觀末慧能金剛般若經口訣正義一卷姓盧氏曲江人僧灌頂私記天台智者詞

旨一卷又義記一卷字法雲姓吳氏章安人道綽淨土論二卷姓衞氏并州文水人道綽行圖一卷智首五部區分鈔二十一卷姓皇甫氏法礪四分疏十卷又羯磨疏三卷捨懺儀一卷輕重儀一卷姓李氏趙郡人慧滿四分律疏二十卷姓梁氏京兆長安人慧旻十誦私記十三卷又僧尼行事三卷尼衆羯磨二卷菩薩戒義疏四卷字玄素河東人空藏大乘要句三卷姓王氏新豐人道宗續高僧傳三十二卷玄宗注金剛般若經一卷道氤御注金剛般若經疏宣演三卷高僧嬾殘傳一卷天寶人元偉真門聖冑集五卷僧法海六祖法寶記一卷辛崇僧伽行狀一卷神楷維摩經疏六卷靈湍攝山棲霞寺記一卷破胡集一卷會昌沙汰佛法詔敕法藏起信論疏二卷法琳別傳二卷大唐京師寺錄卷亡玄覺永嘉集十卷慶州刺史魏靖編次懷海禪門規式一卷希運傳心法要一卷裴休集玄嶷甄正論三卷光瑤注僧肇論三卷李繁玄聖蘧廬一卷白居易八漸通真議一卷七科義狀一卷雲南國使段立之問僧悟達答棲賢法雋一卷僧惠明與西川節度判官鄭愚漢州刺史趙璘論佛書禪關八問一卷楊士達問唐宗美對僧一行釋氏系錄一卷宗密禪源諸詮集一百一卷又起信論二卷起信論鈔三卷原人論一卷圓覺經大小疏鈔各一

卷楚南般若經品頌偈一卷又破邪論一卷大順中人希還參同契一卷良伯大乘經要一卷又激勵道俗頌偈一卷光仁四大頌一卷又略華嚴長者論一卷無殷垂誡十卷神清參元語錄十卷智月僧美三卷惠可達摩血脈一卷靖邁古今譯經圖紀四卷智昇續古今譯經圖紀一卷又續大唐內典錄一卷續古今佛道論衡一卷對寒山子詩七卷天台隱士台州刺史閭丘胤序僧道翹集寒山子隱唐興縣寒山巖於國清寺與隱者拾得往還龐蘊詩偈三卷字道玄衡州衡陽人貞元初人三百餘篇智閑偈頌一卷二百餘篇李吉甫一行傳一卷王彥威內典目錄十二卷

右道家類一百三十七家七十四部一千二百四十卷失姓名三家玄宗以下不著錄一百五十八家一千三百三十八卷總一百三十七家一百七十四部

管子十九卷管仲商君書五卷商鞅或作商子慎子十卷慎到譔滕輔注申子三卷申不害韓子二十卷韓非晁氏新書七卷晁錯董仲舒春秋決獄十卷黃氏正崔氏政論六卷崔寔劉氏政論五卷劉廙阮子政論五卷阮武劉氏法論十卷劉邵桓氏世要論十二卷桓範陳子要言十四卷陳融李文博治道集十卷邯鄲綽五經析疑三十卷尹知章注管子

三十卷又注韓子卷亡杜佑管氏指略二卷李敬玄正論三卷

右法家類十五家十五部一百六十六卷尹知章以下不著錄三家三十五卷

鄧析子一卷尹文子一卷公孫龍子三卷陳嗣古注公孫龍子一卷劉邵人物志三卷劉炳注人物志三卷姚信士緯十卷魏文帝士操一卷盧毓九州人士論一卷苑謐辨名苑十卷僧遠年兼名苑二十卷賈大隱注公孫龍子一卷趙武孟河西人物志十卷杜周士廣人物志三卷宋璲吳興人物志十卷字勝之吳興烏程人大中時

右名家類十二家十二部五十五卷趙武孟以下不著錄三家二十三卷

墨子十五卷墨翟隨巢子一卷胡非子一卷

右墨家類三家三部一十七卷

鬼谷子二卷蘇秦樂臺注鬼谷子三卷梁元帝補闕子十卷尹知章注鬼谷子三卷

右縱橫家類四家四部一十五卷尹知章不著錄

尉繚子六卷尸子二十卷尸佼呂氏春秋二十六卷呂不韋撰高誘注許慎注淮南子二十一卷淮南王劉安高誘注淮南子二十一卷又淮南鴻烈音二卷嚴尤三將軍論一卷王充論衡三十卷應劭風俗通義三十卷蔣子萬機論十卷蔣濟杜恕篤論四卷鍾會芻蕘論五卷傅子一百二十卷傅玄張儼默記三卷又誓論三十卷裴玄新言五卷蘇道立言十卷劉歆新義十八卷秦子三卷秦菁張明誓論二十卷古訓十卷孔衍說林五卷抱朴子外篇二十卷葛洪楊偉時務論十二卷范泰古今善言三十卷徐益壽記聞三卷何子五卷何楷劉子十卷劉勰梁元帝金樓子十卷朱澹遠語麗十卷又語對十卷張公雜記一卷張華陸士衡要覽三卷郭義恭廣志二卷崔豹古今注三卷伏侯古今注三卷江邃釋文十卷盧辯稱謂五卷謝昊物始十卷任昉文章始一卷張績補姚察續文章始一卷庾肩吾採璧三卷韋道孫新略十卷徐陵名數十卷沈約袖中記二卷范謐典墳數集十卷侯亶祥瑞圖八卷孟衆張掖郡玄石圖一卷高堂隆張掖郡玄石圖一卷孫柔之瑞應圖記三卷熊理瑞應圖讚三卷顧野王符瑞圖十卷又祥瑞圖十卷王劭皇

隋靈感志十卷許善心皇隋瑞文十四卷何望之諫林十卷虞通之善諫二卷
孟儀子林二十卷沈約子鈔三十卷庾仲容子鈔三十卷殷仲堪論集九十六
卷崔宏帝王集要三十卷陸澄述正論十三卷又顯文十卷徐陵文府七卷宗道
寧注劉守敬四部言心十卷新舊傳四卷古今辨作錄三卷博覽十五卷部略十
五卷翰墨林十卷魏徵羣書治要五十卷麟閣詞英六十卷高宗時敕撰朱敬則十
代興亡論十卷薛克構子林三十卷虞世南帝王略論五卷劉伯莊羣書治要
音五卷張大素說林二十卷王方慶續世說新書十卷韓潭統載三十卷夏綏銀節
度使貞元十三年上熊執易化統五百卷執易類九經爲書三十年乃成未及上卒於西川武元衡將爲寫進妻薛藏之不許李文
成博雅志十三卷安國公興貴子元懷景屬文要義十卷崔玄暐行己要範十卷盧藏
用子書要略一卷馬總意林一卷魏氏手略二十卷魏謩辛之諤敘訓二卷開元十七
年上授長社尉博聞奇要二十卷開元武功縣人徐閭上詔試文章留集賢院校理周蒙續古今注三卷薛洪
古今精義十五卷趙蕤長短要術十卷字太賓梓州人開元中召之不赴杜佑理道要訣十卷
賀蘭正元用人權衡十卷貞元十二年上樊宗師魁紀公三十卷又樊子三十卷郭昭

度治書十卷朱朴致理書十卷蘇源治亂集三卷唐末人張薦江左寓居錄卷亡張楚金紳誠三卷馮伉諭蒙一卷庾敬休諭善錄七卷蕭佚牧宰政術二卷耒陽令

魯人初公侯政術十卷魯人名初不著姓大中人李知保儉志三卷代宗信州司倉參軍王範續蒙求三卷白延翰唐蒙求三卷廣明人李伉系蒙二卷盧景亮三足記二卷

右雜家類六十四家七十五部一千一百三卷失姓名六家虞世南以下不著錄三十四家六百一十八卷

范子計然十五卷范蠡問計然答尹都尉書三卷氾勝之書二卷崔湜四人月令一卷賈思協齊民要術十卷宗懍荊楚歲時記一卷杜公瞻荊楚歲時記二卷杜臺卿玉燭寶典十二卷王氏四時錄十二卷戴凱之竹譜一卷顧烜錢譜一卷浮丘公相鶴經一卷堯須跋鷙擊錄二十卷相馬經三卷伯樂相馬經一卷徐成等相馬經二卷諸葛穎種植法七十七卷又相馬經六十卷甯戚相牛經一卷范蠡養魚經一卷禁苑實錄一卷鷹經一卷蠶經一卷又二卷相貝經一卷武后兆人本業三卷王方慶園庭草木疏二十一卷孫氏千金月令三卷孫思邈李

淳風演齊人要術卷亡李邕金谷園記一卷薛登四時記二十卷裴澄乘輿月令十二卷國子司業貞元十一年上王涯月令圖一軸李綽秦中歲時記一卷韋行規保生月錄一卷韓鄂四時纂要五卷歲華紀麗二卷

右農家類十九家二十六部二百三十五卷失姓名六家王方慶以下不著錄十一家六十六卷

燕丹子一卷燕太子邯鄲淳笑林三卷裴子野類林三卷張華博物志十卷又列異傳一卷賈泉注郭子三卷郭澄之劉義慶世說八卷又小說十卷劉孝標續世說十卷殷芸小說十卷劉齊釋俗語八卷蕭賁辨林二十卷劉炫酒孝經一卷庾元威坐右方三卷侯白啓顏錄十卷雜語五卷戴祚甄異傳三卷袁王壽古異傳三卷祖冲之述異記十卷劉質近異錄二卷干寶搜神記三十卷劉之遴神錄五卷梁元帝妍神記十卷祖台之志怪四卷孔氏志怪四卷荀氏靈鬼志三卷謝氏鬼神列傳二卷劉義慶幽明錄三十卷東陽无疑齊諧記七卷吳筠續齊諧記一卷王延秀感應傳八卷陸果繫應驗記一卷王琰冥祥記十卷王曼頴續冥祥記十一卷劉泳因果記十卷顏之推寃魂志三卷又集靈記十卷

徵應集二卷侯君素旌異記十五卷唐臨冥報記二卷李恕誡子拾遺四卷開元御集誡子書一卷王方慶王氏神通記十卷狄仁傑家範一卷盧公家範一卷（盧僎）蘇瓌中樞龜鏡一卷姚元崇六誡一卷事始三卷（劉孝孫房德懋）劉睿續事始三卷元結猗犴子一卷趙自勔造化權輿六卷通微子十物志一卷吳筠兩同書一卷李涪刊誤二卷李匡文資暇三卷炙轂子雜錄注解五卷（王叡）蘇鶚演義十卷又杜陽雜編三卷（字德祥光啓中進士第）柳氏家學要錄二卷（柳程）盧光啓初舉子一卷（字子忠相昭宗）劉訥言俳諧集十五卷陳翶卓異記一卷（憲穆時人）裴紫芝續卓異記一卷薛用弱集異記三卷（字中勝長慶光州刺史）李玫纂異記一卷（大中時人）李亢獨異志十卷谷神子博異志三卷沈如筠異物志三卷古異記一卷劉餗傳記三卷（一作國史異纂）牛肅紀聞十卷陳鴻開元升平源一卷（字大亮貞元主客郎中）張薦靈怪集二卷陸長源辨疑志三卷李繁說纂四卷戴少平還魂記一卷（貞元待詔）牛僧孺玄怪錄十卷李復言續玄怪錄五卷陳翰異聞集十卷（唐末屯田員外郎）鄭遂洽聞記一卷鍾輅前定錄一卷趙自勤定命論十卷（天寶祕書監）呂道生定命錄二卷（太和中道生增趙自勤之說）溫畬續

定命錄一卷胡璩譚賓錄十卷字子溫文武時人韋絢劉公嘉話錄一卷絢字文明執誼子也咸通
義武軍節度使劉公禹錫也戎幕閑談一卷趙璘因話錄六卷字澤章大中中衢州刺史袁郊甘澤謠一
卷溫庭筠乾𦠆子三卷又採茶錄一卷段成式酉陽雜俎三十卷盧陵官下記
二卷康軿劇談錄三卷字駕言乾符進士第高彥休闕史三卷盧子史錄卷亡又逸史三卷
大中時人李隱大唐奇事記十卷咸通中人陳邵通幽記一卷范攄雲溪友議三卷咸通時自
稱五雲溪人李躍嵐齋集二十五卷尉遲樞南楚新聞三卷並唐末人張固幽閑鼓吹一
卷常侍言旨一卷柳珵盧氏雜說一卷桂苑叢譚一卷馮翊子子休樹萱錄一卷會昌
解頤四卷松牕錄一卷芝田錄一卷玉泉子見聞真錄五卷張讀宣室志十卷
柳祥瀟湘錄十卷皇甫松醉鄉日月三卷何自然笑林三卷焦璐窮神祕苑十
卷裴鉶傳奇三卷高駢從事劉軻牛羊日曆一卷牛僧孺楊虞卿事檀欒子皇甫松序補江總白猿傳
一卷郭良輔武孝經一卷陸羽茶經三卷張又新煎茶水記一卷封演續錢譜
一卷
右小說家類三十九家四十一部三百八卷失姓名二家李恕以下不著錄七十八家三百二十七卷

趙嬰注周髀一卷甄鸞注周髀一卷張衡靈憲圖一卷又渾天儀一卷王蕃渾天象注一卷姚信昕天論一卷石氏星經簿讚一卷石申虞喜安天論一卷甘氏四七法一卷甘德劉表荊州星占二卷劉叡荊州星占二十卷天文集占三卷祖暅之天文錄三十卷韓楊天文要集四十卷高文洪天文橫圖一卷吳雲天文雜占一卷陳卓四方星占一卷又五星占一卷天文集占七卷孫僧化等星占三十三卷史崇十二次二十八宿星占十二卷庾季才靈臺祕苑一百二十卷逢行珪玄機內事七卷論二十八宿度數一卷五星兵法一卷黃道略星占一卷孝經內記星圖一卷周易分野星圖一卷李淳風釋周髀二卷又乙巳占十二卷天文占一卷大象元文一卷乾坤祕奧七卷法象志七卷太白會運逆兆通代記圖一卷淳風與袁天綱集武密古今通占鏡三十卷大唐開元占經一百一十卷瞿曇悉達集董和通乾論十五卷和本名純避憲宗名改善曆算裴胄爲荊南節度館之著是書云長慶算五星所在宿度圖一卷司天少監徐昇黃冠子李播天文大象賦一卷李台集解王希明丹元子步天歌一卷

右天文類二十家三十部三百六卷（失姓名六家李淳風天文占以下不著錄六家一百七十五卷）

劉向九章重差一卷徐岳九章算術九卷又算經要用百法一卷數術記遺一
卷（甄鸞注）張丘建算經一卷（甄鸞注）董泉三等數一卷（甄鸞注）夏侯陽算經一卷（甄鸞注）
甄鸞九章算經九卷又五曹算經五卷七曜本起曆五卷七曜曆算二卷曆術
一卷韓延夏侯陽算經一卷又五曹算經五卷宋泉之九經術疏九卷劉徽海
島算經一卷又九章重差圖一卷劉祐九章雜算文二卷陰景愉七經算術通
義七卷信都芳器準三卷黃鍾算法四十卷劉歆三統曆一卷四分曆一卷推
漢書律曆志術一卷劉洪乾象曆術三卷（闞澤注）乾象曆三卷楊偉魏景初曆二
卷何承天宋元嘉曆二卷又刻漏經一卷虞劆梁大同曆一卷吳伯善陳七曜
曆五卷孫僧化後魏永安曆一卷李業興後魏甲子曆一卷後魏武定曆一卷
宋景業北齊天保曆一卷北齊甲子元曆一卷王琛周天象曆二卷馬顯周甲
寅元曆一卷周甲子元曆一卷劉孝孫隋開皇曆一卷又七曜雜術二卷李德
林隋開皇曆一卷張胄玄隋大業曆一卷又玄曆術一卷七曜曆疏三卷劉焯

皇極曆一卷趙敺河西壬辰元曆一卷河西甲寅元曆一卷劉智正曆四卷薛夏
訓姜氏曆術三卷崔浩律曆術一卷曆日義統一卷曆日吉凶注一卷朱史刻
漏經一卷宋景刻漏經一卷李淳風注周髀算經二卷又注九章算術九卷注
九章算經要略一卷注五經算術二卷注張丘建算經三卷注海島算經一卷
注五曹孫子等算經二十卷注甄鸞孫子算經三卷釋祖沖之綴術五卷皇極
曆一卷傅仁均大唐戊寅曆一卷唐麟德曆一卷麟德曆出生記十卷王孝通
緝古算術四卷太史丞李淳風注算經表序一卷南宮說光宅曆草十卷瞿曇謙大唐
甲子元辰曆一卷大唐刻漏經一卷王勃千歲曆卷亡謝察微算經三卷江本一
位算法二卷陳從運得一算經七卷魯靖新集五曹時要術三卷邢和璞潁陽
書三卷隱潁陽石堂山僧一行開元大衍曆一卷又曆議十卷曆立成十二卷曆草二
十四卷七政長曆三卷心機算術括一卷黃栖巖注寶應五紀曆四十卷建中正元
曆二十八卷曹士蔿七曜符天曆一卷建中時人七曜符天人元曆三卷龍受算法
二卷貞元人長慶宣明曆三十四卷長慶宣明曆要略一卷宣明曆超捷例要略

一卷邊岡景福崇玄曆四十卷（岡稱處士）大衍通元鑑新曆二卷（貞元至大中）大唐長曆
一卷都利聿斯經二卷（貞元中都利術士李彌乾傳自西天竺有璩公者譯其文）陳輔聿斯四門經一卷
右曆算類三十六家七十五部二百三十七卷（失姓名五家王勃以下不著錄十九家一百二十六卷）
黃帝問玄女法三卷黃帝用兵法訣一卷黃帝兵法孤虛推記一卷黃帝太一
兵曆一卷黃帝太公三宮法要訣一卷太公陰謀三卷又陰謀三十六用一卷
金匱二卷六韜六卷當敵一卷周書陰符九卷周呂書一卷田穰苴司馬法三
卷魏武帝注孫子三卷又續孫子兵法二卷兵書捷要七卷（孫武）孟氏解孫子二
卷沈友注孫子二卷賈詡注吳子兵法一卷（吳起）吳孫子三十二壘經一卷伍子
胥兵法一卷黃石公三略三卷又陰謀乘斗魁剛行軍祕一卷成氏三略訓三
卷張良經一卷張氏七篇七卷（張良）魏文帝兵書要略十卷宋高祖兵法要略一
卷司馬彪兵記十二卷孔衍兵林六卷葛洪兵法孤虛月時祕要法一卷梁武
帝兵法一卷梁元帝玉韜十卷劉祐金韜十卷蕭吉金海四十七卷陶弘景真
人水鏡十卷握鏡三卷王略武林一卷許子新書軍勝十卷樂產王佐祕書五

卷後周齊王憲兵書要略十卷隋高祖新譔兵書三十卷解忠鯁龍武玄兵圖二卷新兵法二十四卷用兵要術一卷太一兵法一卷兵法要訣一卷承神兵書八卷兵機十五卷兵書要略十卷周兵撮要二卷兵春秋一卷獸鬬亭亭一卷玉帳經一卷三陰圖一卷兵法雲氣推占一卷武德圖五兵八陣法要一卷李靖六軍鏡三卷員半千臨戎孝經二卷李淳風縣鏡十卷李筌注孫子二卷又太白陰經十卷青囊括一卷杜牧注孫子三卷陳皥注孫子一卷賈林注孫子一卷孫鏞注吳子一卷裴行儉安置軍營行陣等四十六訣一卷李嶠軍謀前鑒十卷郭元振定遠安邊策三卷吳兢兵家正史九卷李處祐兵法開元中左衛中郎將奉詔譔卷亡鄭虔天寶軍防錄卷亡劉秩止戈記七卷至德新議十二卷董承祖至德元寶玉函經十卷李光弼統軍靈轄祕策一卷一作武記裴守一軍誡三卷裴子新令二卷裴緒韓滉天事序議一卷韋皐開復西南夷事狀十七卷范傳正西陲要略三卷王公亮兵書十八卷長慶元年商州刺史上行師類要七卷燕僧利正長慶人事軍律三卷李渤禦戎新錄二十卷李德裕西南備邊錄十三卷杜希全新集

兵書要訣三卷張道古兵論一卷（字子美景福進士第）

右兵書類二十三家六十部三百一十九卷（失姓名十四家李筌以下不著錄二十五家一百六十三卷）

史蘇沈思經一卷焦氏周易林十六卷（焦贛）京氏周易四時候二卷（京房）又周易飛候六卷周易混沌四卷周易錯卦八卷逆刺三卷費氏周易逆刺占災異十二卷（費直）又周易林二卷崔氏周易林十六卷（崔篆）鄭玄注九宮行碁經三卷管輅周易林四卷又鳥情逆占一卷張滿周易林七卷許氏周易雜占七卷（許峻）尙廣周易雜占八卷武氏周易雜占八卷魏伯陽周易參同契二卷又周易五相類一卷徐氏周易筮占二十四卷（徐苗）伏曼容周易集林十二卷伏氏周易集林一卷杜氏新易林占三卷梁運周易雜占筮訣文二卷虞翻周易集林律曆一卷郭璞周易洞林解三卷梁元帝連山三十卷又洞林三卷郭氏易腦一卷周易立成占六卷易林十四卷周易新林一卷易律曆一卷周易服藥法一卷易三備三卷又三卷易髓一卷周易問十卷周易雜圖序一卷周易八卦斗內圖一卷又三卷周易內卦神筮法二卷周易雜筮占四卷老子神符易一卷孝經元辰

二卷椎元辰厄命一卷元辰章三卷元辰一卷雜元辰祿命二卷湴河祿命二
卷孫僧化六甲開天曆二卷翼奉風角要候一卷王琛風角六情訣一卷又推
產婦何時產法一卷九宮行碁立成一卷祿命書二卷遁甲開山圖一卷劉孝
恭風角鳥情二卷又祿命書二十卷鳥情占一卷風角十卷九宮經解三卷婚
嫁書二卷登壇經一卷太一太游曆二卷太游太一曆一卷曜靈經一卷七政
曆一卷六壬曆一卷六壬擇非經六卷靈寶登圖一卷梁王榮光明符十二卷
推二十四氣曆一卷太一曆一卷曹氏黃帝式經三十六用一卷玄女式經要
訣一卷董氏大龍首式經一卷桓公式經一卷宋琨式經一卷六壬式經雜占
九卷雷公式經一卷太一式經二卷太一式經雜占十卷黃帝式用常陽經一
卷黃帝龍首經二卷黃帝集靈三卷黃帝降國一卷黃帝斗曆一卷太史公萬
歲曆一卷司馬談萬歲曆祠二卷任氏十歲曆祠二卷舉百事要略一卷張衡黃
帝飛鳥曆一卷太一飛鳥曆一卷太一九宮雜占十卷九宮經三卷堪輿曆注
二卷殷紹黃帝四序堪輿一卷地節堪輿二卷伍子胥遁甲文一卷信都芳遁

甲經二卷葛洪三元遁甲圖三卷許昉三元遁甲六卷杜仲三元遁甲一卷榮氏遁甲開山圖二卷遁甲經十卷遁甲囊中經一卷遁甲推要一卷遁甲祕要一卷遁甲九星曆一卷遁甲萬一訣三卷三元遁甲立成圖二卷遁甲立成法三卷遁甲九宮八門圖一卷遁甲三奇三卷陽遁甲九卷陰遁甲九卷遁甲三元九甲立成一卷白澤圖一卷武王須臾二卷師曠占書一卷東方朔占書一卷淮南王萬畢術一卷樂產神樞靈轄十卷柳彥詢龜經三卷柳世隆龜經三卷劉寶真龜經一卷王弘禮龜經一卷莊道名龜經一卷蕭吉五行記五卷又五姓宅經二十卷葬經二卷王璨新譔陰陽書三十卷靑烏子三卷葬經八卷又十卷葬書地脈經一卷墓書五陰一卷雜墓圖一卷墓圖立成一卷六甲冢名雜忌要訣二卷郭氏五姓墓圖要訣五卷壇中伏尸一卷胡君玄女彈五音法相冢經一卷百怪書一卷祠竈經一卷解文一卷周宣占夢書三卷又二卷孫思邈龜經一卷又五兆算經一卷龜上五兆動搖經訣一卷福祿論三卷李淳風四民福祿論三卷又玄悟經三卷太一元鑑五卷占燈經一卷注鄭玄九

旗飛變一卷三元經一卷太一樞會賦一卷玄宗注崔知悌產圖一卷呂才陰陽書五十三卷廣濟陰陽百忌曆一卷大唐地理經十卷貞觀中上袁天綱相書七卷要訣三卷陳恭釗天寶曆二卷天寶中詔定趙同珍壇經一卷黎幹蓬瀛書三卷賈耽唐七聖曆一卷李遠龍紀聖異曆一卷竇維鋈廣古今五行記三十卷濮陽夏樵子五行志五卷祿命人元經三卷楊龍光推計祿命厄運詩一卷三希明太一金鏡式經十卷開元中詔撰僧一行天一太一經一卷又遁甲十八局一卷太一局遁甲經一卷五音地理經十五卷六壬明鏡連珠歌一卷六壬髓經三卷馬先天寶太一靈應式記五卷李鼎祚連珠明鏡式經十卷開耀中上之蕭君靖遁甲圖開元僕寺主簿奉詔撰卷亡司馬驤遁甲符寶萬歲經國曆一卷驤與弟裕同撰曹士蔿金匱經三卷馬雄絳囊經一卷雄稱居士李靖玉帳經一卷李筌六壬大玉帳歌十卷王叔政推太歲行年吉凶厄一卷由吾公裕葬經三卷孫季邕葬範三卷盧重元夢書四卷開元人柳璨夢儁一卷

右五行類六十家一百六十部六百四十七卷失姓名六十五家袁天綱以下不著錄二十五家一百三

十二卷
郝沖虞譚法投壺經一卷魏文帝皇博經一卷大小博法二卷大博經行碁戲法二卷鮑宏小博經一卷博塞經一卷雜博戲五卷隋煬帝二儀簿經一卷范汪等注碁品五卷梁武帝碁評一卷碁勢六卷圍碁後九品序錄一卷竹苑仙碁圖一卷周武帝象經一卷何妥象經一卷王褒象經一卷王裕注象經一卷

今古術藝十五卷名手畫錄一卷李嗣真畫後品一卷禮圖等雜畫五十六卷

漢王元昌畫漢賢王圖閻立德畫文成公主降蕃圖玉華宮圖鬬鷄圖閻立本畫秦府十八學士圖淩煙閣功臣二十四人圖范長壽畫風俗圖醉道士圖王定畫本草訓戒圖貞觀尚方令檀智敏畫游春戲藝圖振武校尉殷敎韋无忝畫皇朝九聖圖高祖及諸王圖太宗自定輦上圖開元十八學士圖開元人董萼畫盤車圖開元人字重照曹元廓畫後周北齊梁陳隋武德貞觀永徽等朝臣圖高祖太宗諸子圖秦府學士圖淩煙圖武后左尚方令楊昇畫望賢宮圖安祿山真張萱畫伎女圖乳母將嬰兒圖按羯鼓圖鞦韆圖並開元館畫直談皎畫武惠妃舞圖佳麗寒食圖佳麗

伎樂圖韓幹畫龍朔功臣圖姚宋及安祿山圖相馬圖玄宗試馬圖寧王調馬打毬圖大梁人大府寺丞陳宏畫安祿山圖玄宗馬射圖上黨十九瑞圖永王府長史王象畫鹵簿圖田琦畫洪崖子橘朮圖德平子汝南太守竇師綸畫內庫瑞錦對雉鬭羊翔鳳游麟圖字希言太宗秦王府諮議相國錄事參軍封陵陽公韋鶠畫天竺胡僧渡水放牧圖鑾子周昉畫撲蝶按箏楊真人降真五星等圖各一卷字景玄張彥遠歷代名畫記十卷姚最續畫品一卷裴孝源畫品錄一卷中書舍人記貞觀顯慶年事顧況畫評一卷朱景玄唐畫斷三卷會昌人竇蒙畫拾遺卷亡吳恬畫山水錄卷亡恬一名玢字建康青州人王琚射經一卷張守忠射記一卷任權弓箭論一卷上官儀投壺經一卷王積薪金谷園九局圖一卷開元待詔韋珽碁圖一卷呂才大博經二卷董叔經博經一卷貞元中上李郃骰子選格三卷字仲玄賀州刺史

右雜藝術類十一家二十部一百四十二卷失姓名八家張彥遠以下不著錄一十六家一百一十七卷

何承天幷合皇覽一百二十二卷徐爰幷合皇覽八十四卷劉孝標類苑一百二十卷劉香壽光書苑二百卷徐勉華林遍略六百卷祖孝徵等修文殿御覽

三百六十卷虞綽等長洲玉鏡二百三十八卷諸葛穎玄門寶海一百二十卷
張氏書圖泉海七十卷要錄六十卷檢事書一百六十卷帝王要覽二十卷文
思博要一千二百卷目十二卷右僕射高士廉左僕射房玄齡特進魏徵中書令楊師道兼中書侍郎岑文本禮部侍郎顏相
時國子司業朱子奢博士劉伯莊太學博士馬嘉運給事中許敬宗司文郎中崔行功太常博士呂才祕書丞李淳風起居郎褚遂良晉王友姚思廉太子舍
人司馬宅相等奉詔撰貞觀十五年上許敬宗搖山玉彩五百卷孝敬皇帝令太子少師許敬宗司議郎孟利貞崇賢館學士郭
瑜顧胤右史董思恭等撰累璧四百卷又目錄四卷許敬宗等撰龍朔元年上東殿新書二百卷許敬宗李義府
奉詔於武德殿內修撰其書自史記至晉書刪其繁辭龍朔元年上高宗製序歐陽詢藝文類聚一百卷令狐德棻袁朗趙弘智等
同修虞世南北堂書鈔一百七十三卷張太素策府五百八十二卷武后玄覽一
百卷三教珠英一千三百卷目十三卷張昌宗李嶠崔湜閻朝隱徐彥伯張說沈佺期宋之問富嘉謩喬品員半千薛
曜等撰開成初改為海內珠英武后所改字並復舊孟利貞碧玉芳林四百五十卷玉藻瓊林一百卷王
義方筆海十卷玄宗事類一百三十卷又初學記三十卷張說類集要事以教諸王徐堅韋述余欽
施敬本張烜李銳孫季良等分撰是光乂十九部書語類十卷開元末自祕書省正字上授集賢院修撰後賜姓齊劉秩
政典三十五卷杜佑通典二百卷蘇冕會要四十卷續會要四十卷揚紹復裴德融崔瑑

薛逢鄭言周膚敏薛延望于珪于球等譔崔鉉監修陸贄備舉文言二十卷劉綺莊集類一百卷高丘詞集類略三十卷陸羽警年十卷張仲素詞圃十卷字繪之元和翰林學士中書舍人元氏類集三百卷元稹白氏經史事類三十卷白居易一名六帖王氏千門四十卷王洛賓于立政類林十卷郭道規事鑑五十卷馬幼昌穿楊集四卷判目盛均十三家帖均字之材泉州南安人終昭州刺史以白氏六帖未備而廣之卷亡寶蒙青囊書十卷國子司業韋稔瀛類十卷應用類對十卷高測韻對十卷溫庭筠學海三十卷王博古修文海十七卷李途記室新書三十卷孫翰錦繡谷五卷張楚金翰苑七卷皮氏鹿門家鈔九十卷皮日休字襲美咸通太常博士劉揚名戚苑纂要十卷戚苑英華十卷袁說重修

右類書類十七家二十四部七千二百八十八卷失姓名二家王義方以下不著錄三十一家一千二百三十八卷

皇甫謐黃帝三部鍼經十二卷張子存赤烏神鍼經一卷黃帝鍼灸經十二卷黃帝雜注鍼經一卷黃帝鍼經十卷玉匱鍼經十二卷龍銜素鍼經并孔穴蝦蟆圖三卷徐叔嚮鍼灸要鈔一卷黃帝明堂經三卷黃帝明堂三卷楊玄注黃

帝明堂經三卷黃帝內經明堂十三卷黃帝十二經脈明堂五臟圖一卷曹氏黃帝十二經明堂偃側人圖十二卷秦承祖明堂圖三卷明堂孔穴五卷秦越人黃帝八十一難經二卷全元起注黃帝素問九卷靈寶注黃帝九靈經十二卷黃帝甲乙經十二卷黃帝流注脈經一卷三部四時五臟辨候診色脈經一卷脈經十卷又二卷徐氏脈經訣三卷王子顒脈經二卷岐伯灸經一卷雷氏灸經一卷五藏訣一卷五藏論一卷賈和光鈴和子十卷王冰注黃帝素問二十四卷釋文一卷冰號啓元子楊上善注黃帝內經明堂類成十三卷又黃帝內經太素三十卷甄權脈經一卷鍼經鈔三卷鍼方一卷明堂人形圖一卷米遂明堂論一卷

右明堂經脈類一十六家三十五部二百三十一卷失姓名十六家甄權以下不著錄二家七卷

神農本草三卷雷公集譔神農本草四卷吳氏本草因六卷吳普李氏本草三卷原平仲靈秀本草圖六卷殷子嚴本草音義二卷本草用藥要妙九卷本草病源合藥節度五卷本草要術三卷療癰疽耳眼本草要妙五卷桐君藥錄三卷

徐之才雷公藥對二卷僧行智諸藥異名十卷藥類二卷藥目要用二卷四時採取諸藥合和四卷名醫別錄三卷吳景諸病源候論五十卷巢氏諸病源候論五十卷巢元方 徐嗣伯雜病論一卷又徐氏落年方三卷彭祖養性經一卷張湛養生要集十卷延年祕錄十二卷秦承祖藥方四十卷吳普集華氏藥方十卷華佗 葛洪肘後救卒方六卷梁武帝坐右方十卷如意方十卷陶弘景集注神農本草七卷又效驗方十卷補肘後救卒備急方六卷太清玉石丹藥要集三卷太清諸草木方集要三卷隋煬帝敕譔四海類聚單方十六卷王叔和張仲景藥方十五卷又傷寒卒病論十卷阮河南方十六卷阮炳 尹穆纂范東陽雜藥方一百七十卷范汪 胡居士治百病要方三卷胡治 徐叔嚮雜療方二十卷又體療雜病方六卷腳弱方八卷解寒食方十五卷阮河南藥方十七卷褚澄雜藥方十二卷陳山提雜藥方十卷謝泰黃素方二十五卷孝思雜湯丸散方五十七卷謝上太刪繁方十二卷徐之才徐王八代效驗方十卷又家祕方三卷范世英千金方三卷姚僧垣集驗方十卷陳延之小品方十二卷蘇游玄感傳屍方

一卷又太一鐵胤神丹方三卷俞氏治小兒方四卷俞寶小女節療方一卷僧
僧深集方三十卷僧鸞調氣方一卷龔慶宣劉涓子男方十卷甘濬之療癰疽
金瘡要方十四卷甘伯齊療癰疽金瘡要方十二卷雜藥方六卷雜丸方一卷
名醫集驗方三卷百病膏方十卷雜湯方八卷療目方五卷寒食散方并消息
節度二卷婦人方十卷又二十卷少女方十卷少女雜方二十卷類聚方二千
六百卷種芝經九卷芝草圖一卷諸葛穎淮南王食經一百三十卷音十三卷
食目十卷盧仁宗食經三卷崔浩食經九卷竺暄食經四卷又十卷趙武四時
食法一卷太官食法一卷太官食方十九卷四時御食經一卷抱朴子太清神
仙服食經五卷沖和子太清璿璣文七卷太清神丹中經三卷太清神仙服食
經五卷太清諸丹藥要錄四卷京里先生金匱仙藥錄三卷神仙服食經十二
卷神仙藥食經一卷神仙服食方十卷神仙服食藥方十卷服玉法并禁忌一
卷寒食散論二卷葛仙公錄狐子方金訣三卷狐子雜訣三卷明月公陵陽子
祕訣一卷黃公神臨藥祕經一卷黃白祕法一卷又二十卷葛氏房中祕術一

卷沖和子玉房祕訣十卷張鼎本草二十卷目錄一卷藥圖二十卷圖經七卷顯慶四年英國公李勣太尉長孫無忌兼侍中辛茂將太子賓客弘文館學士許敬宗禮部郎中兼太子洗馬弘文館大學士孔志約尚藥奉御許孝崇胡子家蔣季璋尚藥局直長藺復珪許弘直侍御醫巢孝儉太子藥藏監蔣季瑜吳嗣宗丞蔣義方太醫令蔣季琬許弘丞蔣茂昌太常丞呂才賈文通太史令李淳風潞王府參軍吳師哲禮部主事顏仁楚右監門府長史蘇敬等撰孔志約本草音義二十卷蘇敬新修本草二十一卷又新修本草圖二十六卷本草音三卷本草圖經七卷甄立言一作權本草音義七卷又本草藥性三卷古今錄驗方五十卷孟詵食療本草三卷又補養方三卷必効方十卷宋俠經心方十卷崔氏纂要方十卷崔行功崔知悌骨蒸病灸方一卷王方慶新本草四十一卷又藥性要訣五卷袖中備急要方三卷嶺南急要方二卷鍼灸服藥禁忌五卷李含光本草音義二卷陳藏器本草拾遺十卷開元中人鄭虔胡本草七卷孫思邈千金方三十卷又千金髓方二十卷千金翼方三十卷神枕方一卷醫家要妙五卷楊太僕醫方一卷失名天授二年上衛嵩醫門金寶鑑三卷許詠六十四問一卷段元亮病源手鏡一卷伏氏醫苑一卷伏適甘伯宗名醫傳七卷王超仙人水鏡圖訣一卷貞觀人吳兢五藏論應象一卷

裴璡五藏論一卷劉清海五藏類合賦五卷裴王廷五色傍通五藏圖一卷張文懿藏府通元賦一卷段元亮五藏鏡源四卷喻義纂療癰疽要訣一卷瘡腫論一卷沈泰之癰疽論二卷青溪子萬病拾遺三卷又消渴論一卷脚氣論三卷李暄嶺南脚氣論一卷又方一卷脚氣論一卷蘇鑒徐玉等編集鄭景岫南中四時攝生論一卷蘇游鐵粉論一卷陳元北京要術一卷元爲太原少尹司空輿發焰錄一卷圖父大中時商州刺史青羅子道光通元祕要術三卷失姓咸通人乾寧晏先生制伏草石論六卷晏封江承宗删繁藥詠三卷鳳翔節度要籍玄宗開元廣濟方五卷劉貺真人肘後方三卷王燾外臺祕要方四十卷又外臺要略十卷德宗貞元集要廣利方五卷陸氏集驗方十五卷陸贄賈躭備急單方一卷薛弘慶兵部手集方三卷兵部尚書李絳所傳方弘慶太和河中少尹薛景晦古今集驗方十卷元和刑部郎中貶道州刺史劉禹錫傳信方二卷崔玄亮海上集驗方十卷楊氏產乳集驗方三卷楊歸厚元和中自左拾遺貶鳳州司馬終虢州刺史方九百一十一鄭注藥方一卷韋氏集驗獨行方十二卷韋宙張文仲隨身備急方三卷蘇越羣方祕要三卷李繼皐南行方三卷白仁敘唐與集驗方五卷包會應

驗方一卷許孝宗篋中方三卷梅崇獻方五卷姚和衆童子祕訣二卷又衆童延齡至寶方十卷孫會嬰孺方十卷邵英俊口齒論一卷又排玉集二卷方口齒

李昭明嵩臺集三卷陽曅膳夫經手錄四卷嚴龜食法十卷震之後鎮西軍節度使譔子也昭宗時宣慰汴寨

右醫術類六十四家一百二十部四千四十六卷失姓名三十八家王方慶以下不著錄五十五家四百八卷

唐書卷五十九

珍倣宋版印

宋　翰　林　學　士　歐　陽　修　撰

藝文志第五十

丁部集錄其類三一曰楚辭類二曰別集類三曰總集類凡著錄八百一十八家八百五十六部一萬一千九百二十三卷不著錄四百八家五千八百二十五卷

王逸注楚辭十六卷郭璞注楚辭十卷楊穆楚辭九悼一卷劉杳離騷草木蟲魚疏二卷孟奧楚辭音一卷徐邈楚辭音一卷僧道騫楚辭音一卷

右楚辭類七家七部三十二卷

趙荀況集二卷楚宋玉集二卷漢武帝集二卷淮南王安集二卷賈誼集二卷枚乘集一卷司馬遷集二卷東方朔集二卷董仲舒集二卷李陵集二卷司馬相如集二卷孔臧集二卷魏相集二卷張敞集二卷韋玄成集二卷劉向集五卷王褒集五卷谷永集五卷杜鄴集五卷師丹集五卷息夫躬集五卷劉歆集

五卷楊雄集五卷崔篆集一卷東平王蒼集二卷桓譚集二卷史岑集二卷王
文山集二卷朱勃集二卷梁鴻集二卷黃香集二卷馮衍集五卷班彪集三卷
杜篤集五卷傅毅集五卷班固集十卷崔駰集十卷賈逵集二卷劉騊駼集二
卷崔瑗集五卷蘇順集二卷竇章集二卷胡廣集二卷高彪集二卷王逸集二
卷桓驎集二卷邊韶集二卷皇甫規集五卷張奐集二卷朱穆集二卷趙壹集
二卷張升集二卷侯瑾集二卷酈炎集二卷盧植集二卷劉珍集二卷楊厚集
二卷張衡集十卷葛龔集五卷李固集十卷馬融集五卷崔琦集二卷延篤集
二卷劉白集二卷荀爽集二卷劉梁集二卷鄭玄集二卷蔡邕集二十卷應劭
集四卷士孫瑞集二卷張劭集五卷禰衡集二卷孔融集十卷潘勗集二卷阮
瑀集五卷陳琳集十卷張紘集一卷繁欽集十卷楊修集二卷王粲集十卷魏
武帝集三十卷文帝集十卷明帝集十卷高貴鄉公集二卷陳思王集二十卷
又三十卷華歆集三十卷王朗集三十卷邯鄲淳集二卷袁渙集五卷應瑒集
二卷徐幹集五卷劉楨集二卷路粹集二卷丁儀集二卷丁廙集二卷劉廙集

二卷吳質集五卷孟達集三卷陳羣集三卷王修集三卷管寧集二卷劉邵集二卷麋元集五卷李康集二卷孫該集二卷卞蘭集二卷傅巽集二卷高堂隆集十卷繆襲集五卷殷褒集二卷韋誕集三卷曹羲集五卷傅嘏集二卷桓範集二卷夏侯霸集二卷鍾毓集五卷江奉集二卷夏侯惠集二卷毋丘儉集二卷王弼集五卷呂安集二卷王昶集五卷王肅集五卷何晏集十卷應璩集十卷杜摯集二卷夏侯玄集二卷程曉集二卷阮籍集五卷嵇康集十五卷鍾會集十卷蜀許靖集二卷諸葛亮集二十四卷吳張温集五卷士燮集五卷虞翻集三卷駱統集十卷暨豔集二卷謝承集四卷姚信集十卷陸覬集五卷華覈集五卷胡綜集二卷薛瑩集二卷薛綜集三卷張儼集二卷韋昭集二卷紀騭集二卷晉宣帝集五卷文帝集二卷明帝集五卷簡文帝集五卷齊王攸集二卷會稽王道子集八卷彭城王集八卷譙王集三卷王沈集五卷鄭袤集二卷應貞集五卷嵇喜集二卷傅玄集五十卷成公綏集十卷裴秀集三卷何禎集五卷袁準集二卷山濤集五卷向秀集二卷阮沖集二卷阮侃集五卷羊祜集

二卷賈充集二卷荀勗集二十卷杜預集二十卷王濬集二卷皇甫謐集二卷程咸集二卷劉毅集二卷庾峻集三卷鄒正集一卷楊泉集二卷陶濬集二卷宣騁集三卷曹志集二卷鄒湛集四卷孫毓集五卷王渾集五卷王深集四卷江偉集五卷閔鴻集二卷裴楷集二卷何劭集二卷劉寔集二卷裴頠集十卷許孟集二卷王祐集三卷王濟集二卷華嶠集二卷庾儵集三卷謝衡集二卷傅咸集三十卷棗據集二卷劉寶集三卷孫楚集十卷王讚集二卷夏侯湛集十卷夏侯淳集十卷張敏集二卷劉許集二卷李黃集二卷樂廣集二卷阮渾集二卷楊乂集三卷張華集十卷李虔集十卷石崇集五卷潘岳集十卷潘尼集十卷歐陽建集二卷嵇紹集二卷衞展集十四卷盧播集二卷欒肇集五卷應亨集二卷司馬彪集三卷杜育集二卷摯虞集十卷繆徵集二卷左思集五卷夏侯靖集二卷鄭豐集二卷陳略集二卷張翰集二卷陸機集十五卷陸雲集十卷陸沖集二卷孫極集二卷張載集二卷張協集二卷束晳集五卷華譚集二卷曹攄集二卷江統集十卷胡濟集五卷卞粹集二卷閭丘沖集二卷庾

歆集二卷阮瞻集二卷阮修集二卷裴遐集二卷郭象集五卷嵇含集十卷孫惠集十卷蔡洪集二卷牽秀集五卷蔡克集二卷索靖集二卷閭纂集二卷張輔集二卷殷巨集二卷陶佐集五卷仲長敖集二卷虞溥集二卷吳商集五卷

劉弘集三卷山簡集二卷宗岱集三卷王曠集五卷王峻集二卷棗腆集二卷

棗嵩集二卷劉琨集十卷盧諶集十卷傅暢集五卷顧榮集五卷荀組集一卷

周顗集二卷周嵩集三卷王導集十卷荀邃集二卷王敦集五卷謝琨集二卷

張抗集三卷賈霖集三卷劉隗集三卷應詹集五卷陶侃集二卷王洽集三卷

張闓集三卷卞壼集二卷劉超集二卷楊方集二卷傅純集二卷郗鑒集十卷

溫嶠集十卷孔坦集五卷王濤集五卷王箴集五卷甄述集五卷王嶠集二卷

戴邈集五卷賀循集二十卷張峻集二卷應碩集二卷陸沈集二卷曾瓌集五卷熊遠集五卷郭璞集十卷王鑒集五卷庾亮集二十卷虞預集十卷顧和集五卷范宣集十卷張虞集五卷庾冰集二十卷庾翼集二十卷何充集五卷諸葛恢集五卷祖台之集十五卷李充集十四卷蔡謨集十卷謝艾集八卷范汪

集八卷范甯集十五卷阮放集五卷王廙集十卷王彪之集二十卷謝安集五
卷謝方集十卷王羲之集五卷干寶集四卷殷融集十卷劉遐集五卷殷浩集
五卷劉惔集二卷王濛集五卷謝尙集五卷張憑集五卷張望集三卷韓康伯
集五卷王胡之集五卷江霖集五卷范宣集五卷江惇集五卷王述集五卷郝
默集五卷黃整集十卷王浹集二卷王度集五卷劉系之集五卷劉恢集五卷
范起集五卷殷康集五卷孫嗣集三卷王坦之集五卷桓温集二十卷郗超集
十五卷謝朗集五卷謝玄集十卷王珣集十卷許詢集三卷孫統集五卷孫紳
集十五卷孔嚴集五卷江逌集五卷車灌集五卷丁纂集二卷曹毗集十五卷
蔡系集二卷李顒集十卷顧夷集五卷袁喬集五卷謝沈集五卷庾闡集十卷
王隱集十卷殷允集十卷徐邈集八卷殷仲堪集十卷殷叔獻集三卷伏滔集
五卷桓嗣集五卷習鑿齒集五卷鈕滔集五卷邵毅集五卷孫盛集十卷袁質
集二卷袁宏集二十卷袁邵集三卷羅含集三卷孫放集十五卷辛昞集四卷
庾統集二卷郭愔集五卷滕輔集五卷庾龢集二卷庾翰集二卷庾蒨集二卷

庾肅之集十卷王脩集二卷戴逵集十卷桓玄集二十卷殷仲文集七卷卞湛集五卷蘇彥集十卷袁豹集十卷王謐集十卷周祇集十卷梅陶集十卷湛方生集十卷劉瑾集八卷羊徽集一卷卞裕集十四卷王愆期集十卷孔璠之集二卷王茂略集四卷薄肅之集十卷滕演集一卷宋武帝集二十卷文帝集十卷長沙王義欣集十卷臨川王義慶集八卷衡陽王義季集十卷江夏王義恭集十五卷南平王鑠集五卷建平王宏集十卷又小集六卷新渝侯義宗集十二卷謝瞻集二卷孔琳之集十卷王叔之集十卷徐廣集十五卷孔甯子集十五卷蔡廓集十卷傅亮集十卷孫康集十卷鄭鮮之集二十卷陶潛集二十卷又集五卷范泰集二十卷王弘集二十卷謝惠連集五卷謝靈運集十五卷荀昶集十四卷孔欣集十卷卞伯玉集五卷王曇首集二卷謝弘微集二卷王韶之集二十卷沈林子集七卷姚濤之集二十卷賀道養集十卷衛令元集八卷褚詮之集八卷荀欽明集六卷殷淳集三卷劉瑀集十卷劉緄集五卷雷次宗集三十卷宗炳集十五卷伍緝之集十一卷荀雍集十卷袁淑集十卷顏延之

集三十卷王微集十卷王僧達集十卷張暢集十四卷何偃集八卷沈懷文集十三卷江智淵集十卷謝莊集十五卷殷琰集八卷顏竣集十三卷何承天集二十卷裴松之集三十卷卞瑾集十卷丘淵之集六卷顏測集十一卷湯惠休集三卷沈勃集十五卷徐爰集十卷鮑照集十卷庾蔚之集十一卷虞通之集五卷劉愔集十卷孫緬集十卷袁伯文集十卷袁粲集十卷齊竟陵王集三十卷褚淵集十五卷王儉集六十卷周顒集二十卷徐孝嗣集十二卷王融集十卷謝脁集十卷孔稚珪集十卷陸厥集十卷虞羲集十一卷宗躬集十二卷江奐集十一卷張融玉海集六十卷梁文帝集十八卷武帝集十卷簡文帝集八十卷元帝集五十卷又小集十卷昭明太子集二十卷邵陵王綸集四卷武陵王紀集八卷范雲集十二卷江淹前集十卷後集十卷任昉集三十四卷宗夬集十卷王暕集二十卷魏道微集三卷司馬褧集九卷沈約集一百卷又集略三十卷傅昭集十卷袁昂集二十卷徐勉前集三十五卷後集十六卷陶弘景集三十卷周捨集二十卷何遜集八卷謝琛集五卷謝郁集五卷王僧孺集三

十卷張率集三十卷楊眺集十卷鮑幾集八卷周興嗣集十卷蕭洽集二卷裴子野集十四卷庾曇隆集十卷陸倕集二十卷劉之遴前集十一卷後集三十卷虞皭集六卷王冏集三卷劉孝綽集十二卷劉孝儀集二十卷劉孝威前集十卷後集十卷丘遲集十卷王錫集七卷蕭子範集三卷蕭子雲集二十卷蕭子暉集十一卷江革集十卷吳均集二十卷庾肩吾集十卷王筠洗馬集十卷又中庶子集十卷左右集十卷臨海集十卷中書集十卷尚書集十一卷鮑泉集一卷謝瑱集十卷任孝恭集十卷張纘集十卷陸雲公集四卷張綰集十卷甄玄成集十卷蕭欣集十卷沈君攸集十二卷後梁明帝集一卷後魏文帝集四十卷高允集二十卷宗欽集二卷李諧集十卷韓宗集五卷袁躍集九卷薛孝通集六卷溫子昇集三十五卷盧元明集六卷陽固集三卷魏孝景集一卷北齊陽休之集三十卷邢邵集三十卷魏收集七十卷劉逖集四十卷後周明帝集五十卷趙平王集十卷滕簡王集十二卷宗懍集十卷王褒集二十卷蕭撝集十卷庾信集二十卷王衡集三卷陳後主集五十五卷沈炯前集六卷後

集十三卷周弘正集二十卷周弘讓集十八卷徐陵集三十卷張正見集四卷
陸珍集五卷陸琦集十卷沈不害集十卷張式集十三卷褚介集十卷顧越集
二卷顧覽集五卷姚察集二十卷隋煬帝集五十卷盧忠道集二十卷李元操
集二十二卷辛德源集三十卷李德林集十卷牛弘集十二卷薛道衡集三十
卷何妥集十卷柳顧言集十卷江總集二十卷殷英童集三十卷蕭慤集九卷
魏澹集四卷尹式集五卷諸葛穎集十四卷王冑集十卷虞茂世集五卷劉與
宗集三卷李播集三卷道士江旻集三十卷僧曇諦集六卷惠遠集十五卷支
遁集十卷惠琳集五卷曇瑗集六卷靈裕集二卷亡名集十卷曹大家集二卷
鍾夫人集二卷劉臻妻陳氏集五卷左九嬪集一卷臨安公主集三卷范靖妻
沈滿願集三卷徐悱妻劉氏集六卷太宗集四十卷高宗集八十六卷中宗集
四十卷睿宗集十卷武后垂拱集一百卷又金輪集十卷陳叔達集十五卷竇
威集十卷褚亮集二十卷虞世南集三十卷蕭瑀集一卷沈齊家集十卷薛收
集十卷楊師道集十卷庾抱集十卷孔穎達集五卷王績集五卷郎楚之集三

卷魏徵集二十卷許敬宗集八十卷于志寧集四十卷上官儀集二十卷李義府集四十卷顏師古集六十卷岑文本集六十卷劉子翼集二十卷殷聞禮集一卷陸士季集十卷劉孝孫集三十卷鄭世翼集八卷崔君實集十卷李百藥集三十卷孔紹安集五十卷高季輔集二十卷溫彥博集二十卷李玄道集十卷謝偃集十卷沈叔安集二十卷陸楷集十卷曹憲集三十卷蕭德言集二十卷潘求仁集三卷殷芊集三卷蕭鈞集三十卷袁朗集十四卷楊續集十卷王約集一卷任希古集十卷淩敬集十四卷王德儉集十卷徐孝德集十卷杜之松集十卷宋令文集十卷陳子良集十卷顏顗集十卷劉穎集十卷司馬僉集十卷鄭秀集十二卷耿義褒集七卷楊元亨集五卷劉綱集三卷王歸一集十卷馬周集十卷薛元超集三十卷高智周集五卷褚遂良集二十卷劉禕之集七十卷郝處俊集十卷崔知悌集五卷李安期集二十卷唐覲集五卷張太素集十五卷鄧玄挺集十卷劉允濟集二十卷駱賓王集十卷盧照鄰集二十卷又幽憂子三卷楊炯盈川集三十卷王勃集三十卷狄仁傑集十卷李懷遠集

八卷盧受采集二十卷蘇味道集十五卷薛曜集二十卷郎餘慶集十卷盧光容集二十卷崔融集六十卷閻鏡機集十卷李嶠集五十卷喬備集六卷陳子昂集十卷元希聲集十卷李適集十卷沈佺期集十卷徐彥伯前集十卷後集十卷宋之問集十卷杜審言集十卷谷倚集十卷富嘉謨集十卷吳少微集十卷劉希夷集十卷張柬之集十卷桓彥範集三卷韋承慶集六十卷閭丘均集二十卷郭元振集二十卷魏知古集二十卷閻朝隱集五卷蘇瓌集十卷員半千集十卷李乂集五卷姚崇集十卷丘悅集十卷劉子玄集三十卷盧藏用集三十卷玄宗集德宗集卷亡濮王泰集二十卷上官昭容集二十卷令狐德棻集三十卷褚亮集二十卷許彥伯集十卷劉洎集十卷來濟集三十卷杜正倫集十卷李敬玄集三十卷裴行儉集二十卷崔行功集六十卷張文琮集二十卷麴崇裕集二十卷劉憲集三十卷薛稷集三十卷宋璟集十卷蔣儼集五卷趙弘智集二十卷賀德仁集二十卷許子儒集十卷蔡允恭集二十卷張昌齡集二十卷杜易簡集二十卷顏元孫集三十卷姚璹集七卷杜元志集十卷字道寧開

元考功郎中杭州刺史楊仲昌集十五卷崔液集十卷裴耀卿集張說集三十卷徐堅集三十卷元海集十卷字休則開元臨河尉李邕集七十卷王澣集十卷張九齡集二十卷康國安集十卷以明經高第直國子監教授三館進士授右典戎衞錄事參軍太學崇文助教遷博士白獸門內供奉崇文館學士孫逖集二十卷趙冬曦集卷亡苑咸集卷亡京兆人開元末上書拜司經校書中書舍人貶漢東郡司戶參軍復起爲舍人永陽太守毛欽一集三卷字傑荆州長林人王助雕蟲集一卷王維集十卷康希銑集二十卷字南金開元中台州刺史張均集二十卷權若訥集十卷開元梓州刺史白履忠集十卷鮮于向集十卷康玄辯集十卷字通理開元瀘州刺史嚴從集三卷從卒詔求其稿呂向集而進焉陶翰集卷亡潤州人開元禮部員外郎崔國輔集卷亡應縣令舉授杵昌令集賢直學士禮部員外郎坐王鉷近親貶竟陵郡司馬高適集二十卷賈至集二十卷別十五卷蘇冕編張孝嵩集十卷字仲山南陽人開元河東節度使南陽郡公儲光羲集七十卷蘇源明前集三十卷李白草堂集二十卷李陽冰錄杜甫集六十卷小集六卷涯州刺史樊冕集岑參集十卷盧象集十二卷字緯卿左拾遺膳部員外郎授安祿山僞官貶永州司戶參軍起爲主客員外郎蕭穎士游梁新集三卷文集十卷李華前集十卷中集二十卷李翰前集三十卷王昌齡集五卷元結文編十卷邵說集十卷裴倩集五卷又溢城集五卷均之父

劉彙集三卷樊澤集十卷崔艮佐集十卷湯賁集十五卷字文叔潤州丹陽人貞元宋州刺史劉
迥集五卷武就集五卷元衡父王休烈集十卷元載集十卷張薦集三十卷劉長
卿集十卷字文房至德監察御史以檢校祠部員外郎為轉運使判官知淮西鄂岳轉運留後鄂岳觀察使吳仲孺誣奏貶潘州南巴尉會有為辨
之者除睦州司馬終隨州刺史戎昱集五卷衛伯玉鎮荊南從事後為辰州虔州二刺史崔祐甫集三十卷常袞集
十卷又詔集六十卷楊炎集十卷又制集十卷蘇弁編顏真卿吳興集十卷又盧
集十卷臨川集十卷歸崇敬集二十卷劉太真集三十卷于邵集四十卷梁肅
集二十卷獨孤及毗陵集二十卷竇叔向集七卷字遺直與常袞善袞為相用為左拾遺內供奉及貶亦出
溧水令丘為集卷亡蘇州嘉興人事繼母孝嘗有靈芝生堂下累官太子右庶子時年八十餘而母無恙給俸祿之半及居憂觀察使韓滉以致仕
官給祿所以惠養老臣不可在喪為異惟罷春秋羊酒初還鄉縣令謁之為候門磬折令坐乃拜里胥立庭下既出乃敢坐經縣署降馬而趨卒年九十六
柳渾集十卷李泌集二十卷張建封集二百三十篇顧況集二十卷鮑溶集五
卷齊抗集二十卷鄭餘慶集五十卷崔元翰集三十卷楊凝集二十卷歐陽詹
集十卷李觀集三卷陸希聲纂呂溫集十卷穆員集十卷竇常集十八卷鄭絪集三
十卷符載集十四卷郗純集六十卷戴叔倫述藁十卷張登集六卷貞元漳州刺史陸

迅集十卷德宗時監察御史裏行柳冕集卷亡姚南仲集十卷李吉甫集二十卷武元衡集十卷權德輿童蒙集十卷又集五十卷制集五十卷韓愈集四十卷柳宗元集三十卷韋貫之集三十卷李絳集二十卷令狐楚漆匳集一百三十卷又梁苑文類三卷表奏集十卷自稱白雲孺子表奏集韋武集十五卷皇甫鏞集十八卷樊宗師集二百九十一卷武孺衡集二十五卷又制集二十卷李道古文與三十卷董侹武陵集卷亡侹字庶中元和荊南從事劉禹錫集四十卷元氏長慶集一百卷又小集十卷元稹白氏長慶集七十五卷白居易白行簡集二十卷張仲方集三十卷鄭澣集三十卷馮宿集四十卷劉伯芻集三十卷段文昌集三十卷又詔誥二十卷韋處厚集七十卷劉栖楚集二十卷李翺集十卷溫造集八十卷滕珦集卷亡珦東陽人歷茂王傅太和初以右庶子致仕四品給券還鄉自珦始王起集一百二十卷崔咸集二十卷太和人皇甫湜集三卷舒元輿集一卷李德裕會昌一品集二十卷又姑臧集五卷窮愁志三卷雜賦二卷杜牧樊川集二十卷沈亞之集九卷羅讓集三十卷王涯集十卷魏謨集十卷秣陵子集一卷來擇字無擇寶曆應賢良科柳仲郢集二十卷陳商集十七卷歐

陽衮集二卷衮福州閩縣人歷侍御史温庭筠握蘭集三卷又金荃集十卷詩集五卷漢南真稾十卷陳陶文錄十卷劉蛻文泉子十卷字復愚咸通中書舍人鄭畋玉堂集五卷又鳳池稾草三十卷續鳳池稾草三十卷孫樵經緯集三卷字可之大中進士第周愼辭寧蘇集五卷字若訥咸通進士第皮日休集十卷又胥臺集七卷文藪十卷詩一卷陸龜蒙笠澤叢書三卷又詩編十卷賦六卷楊夔集五卷又冗書十卷冗餘集一卷沈栖遠景臺編十卷字子鸞咸通進士第鄭誠集卷亡字申虞福州閩縣人大中國子司業郢安二州刺史江西節度副使司空圖一鳴集三十卷陸扆集七卷秦韜玉投知小錄三卷字中明田令孜神策判官工部侍郎鄭賨集十卷字貢華乾符進士第袁皓碧池書三十卷袁州宜春人龍紀集賢殿圖書使自稱碧池處士鄭氏貽孫集四卷養素先生遺滎集三卷皆唐末人張玄晏集二卷字寅節昭宗翰林學士齊夔集一卷黃璞霧居子十卷譚正夫集一卷丘光庭集三卷張安石涪江集一卷張友正雜編一卷沈光集五卷題曰雲夢子程晏集七卷字晏然乾寧進士第沈顏聲書十卷李善夷江南集十卷劉綺莊集十卷王秉集五卷孫子文纂四十卷又孫氏小集三卷孫郃字希韓乾寧進士第陳黯集三卷字希儒泉州南安人昭宗時羅衮集二卷字子制天祐起居郎李嶠雜詠詩十

二卷劉希夷詩集四卷崔顥詩一卷汴州人才俊無行娶妻不恆去之者三四歷司勳員外郎綦毋潛詩
一卷字孝通開元中繇宜壽尉入集賢院待制遷右拾遺終著作郎祖詠詩一卷李頎詩一卷並開元進士第孟浩然
詩集三卷弟洗然宜誠王士源所次皆三卷也士源別爲士類包融詩一卷潤州延陵人歷大理司直子何信齊名世稱二包何字
幼嗣大曆起居舍人融與儲光羲皆延陵人曲阿有餘杭尉丁仙芝緱氏主簿蔡隱丘監察御史蔡希周渭南尉蔡希寂處士張彥雄張潮校書郎張暈吏部
常選周瑀長州尉談戭句容有忠王府倉曹參軍殷遙硤石主簿樊光橫陽主簿沈如筠江寧有右拾遺孫處玄處士徐延壽丹徒有江都主簿馬挺武進尉
申堂構十八人皆有詩名殷璠彙次其詩爲丹陽集者皇甫冉詩集三卷字茂政潤州丹陽人祕書少監集賢院修譔林姪也天寶末無
錫尉避難居陽羨後爲左金吾衛兵曹參軍左補闕與弟曾齊名曾字孝常歷侍御史坐事貶徙舒州司馬陽翟令嚴維詩一卷字正文越州人
祕書郎張繼詩一卷字懿孫襄州人大曆末檢校祠部員外郎分掌財賦於洪州李嘉祐詩一卷別名從一袁州台州二州
刺史郎士元詩一卷字君冑中山人寶應元年選畿縣官詔試中書補渭南尉歷拾遺郢州刺史張南史詩一卷字李直幽
州人以試參軍避亂居揚州揚子再召之未赴卒暢當詩二卷鄭常詩一卷蘇渙詩一卷渙少喜剽盜善用白弩巴
蜀商人苦之號白跖以比莊蹻後折節讀書進士及第湖南崔瓘辟從事瓘遇害渙走交廣與哥舒晃反伏誅朱灣詩集四卷李勉永平從事
吉中孚詩一卷楚州人始爲道士後官校書郎登宏辭諫議大夫翰林學士戶部侍郎判度支貞元初卒朱放詩一卷字長通襄
州人隱居剡溪嗣曹王皋鎮江西辟節度參謀貞元初召爲拾遺不就劉方平詩一卷河南人與元魯山善不仕常建詩一卷

肅代時人魏信陵詩一卷章八元詩一卷睦州人大歷進士第秦系詩一卷陳詡詩集十卷字載初福州閩縣人貞元戶部郎中知制誥錢起詩一卷李端詩集三卷韓翃詩集五卷司空曙詩集二卷盧綸詩集十卷耿湋詩集二卷崔峒詩一卷韋應物詩集十卷許經邦詩集一卷建中左武衞胄曹參軍韋渠牟詩集十卷諫議大夫時集劉商詩集十卷貞元比部郎中王建集十卷太和陝州司馬張碧謌行集二卷貞元人雍裕之詩一卷楊巨源詩一卷字景山太和大中少尹孟郊詩集十卷張籍詩集七卷李涉詩一卷李賀集五卷李紳追昔遊詩三卷又批答一卷章孝標詩一卷殷堯藩詩一卷元和進士第李敬方詩一卷字中虔太和歙州刺史玉川子詩一卷盧仝裴夷直詩一卷施肩吾詩集十卷姚合詩集十卷韓琮詩一卷字成封大中湖南觀察使李商隱樊南中集二十卷乙集二十卷玉溪生詩三卷又賦一卷文一卷賈島長江集十卷又小集三卷張祜詩一卷字承吉爲處士大中中卒許渾丁卯集二卷字用晦圉師之後大中睦州郢州二刺史李遠詩集一卷字求古大中建州刺史雍陶詩集十卷字國鈞大中八年自國子毛詩博士出爲簡州刺史朱慶詩一卷名可久以字行寶曆進士第喻鳧詩一卷開成進士第烏程令馬戴詩一卷字虞臣會昌進士第李羣玉詩三卷後集五卷字文山澧州人裴休觀察湖南厚延致之及爲相以詩論

薦授校書郎崔櫓無機集四卷郁渾百篇集一卷渾常應百篇舉壽州刺史李紳命百題試之姚鵠詩一卷字居雲會昌進士第項斯詩一卷字子遷江東會昌丹徒尉孟遲詩一卷字遲之會昌進士第顧非熊詩一卷況之子大中盱眙簿棄官隱茅山章碣詩一卷趙嘏渭南集三卷又編年詩二卷字承祐大中渭南尉薛逢詩集十卷又別紙十三卷賦集十四卷于武陵詩一卷李頻詩一卷李郢詩一卷字楚望大中進士第侍御史曹鄴詩三卷字鄴之大中進士第洋州刺史劉滄詩一卷字蘊靈崔珏詩一卷字夢之並大中進士第劉得仁詩一卷高蟾詩一卷乾寧御史中丞高駢詩一卷薛能詩集十卷又繁城集一卷陸希聲頤山詩一卷鄭嵎津陽門詩一卷于濆詩一卷字子漪許棠詩一卷字文化公乘億詩一卷字壽山並咸通進士第聶夷中詩二卷字坦之咸通華陰尉于鄴詩一卷于鵠詩一卷鄭谷雲臺編三卷又宜陽集三卷字守愚袁州人爲右拾遺乾寧中以都官郎中卒于家朱朴詩四卷又雜表一卷玄英先生詩集十卷方干李洞詩一卷吳融詩集四卷又制誥一卷韓偓詩一卷又香匲集一卷曹唐詩三卷字堯賓周賀詩一卷劉干詩一卷崔塗詩一卷字禮山光啓進士第唐彥謙詩集三卷張喬詩集二卷王駕詩集六卷字大用吳仁璧詩一卷字廷寶並大順進士第王貞白詩一卷字有道張蠙詩集二卷

字象文　翁承贊詩一卷字文堯　褚載詩三卷字厚之並乾寧進士第　王轂詩集三卷字虛中乾寧進士第
郎官致仕　曹松詩集三卷字夢徵天復進士第校書郎　羅鄴詩一卷　趙摶歌詩二卷　周朴詩二卷
朴稱處士　朱景元詩一卷　崔道融申唐詩三卷　陳光詩一卷　王德輿詩一卷　湯緒潛
陽雜題詩三卷　韋靄詩一卷　張爲詩一卷　羅浩源詩一卷　薛瑩洞庭詩集一卷
謝蟠隱雜感詩二卷　譚藏用詩一卷　劉言史謌詩六卷　黃滔集十五卷字文江光化四
門博士　鄭良士白巖集十卷字君夢昭宗時獻詩五百篇授補闕　嚴鄖詩二卷　劉威詩一卷　鄭雲叟
詩集三卷　來鵬詩一卷　陸元皓詠劉子詩三卷　任翻詩一卷　李山甫詩一卷　道
士吳筠集十卷　僧惠頤集八卷姓李江陵人　僧玄範集二十卷　僧法琳集三十卷　僧
靈徹詩集十卷姓湯字源澄越州人　皎然詩集十卷字清晝姓謝湖州人靈運十世孫居杼山顏真卿爲刺史集文士譔韻海
敬源預其論著貞元中集賢御書院取其集以藏之刺史于頔爲序　盧獻卿愍征賦一卷　謝觀賦八卷　盧肇海潮
賦一卷　又通屈賦一卷　注林絢大統賦二卷字子發袁州人咸通歙州刺史　高邁賦一卷　皇甫
松大隱賦一卷　崔葆數賦十卷乾寧進士王克昭注　宋言賦一卷字表文　陳汀賦一卷字用濟並
大中進士第　樂朋龜綸閣集十卷　又德門集五卷　賦一卷字兆吉僖宗翰林學士太子少保致仕　蔣凝

賦三卷字仲山咸通進士第公乘億賦集十二卷林嵩賦一卷字符降臣乾符進士第王翃賦一卷字雄飛大順進士第賈嵩賦三卷李山甫賦二卷陸贄議論表疏集十二卷又翰苑集十卷韋處厚纂王仲舒制集十卷李虞仲制集四卷封敖翰稾八卷崔嘏制誥集十卷字乾錫邢州刺史會劉稹反歸朝授考功郎中中書舍人李德裕之謫嘏草制不盡書其過貶端州刺史獨孤霖玉堂集二十卷劉崇望中和制集十卷李磎制集四卷錢珝舟中錄二十卷薛廷珪鳳閣書詞十卷郭元振九諫書一卷李絳論事集三卷蔣偕集李磎表疏一卷張濬表狀一卷臨淮尺題二卷武元衡西川從事撰李程表狀一卷劉三復表狀十卷問遺雜錄三卷趙璘表狀集一卷張次宗集六卷呂述東平小集三卷段全緯集二十卷劉鄴甘棠集三卷王虬集十卷字希龍泉州南安人大順初舉進士第崔致遠四六一卷又桂苑筆耕二十卷高麗人賓貢及第高駢淮南從事顧氏編遺十卷苕川總載十卷纂新文苑十卷啓事一卷賦二卷集遺具錄十卷顧雲字垂象池州人虞部郎中高駢淮南從事鄭準渚宮集一卷字不欺乾寧進士第李巨川四六集二卷韓建華州從事胡曾安定集十卷陳蟠隱集五卷張澤飲河集十五卷黃台江西表狀二卷鍾傳從事太宗凌煙閣功臣讚一卷崔融寶圖讚一卷王起注

盧鋋武成王廟十哲讚一卷李靖霸國箴一卷魏徵時務策五卷郭元振安邦策一卷劉蕡策一卷王勃舟中纂序五卷才命論一卷（張鷟撰郗昂注一作張說撰潘詢注）杜元穎五題一卷李甘文一卷南卓文一卷劉軻文一卷陸鸞文一卷（字離祥咸通進士第）吳武陵書一卷夏侯韞大中年與涼州書一卷駱賓王百道判集一卷張文成龍筋鳳髓十卷崔銳判一卷（大曆人）鄭寬百道判一卷（元和拔萃）

右別集類七百三十六家七百五十部七千六百六十八卷（失名姓一家玄宗以下不著錄）

（一百六家五千一十五卷）

摯虞文章流別集三十卷杜預善文四十九卷謝沈名文集四十卷孔逭文苑一百卷梁昭明太子文選三十卷又古今詩苑英華二十卷蕭該文選音十卷僧道淹文選音義十卷小辭林五十三卷集古今帝王正位文章九十卷蕭圓文海集三十六卷康明貞辭苑麗則二十卷庾自直類文三百七十七卷宋明帝賦集四十卷皇帝瑞應頌集十卷五都賦五卷卞鑠獻賦集十卷司馬相如上林賦一卷曹大家注班固幽通賦一卷項岱注幽通賦一卷張衡二京賦二

卷薛綜二京賦音二卷三都賦三卷左太沖齊都賦一卷李軌齊都賦音一卷褚令之百賦音一卷郭徵之賦音二卷綦毋邃三京賦音一卷木連理頌二卷李暠靖恭堂頌一卷諸郡碑一百六十六卷雜碑文集二十卷殷仲堪雜論九十五卷劉楷設論集三卷謝靈運設論集五卷又連珠集五卷梁武帝制旨連珠四卷陸緬注制旨連珠十一卷謝莊讚集五卷張湛古今箴銘集十三卷衆賢誠集十五卷雜誡箴二十四卷李德林霸朝雜集五卷王履書集八十卷夏赤松書林六卷山濤啓事十卷梁中書表集二百五十卷薦文集七卷宋元嘉策五卷又元嘉宴會游山詩集五卷宋伯宜策集六卷卞氏七林集十二卷顏之推七悟集一卷袁淑俳諧文十五卷顏竣婦人詩集二卷殷淳婦人集三十卷江邃文釋十卷干寶百志詩集五卷崔光百國詩集二十九卷應璩百一詩八卷李夔百一詩集二卷晉元正宴會詩集四卷伏滔袁豹謝靈運集顏延之元嘉西池宴會詩集三卷清溪集三十卷齊武帝敕撰齊釋奠會詩集二十卷徐伯陽文會詩集四卷文林詩府六卷北齊後主作蕭淑西府新文十卷新文要集十卷宋明帝詩

集新撰三十卷詩集二十卷謝靈運詩集五十卷又詩集鈔十卷詩英十卷回
文詩集一卷七集十卷劉和詩集二十卷顏竣詩集一百卷許淩六代詩集鈔
四卷詩林英選十一卷虞綽等類集一百一十三卷詩纘十二卷詩錄二十卷
文苑詞英八卷徐陵六代詩集鈔四卷又玉臺新詠十卷謝混集苑六十卷宋
臨川王義慶集林二百卷丘遲集鈔四十卷李善注文選六十卷公孫羅注文
選六十卷又音義十卷劉允濟金門待詔集十卷文館辭林一千卷許敬宗劉伯莊等撰
麗正文苑二十卷芳林要覽三百卷許敬宗顧胤許圉師上官儀楊思儉孟利貞姚璹竇德玄郭瑜董思恭元思敬集
僧惠淨續古今詩苑英華集二十卷劉孝孫古今類聚詩苑三十卷郭瑜古今
詩類聚七十九卷歌錄集八卷李淳風注顏之推稽聖賦一卷張庭芳注庾信
哀江南賦一卷崔令欽注一卷竇嚴東漢文類三十卷李善文選辨惑十卷五
臣注文選三十卷衢州常山尉呂延濟都水使者劉承祖男良處士張銑呂向李周翰注開元六年工部侍郎呂延祚上之曹憲文
選音義卷亡康國安注駁文選異義二十卷許淹文選音十卷孟利貞續文選十
三卷崔玄暐訓注文館辭林策二十卷康顯辭苑麗則三十卷又海藏連珠三

十卷希銑之兄修書學士卜長福續文選二十卷開元十七年上授富陽尉卜隱之擬文選三十卷開元處士朝英集三卷開元中張孝嵩出塞張九齡韓休崔沔王翰胡皓賀知章所譔送行歌詩張楚金翰苑三十卷王方慶王氏神道銘二十卷徐堅文府二十卷開元中詔張說括文選外文章乃命堅與賀知章趙冬曦分討會詔從之堅乃先集詩賦二韻為文府上之餘不能就而罷裴潾太和通選三十卷李康玉臺後集十卷元思敬詩人秀句二卷孫季良正聲集三卷珠英學士集五卷崔融集武后時修三教珠英學士李嶠張說等詩搜玉集十卷曹恩起予集五卷大曆人元結篋中集一卷奇章集四卷劉明素麗文集五卷興元中集李吉甫古今文集略二十卷又國朝哀策文四卷梁大同古銘記一卷麗則集五卷類表五十卷亦名表啓集柳宗直西漢文類四十卷柳玄司題集十卷竇常南薰集三卷殷璠丹陽集一卷又河岳英靈集二卷王起文場秀句一卷姚合極玄集一卷高仲武中興間氣集二卷李戡唐詩三卷顧陶唐詩類選二十卷大中校書郎劉餗樂府古題解一卷李氏花萼集二十卷李乂尚一尚貞韋氏兄弟集二十卷韋會弟弼竇氏聯珠集五卷竇羣常牟庠鞏集賢院壁記詩二卷翰林歌辭一卷大曆年浙東聯倡集二卷斷金集一卷李逢吉令狐楚倡和元白繼和集一卷元稹

白居易三州倡和集一卷元稹白居易崔玄亮劉白倡和集三卷劉禹錫白居易汝洛集一卷裴度劉禹錫倡和洛中集七卷彭陽倡和集三卷令狐楚劉禹錫吳蜀集一卷劉禹錫李德裕倡和裴均壽陽倡詠集十卷又諸宮倡和集二十卷峴山倡詠集八卷荊潭倡和集一卷盛山倡和集一卷荊䕫倡和集一卷僧廣宣與令狐楚倡和一卷名公倡和集二十三卷漢上題襟集十卷段成式溫庭筠余知古袁皓集道林寺詩二卷松陵集十卷皮日休陸龜蒙倡和廖氏家集一卷廖光圖唐末人盧瓌杼情集二卷孟啓本事詩一卷劉松宜陽集六卷松字甃美袁州人集其州天寶以後詩四百七十篇蔡省風瑤池新詠二卷集婦人詩僧靈徹酬倡集十卷大曆至元和中名人吳兢唐名臣奏十卷馬總奏議集三十卷臧嘉猷羽書三卷處士沈常總戎集三十卷唐稟貞觀新書三十卷稟袁州萍鄉人集貞觀以前文章黃滔泉山秀句集三十卷締閩人詩自武德盡天祐末周仁滔古今類聚策苑十四卷五子策林十卷集許南容而下五人策問元和制策三卷元稹獨孤郁白居易李太華掌記略十五卷新掌記略九卷林逢續掌記略十卷

凡文史類四家四部十八卷劉子玄以下不著錄二十二家二十三部一百七十九卷

李充翰林論三卷劉勰文心雕龍十卷顏竣詩例錄二卷鍾嶸詩評三卷劉子玄史通二十卷柳氏釋史十卷柳璨一作史通析微劉餗史例三卷沂公史例十卷田弘正客謨裴傑史漢異義二卷河南人開元十七年上授臨濮尉李嗣真詩品一卷元兢宋約詩格一卷王昌齡詩格二卷晝公詩式五卷詩評三卷僧皎然王起大中新行詩格一卷姚合詩例一卷賈島詩格一卷炙轂子詩格一卷元兢古今詩人秀句二卷李洞集賈島句圖一卷張仲素賦樞三卷范傳正賦訣一卷浩虛舟賦門一卷倪宥文章龜鑑一卷劉蘧應求類二卷孫郃文格二卷

右總集類七十五家九十九部四千二百二十三卷李淳風以下不著錄七十八家八百一十三卷

總七十九家一百七部

唐書卷六十

唐書卷六十考證

藝文志四丁部後周明帝集五十卷○舊書作十卷沈炳震曰按隋書作九卷

唐書卷六十考證

珍倣宋版印

唐書卷六十一

宋 翰 林 學 士 歐 陽 修 撰

表第一

宰相表上

唐因隋舊以三省長官爲宰相已而又以他官參議而稱號不一出於臨時最後乃有同品平章之名然其爲職業則一也作宰相表

	宰相	三師	三公
武德元年 戊寅	六月甲戌趙國公世民爲尚書令相國長史裴寂拜尚書右僕射知政事相國司馬劉文靜爲納言隋民部尚書宋國公蕭瑀相國司錄參軍竇威並爲內史令庚辰世民封秦王癸未世民爲西討元帥壬辰爲雍州牧 辛丑威薨將作大匠襲陳國公竇抗本官兼納言黃門侍郎陳叔達判納言 八月己丑世民爲西討行軍元帥 戊申文靜除名 十月抗罷爲左武候大將軍		十二月壬申秦王世民爲太尉陝東道行臺尚書令

年	干支			
二年	己卯	正月甲子叔達兼納言 十月己亥黃門侍郎涼州總管楊恭仁遙領納言		
三年	庚辰	二月甲戌中書侍郎封德彝兼中書令		四月甲寅世民爲益州道行臺尚書令
四年	辛巳	正月德彝判吏部尚書 四月癸酉寂爲左僕射		十月己丑齊王元吉爲司空世民加司徒天策上將
五年	壬午			十月甲子世民領左右十二衛大將軍
六年	癸未	四月癸酉德彝爲中書令恭仁入爲吏部尚書兼中書令檢校涼州諸軍事瑀爲尚書右僕射寂爲左僕射		
七年	甲申	十二月庚午太子詹事裴矩檢校侍中		
八年	乙酉	十二月辛卯矩罷判黃門侍郎　庚子天策府司馬宇文士及權檢校侍中兼太子詹事　癸卯世民加中書令元吉加侍中		

九年丙戌	貞觀元年丁亥	二年戊子
六月癸亥世民為皇太子 七月辛卯太子右庶子高士廉為侍中左庶子房玄齡為中書令蕭瑀為尚書左僕射恭仁罷 癸巳士及為中書令德彝為尚書右僕射 十月庚辰叔達瑀坐事免	六月辛丑德彝薨 壬辰太子少師蕭瑀為尚書左僕射 七月壬子吏部尚書長孫无忌為尚書右僕射 八月士及檢校涼州都督 戊戌士廉貶為安州大都督 九月辛酉御史大夫杜淹檢校吏部尚書參豫朝政士及罷為殿中監 十二月壬午瑀罷	正月辛亥兵部尚書杜如晦檢校侍中攝吏部尚書仍總監東宮兵馬事无忌罷 庚午刑部尚書李靖檢校中書令 三月壬戌靖為關內道行軍大總管 七月戊申玄齡兼太子少詹事 十月庚辰淹薨 十二月壬辰黃門侍郎王珪守侍中
正月甲寅裴寂為司空二月庚申元吉為司徒六月庚申元吉誅		

年	宰相		三公
三年 己丑	二月戊寅房玄齡爲尚書左僕射杜如晦爲右僕射尚書右丞魏徵爲秘書監參豫朝政靖爲兵部尚書 八月靖爲定襄道行軍大總管 十二月癸未如晦罷		正月辛未寂免
四年 庚寅	二月甲寅珪爲侍中太常卿蕭瑀爲御史大夫參議朝政御史大夫温彥博爲中書令民部尚書戴冑檢校吏部尚書參豫朝政 八月甲寅靖爲尚書右僕射 十一月壬戌右衛大將軍侯君集爲兵部尚書參豫朝政		
五年 辛卯			
六年 壬辰	三月君集以喪罷 五月徵檢校侍中 十一月君集起復		
七年 癸巳	三月戊子珪罷爲同州刺史 庚寅徵爲侍中 六月辛亥冑薨		十一月壬辰開府儀同三司長孫无忌爲司空
八年 甲午	十月丙寅詔靖三兩日一至門下中書平章政事 十一月辛未靖罷爲特進 十二月辛丑君集爲積石道行軍總管		

年			
九年 乙未	七月辛巳恭仁罷爲雍州牧 十一月壬戌特進蕭瑀參豫朝政		二月无忌以母喪罷 五月起復
十年 丙申	六月壬申彥博爲尚書右僕射太常卿楊師道爲侍中參豫朝政魏徵罷爲特進知門下省事朝章國典參議得失 十二月瑀罷爲岐州刺史		
十一年 丁酉	六月甲寅彥博薨		
十二年 戊戌	七月癸酉吏部尚書高士廉爲尚書右僕射 八月戊寅君集爲吏部尚書 壬寅爲當彌道行軍大總管		
十三年 己亥	正月玄齡爲太子少師 十一月辛亥師道爲中書令 戊辰尚書左丞劉洎爲黃門侍郎參知政事 十二月壬申君集爲交河道行軍大總管		
十四年 庚子	十二月君集還		
十五年 辛巳			

年	宰相		三公
十六年 壬寅	正月辛未中書舍人兼侍郎岑文本爲中書侍郎專典機密 九月丁巳徵罷爲太子太師		七月戊午无忌爲司徒玄齡爲司空
十七年 癸卯	四月乙酉君集誅丁亥師道罷爲吏部尚書己丑特進蕭瑀爲太子太保兵部尚書李世勣爲特進太子詹事並同中書門下三品 六月丁酉士廉爲開府儀同三司同中書門下三品平章政事 七月丁酉玄齡以母喪罷 八月庚戌工部尚書張亮爲刑部尚書參豫朝政 十月丁巳玄齡起復		七月丁酉玄齡以母喪罷十月丁巳起復
十八年 甲辰	八月丁卯洎爲侍中文本爲中書令中書侍郎馬周守中書令 九月黃門侍郎褚遂良參豫朝政 十一月甲子世勣爲遼東道行軍大總管		
十九年 乙巳	二月乙卯士廉攝太子太傅劉洎馬周太子左庶子許敬宗右庶子高季輔少詹事張行成同掌機務 三月壬辰楊師道攝中書令无忌攝侍中 四月丁丑文本薨 十一月丁亥師道貶爲工部尚書 十二月庚申洎賜死		

年	宰相		三公
二十年丙午	二月丁丑亮誅 四月甲子瑀罷太子太保 十月貶商州刺史		
二十一年丁未	正月壬辰士廉薨 三月戊子世勣爲遼東道行軍大總管 十月癸丑遂良以父喪罷		
二十二年戊申	正月庚寅周薨 己亥中書舍人崔仁師爲中書侍郎參知機務 丙午无忌檢校中書令知尚書門下三省事 二月遂良起復己卯仁師除名流于連州 九月己亥遂良爲中書令		七月癸卯玄齡薨
二十三年己酉	五月戊午勣貶疊州都督 庚午行成兼侍中檢校刑部尚書季輔兼中書令禮部尚書于志寧爲侍中 癸巳檢校洛州刺史李勣爲開府儀同三司同中書門下參掌機密 九月乙卯李勣爲尚書左僕射同中書門下三品		六月癸未无忌爲太尉 九月甲寅荆王元景爲司徒吳王恪爲司空
永徽元年庚戌	正月丙午行成爲侍中 十月戊辰勣罷僕射 十一月遂良貶同州刺史		

年	宰相		
二年 辛亥	正月乙巳黃門侍郎宇文節中書侍郎柳奭並同中書門下三品 八月己巳張行成為尚書右僕射同中書門下三品高季輔為侍中志寧為尚書左僕射同中書門下三品		
三年 壬子	正月己巳褚遂良為吏部尚書同中書門下三品 三月辛巳節為侍中奭守中書令兵部侍郎韓瑗守黃門侍郎同中書門下三品 七月乙丑行成兼太子少傅季輔兼太子少保志寧兼太子少師節兼太子詹事 九月守中書侍郎來濟同中書門下三品		
四年 癸丑	三月乙酉節流桂州 九月甲戌遂良為尚書左僕射同中書門下三品仍知選事　壬戌行成薨 十一月癸丑兵部尚書崔敦禮為侍中 丁巳奭為中書令 十二月庚子季輔薨		二月甲申荊王元景吳王恪賜死 己亥開府儀同三司同中書門下三品勣為司空徐王元禮為司徒
五年 甲寅	六月癸亥奭罷為吏部尚書		

年	宰相		
六年乙卯	五月壬辰瑗爲侍中濟爲中書令 七月乙酉敦禮爲中書令中書舍人李義府守中書侍郎參知政事 九月庚午遂良貶潭州都督 十月癸丑敦禮檢校太子詹事		
顯慶元年丙辰	正月甲申志寧爲太子太傅瑗濟並罷太子賓客 三月丙戌戶部侍郎杜正倫爲黃門侍郎同中書門下三品 七月癸未敦禮爲太子少師同中書門下三品 八月丙申敦禮薨		
二年丁巳	三月癸丑義府兼中書令兼檢校御史大夫仍太子賓客正倫兼度支尙書 八月丁卯瑗貶振州刺史濟貶台州刺史　辛未衞尉卿許敬宗爲侍中 九月庚寅正倫兼中書令		
三年戊午	十一月乙酉正倫貶橫州刺史義府貶普州刺史 戊子敬宗權檢校中書令 戊戌敬宗爲中書令大理卿辛茂將兼侍中		
四年己	四月丙辰志寧爲太子太師同中書門下三品 乙丑守黃門侍郎許圉師兼檢校左庶子同中書門下三品 戊辰志寧免 五月己卯圉師爲中書侍郎同三品 丙申兵部尙書任雅相同中書門下三品度支尙書盧		四月戊辰無忌

年	宰相	罷免
年未	承慶參知政事 八月壬子義府兼吏部尚書同中書門下三品 九月癸卯茂將兼左庶子 十月甲辰園師兼右庶子 十一月丙午園師爲左散騎常侍檢校侍中 戊午茂將薨 癸亥承慶同中書門下三品	爲揚州都督黔州安置
五年庚申	七月丁卯承慶免	
龍朔元年辛酉	四月庚辰雅相爲浿江道行軍總管	
二年壬戌	二月甲戌雅相薨 丙戌敬宗爲右相園師爲左侍極檢校左相 七月戊戌義府以母喪罷 八月壬寅敬宗爲太子少師同東西臺三品仍知西臺事 九月丁丑義府起復 十月庚戌西臺侍郎上官儀同東西臺三品 十一月辛未園師貶爲虔州刺史	
三年癸亥	正月乙丑義府爲右相 四月戊子義府流于巂州	

麟德元年 甲子

八月丁亥司列太常伯劉祥道兼右相大司憲竇德玄爲司元太常伯檢校左相

十二月丙戌儀被殺

戊子祥道罷爲司禮太常伯太子右中護樂彥瑋檢校西臺侍郎西臺侍郎孫處約並同知軍國政事尋同東西臺三品

二年 乙丑

三月甲寅司戎太常伯姜恪同東西臺三品

四月戊辰彥瑋處約並罷左侍極陸敦信檢校右相

十月壬戌帶方州刺史劉仁軌爲大司憲兼知政事檢校太子左中護

乾封元年 丙寅

四月庚戌敦信罷爲大司成

七月庚午仁軌兼右相檢校右中護

八月辛丑德玄薨

十二月癸酉勣爲遼東道行軍大總管

二年 丁卯

六月乙卯西臺侍郎楊武戴至德東臺侍御李安期司列少常伯趙仁本並同東西臺三品東臺舍人張文瓘參知政事

八月辛亥安期罷爲荊州大都督長史

總章元年 戊辰

正月壬子仁軌爲遼東道行軍副總管兼安撫大使浿江道行軍總管

四月辛巳武薨

十二月甲戌恪檢校左相司平太常伯閻立本守右相

是歲勣加太子太師

年	宰相	
二年 己巳	二月辛酉文瓘爲東臺侍郎右肅機李敬玄爲西臺侍郎並同東西臺三品 三月丙戌東臺侍郎郝處俊同東西臺三品	十二月戊申勣薨
咸亨元年 庚午	正月丁丑仁軌以金紫光祿大夫致仕 三月壬辰敬宗以特進致仕 四月己酉敬玄以喪免 七月戊子敬玄起復 閏九月甲寅恪爲涼州道行軍大總管 十月乙未仁本罷爲左肅機	
二年 辛未	恪爲侍中立本爲中書令	九月丙申徐王元禮薨
三年 壬申	二月己卯恪薨 十月文瓘爲大理卿 乙亥至德爲戶部尙書敬玄吏部侍郎處俊中書侍郎 十二月劉仁軌爲太子左庶子同中書門下三品	
四年 癸酉	十月壬午立本薨	
上元元年 甲戌	二月壬午仁軌爲雞林道行軍大總管	

二年乙亥	八月庚子文瓘爲侍中處俊爲中書令並同中書門下三品仁軌爲尚書左僕射至德爲右僕射敬玄爲吏部尚書
儀鳳元年丙子	三月癸卯黃門侍郎來恆中書侍郎薛元超並同中書門下三品 四月甲寅中書侍郎李義琰同中書門下三品 六月癸亥黃門侍郎高智周並同中書門下三品 十一月庚寅敬立爲中書令 十二月丙午恆爲河南道大使元超河北道大使
二年丁丑	三月癸亥處俊智周爲太子左庶子義琰爲右庶子 四月太子左庶子張大安同中書門下三品 八月辛亥仁軌爲洮河軍鎮守使
三年戊寅	正月丙子敬玄爲洮河道行軍大總管兼安撫大使檢校鄯州都督 九月癸亥文瓘薨 十一月壬子恆薨
調露元年己卯	正月庚戌至德薨 四月辛酉處俊爲侍中元超檢校太子左庶子 十一月戊寅智周罷爲御史大夫
永隆元年庚辰	四月戊辰中書侍郎王德眞黃門侍郎裴炎崔知溫並同中書門下三品 八月丁巳敬玄貶衡州刺史 己巳大安貶普州刺史 九月甲申德眞罷爲相王府長史

開耀元年辛巳

三月辛卯仁軌兼太子少傅處俊罷爲太子少保
七月甲午仁軌罷左僕射以太子少傅同中書門下三品
閏七月丁未元超知溫並守中書令炎爲侍中

永淳元年壬午

四月丙寅仁軌爲京副留守元超炎留輔皇太子
丁亥黃門侍郎郭待舉兵部侍郎岑長倩祕書員外少監郭正一吏部侍郎魏玄同並與中書門下同承受進止平章事
十月丙寅黃門侍郎劉景先同中書門下平章事

弘道元年癸未

三月庚子義琰以銀青光祿大夫致仕　癸丑知溫薨
四月壬申待舉檢校太子右庶子正一爲中書侍郎並同中書門下平章事
七月甲辰元超罷
十一月戊申炎正一景先兼於東宮平章事
十二月甲戌仁軌罷爲左僕射京師留守炎爲中書令戊寅景先守侍中長倩兵部尚書待舉左散騎常侍玄同黃門侍郎並同中書門下三品
癸未正一罷爲國子祭酒

十二月庚午韓王元嘉爲太尉霍王元軌爲司徒舒王元名爲司空

光宅甲

正月癸巳左散騎常侍韋弘敏爲太府卿同中書門下三品
二月丁丑檢校豫王府長史太常卿王德真爲侍中中書侍郎豫王府司馬劉禕之爲中書侍郎同中書門下三品
閏五月甲子禮部尚書武承嗣爲太常卿同中書門下

元年

申

三品

八月丙午承嗣罷爲禮部尚書

十月丁亥鳳閣舍人李景諶同鳳閣鸞臺平章事左肅政臺御史大夫騫味道檢校內史同鳳閣鸞臺三品

丙申炎被殺

丁酉景先貶辰州刺史弘敏貶汾州刺史景諶罷守司賓少卿守右史沈君諒著作郎崔詧並爲正諫大夫同鳳閣鸞臺平章事

十一月丁卯待舉罷爲左庶子鸞臺侍郎韋方質守鳳閣侍郎同鳳閣鸞臺平章事

垂拱元年

乙酉

正月戊辰仁軌薨

庚戌味道守內史同三品

二月乙巳承嗣同鳳閣鸞臺三品君諒罷右肅政臺御史大夫韋思謙秋官尚書裴居道並同鳳閣鸞臺三品

三月辛酉承嗣罷詧使河北罷

四月丙子味道貶青州刺史

五月丙午居道爲內史

丁未德真罷爲同州刺史其日流象州

己酉冬官尚書蘇良嗣守納言

壬申方質同鳳閣鸞臺三品

六月天官尚書韋待價同鳳閣鸞臺三品

七月己酉玄同自文昌左丞遷鸞臺侍郎

十一月癸卯待價爲燕然道行軍大總管

十一月丙辰元嘉自殺元軌流黔州

年			
二年丙戌	三月丙辰玄同爲地官尙書 四月庚辰長倩爲內史 五月丙午居道爲納言 六月辛未夏嗣守文昌左相同鳳閣鸞臺三品待價守 文昌右相 己卯思謙守納言		
三年丁亥	三月乙丑思謙以太中大夫致仕 四月壬戌居道爲納言 五月丙寅夏官侍郎張光輔爲鳳閣侍郎同鳳閣鸞臺 平章事 庚午禕之被殺 八月壬子玄同兼檢校納言 十二月壬辰待價爲安息道行軍大總管		
四年戊子	九月丁卯左肅政臺御史大夫騫味道夏官侍郎王本 立並同鳳閣鸞臺平章事 丙辰光輔爲諸軍節度長倩爲後軍大總管討越王貞 十二月己亥味道被殺		
載初己	二月甲寅方賓守地官尙書 三月甲寅本立守左肅政臺御史大夫 甲子光輔守納言 癸酉天官尙書武承嗣爲納言光輔守內史 五月丙辰待價爲安息道行軍總管 七月丙子待價流繡州 戊寅本立同鳳閣鸞臺三品		正月丁巳元名爲司徒

年	宰相	
元年 丑	八月甲申光輔被殺 閏九月甲午玄同被殺 十月丁卯春官尚書范履冰鳳閣侍郎邢文偉並同鳳閣鸞臺平章事	
天授元年 庚寅	二月戊子承嗣爲文昌左相長倩爲文昌右相並同鳳閣鸞臺三品艮嗣爲特進本立罷爲地官尚書文偉守內史鳳閣侍郎武攸寧納言居道爲太子少保 甲午方質流于儋州 三月丁亥艮嗣薨 四月丁巳履冰被殺 八月甲寅居道下獄死 九月丙戌給事中傅游藝爲鸞臺侍郎同鳳閣鸞臺平章事司賓卿史務滋守納言鳳閣侍郎宗秦客檢校納言 十月甲子秦客貶遵化尉 辛未文偉貶珍州刺史	七月辛巳元名流和州
二年 辛	正月庚子務滋自殺 五月丁亥長倩爲武威道行軍大總管 六月庚戌鸞臺侍郎樂思晦鳳閣侍郎任知古左肅政臺御史大夫格輔元爲地官尚書並同鳳閣鸞臺平章事 癸卯長倩爲輔國大將軍 八月戊申攸寧罷爲左羽林衛大將軍夏官尚書歐陽通爲司禮卿兼判納言事	

年　卯

九月壬辰游藝自殺
癸巳攸寧守納言冬官侍郎裴行本洛州司馬狄仁傑守地官侍郎並同鳳閣鸞臺平章事
十月己酉長倩輔元通被殺　壬戌思晦被殺

長壽元年　壬辰

正月戊辰夏官尚書楊執柔同鳳閣鸞臺平章事
庚午知古貶江夏令行本流嶺南仁傑貶彭澤令
庚辰司刑卿李游道爲冬官尚書同鳳閣鸞臺平章事
二月戊午秋官尚書袁智弘同鳳閣鸞臺平章事
八月戊寅承嗣罷爲特進攸寧罷爲冬官尚書執柔罷守地官尚書司賓卿崔神基秋官侍郎崔元綜夏官侍郎李昭德權檢校天官侍郎姚璹守容州都督檢校地官侍郎李元素並同鳳閣鸞臺平章事
辛巳營繕大匠王璿守夏官尚書同鳳閣鸞臺平章事
九月辛丑璹罷爲司賓少卿
癸丑游道智弘神基元素璿並流嶺南

二年　癸巳

二月庚子夏官侍郎婁師德同鳳閣鸞臺平章事
乙卯昭德爲夏官侍郎
九月癸丑文昌右丞韋巨源秋官侍郎陸元方爲鸞臺侍郎並同鳳閣鸞臺平章事司賓卿豆盧欽望守內史

延載

二月甲午師德爲秋官尚書充河源積石懷遠等軍營田大使
三月甲申昭德爲檢校內史鳳閣舍人蘇味道爲鳳閣侍郎同鳳閣鸞臺平章事昭德爲朔方道行軍長史味

元年甲午	道爲司馬 四月壬戌夏官尚書武威道大總管王孝傑同鳳閣鸞臺三品 七月癸未嵩岳山人武什方爲正諫大夫同鳳閣鸞臺平章事 八月什方乞歸山遣之 戊辰孝傑爲瀚海道行軍總管 己巳姚璹守納言左肅政臺御史大夫楊再思爲鸞臺侍郎洛州司馬杜景佺檢校鳳閣侍郎並同鳳閣鸞臺平章事 戊寅元綜流于振州 九月壬寅昭德貶南賓尉 十月壬申文昌右丞李元素守鳳閣侍郎右肅政臺御史中丞周允元檢校鳳閣侍郎並同鳳閣鸞臺平章事
萬歲登封元年乙未	正月戊子欽望貶趙州刺史巨源鄜州刺史景佺溱州刺史味道集州刺史元方綏州刺史 丙午孝傑爲朔方道行軍總管 二月丙辰允元薨 七月辛酉孝傑爲肅邊道行軍大總管
萬歲通天元年丙	二月甲寅師德爲左肅政臺御史大夫肅邊道行軍總管 三月壬寅孝傑免 四月癸酉檢校夏官侍郎孫元亨同鳳閣鸞臺平章事 庚子師德貶原州司馬

天元年 申

七月辛亥璹爲榆關道安撫副大使

九月庚申幷州長史王方慶爲鸞臺侍郎殿中監李道廣並同鳳閣鸞臺平章事

十月己卯方慶爲鳳閣侍郎

神功

丁

元年

正月壬戌元素元亨被殺

甲子師德守鳳閣侍郎同鳳閣鸞臺平章事

四月癸酉前益州大都督府長史王及善爲內史

五月癸卯師德爲清邊道行軍副大總管

六月己卯尙方少監宗楚客檢校夏官侍郎同鳳閣鸞臺平章事　戊子承嗣春官尙書武三思並同鳳閣鸞臺三品道廣兼檢校洛州長史　辛卯師德安撫河北

七月丁酉承嗣三思並罷

八月丙戌璹罷爲益州長史

庚子仁傑兼納言三思檢校內史欽望自太子宮尹爲文昌右相同鳳閣鸞臺三品

九月甲子攸寧同鳳閣鸞臺三品

戊寅仁傑爲河北道副元帥檢校納言

庚戌師德守納言

十月癸卯仁傑爲河北道安撫大使

閏十月甲寅仁傑爲鸞臺侍郎景佺爲鳳閣侍郎並同鳳閣鸞臺平章事

正月丙寅楚客罷爲文昌左相

丁亥道廣罷爲汴州刺史

二月乙未欽望罷爲太子賓客

年	干支	宰相
聖曆元年	戊戌	三月甲戌師德罷爲納言 四月辛丑師德爲隴右諸軍大使仍檢校河西營田事 七月辛未景佺罷爲秋官尚書 八月甲午方慶罷爲麟臺監修國史 庚子三思檢校內史仁傑兼納言 九月甲子夏官尚書武攸寧同鳳閣鸞臺三品 戊寅仁傑爲河北道行軍副元帥檢校納言 辛巳試天官侍郎蘇味道爲鳳閣侍郎同鳳閣鸞臺平章事 十月癸卯狄仁傑爲河北道安撫大使夏官侍郎姚元崇麟臺少監監修國史知鳳閣侍郎李嶠同鳳閣鸞臺平章事 臘月戊子檢校左肅政臺御史中丞吉頊爲天官侍郎右臺魏元忠爲鳳閣侍郎並同鳳閣鸞臺平章事
二年	己亥	二月庚申武攸寧罷爲冬官尚書 三月甲戌師德爲納言 四月壬辰魏元忠檢校幷州大都督府長史天兵軍大總管師德副之 壬寅師德充隴右諸軍大使 八月庚子再思罷爲左肅政臺御史大夫及善爲文昌左相同鳳閣鸞臺平章事太子宮尹欽望爲文昌右相同鳳閣鸞臺三品 丁未師德薨試天官侍郎陸元方爲鸞臺侍郎同鳳閣鸞臺平章事

戊申三思爲內史
九月庚辰及善薨

久視元年

庚子

正月戊午頊貶琰川尉
壬申三思罷爲特進太子少保
丁酉狄仁傑爲內史
庚子文昌左相韋巨源爲納言
二月乙未欽望罷爲太子賓客
三月癸丑元忠兼洛州長史
辛未嶠守鸞臺侍郎兼修國史
甲戌頊加左控鶴內供奉
六月丁亥元忠爲左肅政臺御史大夫
閏七月己丑嶠罷爲成均祭酒守天官侍郎張錫爲鳳閣侍郎同鳳閣鸞臺平章事
八月庚戌元忠爲隴右諸軍州大總管
九月辛丑仁傑薨
十月辛亥元忠爲蕭關道行軍大總管
丁巳巨源罷爲地官尚書文昌右丞韋安石守鸞臺侍郎同鳳閣鸞臺平章事

長安

二月己酉鸞臺侍郎李懷遠同鳳閣鸞臺平章事
三月己卯元崇爲鳳閣侍郎
丙申錫流循州
四月癸丑元崇往幷州以北檢校諸軍州兵馬
五月丁丑元忠爲靈武道行軍大總管

元年 辛丑

丙申天官侍郎顧琮同鳳閣鸞臺平章事

六月庚申元崇兼知夏官尚書事夏官侍郎右奉宸內供奉李迥秀同鳳閣鸞臺平章事

七月壬午味道充使往幽平等州按察兵馬

甲申懷遠罷爲秋官尚書

十月丙寅元忠同鳳閣鸞臺三品兼羣牧大使

十一月壬申三思罷爲特進太子少保

甲午元崇加相王府長史安石加檢校太子左庶子

二年 壬寅

三月丙戌迥秀充使山東諸州安置軍馬幷檢校武騎兵

五月元忠爲安北道行軍副元帥尋授幷州道行軍大總管兼宣勞使左肅政臺御史大夫同鳳閣鸞臺三品兼知幷州事

十月甲辰琮薨

甲寅元崇同鳳閣鸞臺平章事味道迥秀安石並同鳳閣鸞臺三品

十二月甲午元忠爲安東道安撫使

十一月甲子相王旦爲司徒

三年 癸卯

閏四月庚午嶠兼左丞同鳳閣鸞臺平章事

丁丑安石爲神都留守判天官秋官二尚書事

己卯嶠知納言事

五月戊戌元忠兼左庶子

七月壬寅正諫大夫朱敬則同鳳閣鸞臺平章事

庚戌檢校涼州都督唐休璟爲夏官尚書同鳳閣鸞臺平章事

四月庚子相王旦罷

九月丁酉元忠貶高要尉

四年

甲辰

正月壬子天官侍郎韋嗣立爲鳳閣侍郎同鳳閣鸞臺三品

二月癸亥迥秀貶廬州刺史　壬申敬則致仕

三月己丑嗣立檢校汴州刺史　己亥貶味道坊州刺史夏官侍郎宗楚客同鳳閣鸞臺平章事休璟行右庶子

四月壬戌安石知納言事嶠知內史事

六月辛酉元崇罷爲相王府長史一事以上並同三品

乙丑天官侍郎崔玄暐爲鸞臺侍郎同鳳閣鸞臺平章事嗣立追赴宮所

丁丑嶠爲成均祭酒同鳳閣鸞臺三品　壬午元崇兼知夏官尚書同鳳閣鸞臺三品

七月丙戌左肅政臺御史大夫楊再思守內史　甲午楚客貶原州都督

八月甲寅安石兼檢校揚州長史　庚申休璟兼幽營二州都督安東都護　辛酉元崇兼知春官尚書　庚辰元崇爲司僕卿

九月壬子元之知羣牧使兼攝右肅政臺御史大夫靈武道行軍大總管

十月辛酉元之爲靈武道安撫大使權檢校左臺大夫甲戌判秋官侍郎張柬之同鳳閣鸞臺平章事　乙亥嗣立檢校魏州刺史　壬午懷州長史房融爲正諫大夫同鳳閣鸞臺平章事

	神龍元年 乙巳
十一月丁亥天官侍郎韋承慶行鳳閣侍郎同鳳閣鸞臺平章事柬之守鳳閣侍郎　癸卯嶠罷為地官尚書監修國史　丁未玄暐兼檢校太子右庶子 十二月丙辰嗣立罷為成均祭酒	正月甲辰司刑少卿袁恕己為鳳閣侍郎同鳳閣鸞臺平章事 丙午安國相王為太尉同鳳閣鸞臺平章事 庚戌玄暐守內史左羽林將軍敬暉檢校左羽林將軍桓彥範並為納言柬之為天官尚書恕己為鳳閣侍郎並同鳳閣鸞臺三品 二月甲寅三思為戶部尚書同中書門下三品元之罷為豪州刺史韋承慶貶高要尉融除名流高州 甲戌太子少詹事祝欽明同中書門下三品安石罷為守刑部尚書 三月己丑恕己守中書令 四月辛亥恕己為中書令彥範為侍中柬之為天官尚書 丁卯元忠為衞尉卿同中書門下平章事 辛未暉為侍郎 甲戌元忠為兵部尚書安石為吏部尚書懷遠為左散騎常侍休璟自涼州入為輔國大將軍並同中書門下三品再思檢校揚州大都督玄暐為特進檢校益州大都督府長史同中書門下三品欽明守刑部尚書 乙亥柬之為中書令同中書門下三品 五月甲午安石兼檢校中書令玄暐罷為博陵郡王柬
	正月丙午安國相王為太尉二月丙寅梁王武三思為司空同中書門下三品丁卯右散騎常侍武攸暨為司徒辛未安

年

之罷爲漢陽郡王恕己罷爲南陽郡王暉罷爲平陽郡
王彥範罷爲扶陽郡王元忠兼侍中
庚子懷遠爲左散騎常侍
甲辰休璟爲尙書左僕射欽望自特進爲右僕射同中
書門下平章事
六月癸亥欽望軍國重事中書門下平章事安石爲中
書令元忠爲侍中再思檢校中書令
七月辛巳太子賓客韋巨源同中書門下三品
八月欽望兼檢校安國相王府長史
九月癸巳巨源罷爲禮部尙書
十月丁未休璟爲京留守仍判尙書省事
辛未元忠爲中書令再思行侍中

國相王讓太尉同三品
丁丑三思攸暨罷

二年

丙午

正月戊戌守吏部尙書李嶠同中書門下三品中書侍
郎于惟謙同中書門下平章事
二月乙未禮部尙書韋巨源守刑部尙書同中書門下
三品
三月甲辰安石罷爲戶部尙書戶部尙書蘇瓌守侍中
戊申休璟致仕
四月己丑懷遠致仕
六月戊寅貶暉爲崖州司馬彥範瀧州司馬恕己竇州
司馬玄暐白州司馬柬之新州司馬
七月丙寅元忠爲尙書右僕射兼中書令仍知兵部事
嶠守中書令
辛未懷遠復爲同中書門下三品流暉于嘉州彥範于
瀼州恕己于環州玄暐于古州柬之于瀧州

	八月丙子欽明貶申州刺史 九月戊午懷遠薨 十月癸巳瓌爲侍中 十二月丙申欽望爲開府儀同三司依舊平章軍國重事元忠爲尚書左僕射
景龍元年丁未	七月壬戌嶠爲中書令巨源爲吏部尚書元忠加特進 八月丙戌元忠以特進致仕 九月丁酉惟謙罷爲國子祭酒行兵部尚書宗楚客左衞將軍兼太府卿紀處訥爲太僕卿吏部侍郎蕭至忠爲黃門侍郎並同中書門下三品 丙辰至忠行中書侍郎 辛亥再思爲中書令巨源處訥爲侍中瓌罷爲行吏部尚書
二年戊申	七月癸巳左屯衞大將軍朔方道行軍大總管張仁亶同中書門下三品
三年己	二月壬寅巨源爲尚書左僕射再思爲右僕射同中書門下三品 三月戊午楚客爲中書令至忠守侍中太府卿韋嗣立守兵部尚書同中書門下三品中書侍郎兼檢校吏部侍郎崔湜守兵部侍郎趙彥昭爲中書侍郎並同中書門下平章事 戊寅禮部尚書韋溫爲太子少保同中書門下三品太常少卿鄭愔守吏部侍郎同中書門下平章事

年

酉

五月丙戌湜貶襄州刺史愔貶江州司馬
六月癸巳再思薨
八月乙酉嶠守兵部尚書同中書門下三品安石自特進爲侍中至忠爲中書令
九月巨源爲都留守
戊辰瓌爲右僕射同中書門下三品
十一月甲戌欽望薨
十二月壬辰前右僕射同三品宋國公致仕唐休璟爲太子少師同中書門下三品

景雲

庚

六月壬午工部尚書張錫刑部尚書裴談並同中書門下三品吏部侍郎崔湜中書侍郎岑羲吏部尚書張嘉福並同中書門下平章事溫總知內外兵馬
甲申相王參謀政事
壬辰嘉福持節河北道巡撫羲持節河南道巡撫處訥持節關內道巡撫
庚子巨源誅
辛丑朝邑尉劉幽求爲中書舍人苑總監鍾紹京爲中書侍郎並參豫機務
壬寅紹京黄門侍郎李日知殿中監平王隆基並同中書門下三品至忠貶許州刺史嗣立宋州刺史彥昭絳州刺史湜華州刺史處訥楚客溫誅
癸卯隆基同中書門下三品紹京行中書令嘉福誅
乙巳紹京罷爲戶部尚書
丙午太常少卿薛稷爲黄門侍郎參豫機務

六月甲申安國相王罷參謀政事加太尉
十一月己巳宋王成器爲司徒兼揚州大都督

元年 戊	二
丁未隆基爲皇太子 戊申許州刺史姚元之爲兵部尚書同中書門下三品 嗣立至忠爲中書令彥昭爲中書侍郎湜爲吏部侍郎 同中書門下平章事 七月癸丑兵部尚書崔日用行黃門侍郎參知機務稷 爲中書侍郎 丁巳洛州長史宋璟檢校吏部尚書同中書門下三品 元之兼太子左庶子璟兼右庶子羲罷爲右散騎常侍 壬戌湜罷爲尚書左丞錫貶絳州刺史至忠爲晉州刺 史彥昭爲宋州刺史嗣立爲許州刺史 丙寅元之兼中書令瓌爲尚書左僕射嶠貶爲懷州刺 史 丁卯休璟致仕仁亶罷爲左衞大將軍　己巳日用罷 爲雍州刺史稷罷爲左散騎常侍 八月癸巳談罷爲蒲州刺史 十一月戊申元崇爲中書令兼兵部尚書 壬子安石罷爲太子少保瓌罷爲少傅宋王成器爲尚 書左僕射	正月己未太僕卿郭元振中書侍郎張說並同中書門 下平章事 二月甲申璟貶楚州刺史元之申州刺史 丙戌韋安石爲侍中幽求罷爲戶部尚書 四月甲申安石爲中書令 辛卯日知守侍中
	四月甲 申宋王

年 辛亥

庚戌安石加開府儀同三司
壬戌殿中監竇懷貞爲左臺御史大夫同中書門下平章事
八月庚午安石爲尚書左僕射同中書門下三品
九月乙亥懷貞守侍中
十月甲辰日知罷爲戶部尚書元振罷爲吏部尚書說罷爲尚書左丞懷貞罷爲左臺御史大夫安石罷爲特進中書侍郎陸象先同中書門下平章事吏部尚書劉幽求爲侍中右散騎常侍魏知古太子詹事崔湜爲中書侍郎並同中書門下三品

憲讓司徒爲太子賓客

先天元年 壬子

正月壬辰象先同中書門下三品
乙未竇懷貞戶部尚書岑羲並同中書門下三品
六月癸丑羲爲侍中壬戌知古爲戶部尚書同中書門下三品
七月乙亥懷貞爲尚書右僕射軍國重事宜共平章
八月庚戌湜檢校中書令幽求守尚書右僕射懷貞守左僕射並同三品知古守侍中
戊午幽求流于封州

八月己酉宋王成器爲司空

唐書卷六十一考證

宰相表上武德元年八月戊申文靜除名○臣西按舊書本紀作壬申八月無

戊申表誤

四年四月癸酉寂爲王僕射○臣西按通鑑六年四月癸酉寂左轉蓋六年蕭

瑀拜右故寂轉左也四年四月無癸酉表誤

貞觀九年七月辛巳恭仁罷爲雍州牧○沈炳震曰恭仁武德九年七月辛卯

已罷矣此蓋因九年之文而誤也

龍朔二年十一月辛未圉師貶爲虔州刺史○舊書本紀十一月下獄三年三

月貶表誤

長壽元年九月辛丑璹罷○本紀作二年九月辛丑沈炳震曰按是年九月無

辛丑且據傳當從紀

神功元年八月庚子三思檢校○臣西按舊書此即下聖曆元年八月庚子之

拜重出

欽望自太子宮尹爲文昌右相○臣酉按舊書此卽下聖曆二年八月庚子之

拜重出

聖曆元年二月乙未欽望罷○臣酉按舊書本紀此卽下久視元年二月乙未

之免重出

三月甲戌師德罷爲納言○臣酉按罷字衍文蓋師德以神功元年九月守納

言至是而正拜爲納言也又按舊書本紀此卽下二年三月甲戌之拜重出

臘月○沈炳震曰按自載初建子之後以十二月爲臘月在春一月之前爲次

年文表屬聖曆元年誤

唐書卷六十一考證

宋翰林學士歐陽修撰

表第二

宰相表中

	宰相	三師	三公
開元元年 癸丑	正月乙亥吏部尚書蕭至忠爲中書令 六月丙寅兵部尚書郭元振同中書門下三品 七月甲子至忠羲誅懷貞自殺 庚子湜流竇州 乙亥說檢校中書令 庚辰象先罷爲益州大都督府長史 八月癸巳幽求爲尚書右僕射知軍國重事 九月庚午說爲中書令幽求同三品 十月癸卯元振流于新州 甲辰同州刺史姚元之爲兵部尚書同中書門下三品 十一月乙丑幽求兼侍中 十二月壬寅元之兼紫微令 癸丑幽求罷爲太子少師說貶爲相州刺史 甲寅黃門侍郎盧懷慎同紫微黃門平章事		八月壬寅宋王成器爲太尉申王撝爲司徒邠王守禮爲司空九月丙寅宋王憲罷爲開府儀

年			
			同三司
二年甲寅	正月己卯懷慎檢校黃門監 甲申和戎大武諸軍節度使薛訥同紫微黃門三品 五月辛亥知古罷守工部尚書 七月訥除名		
三年乙卯	正月癸卯懷慎檢校吏部尚書兼黃門監		
四年丙辰	正月丙申懷慎檢校吏部尚書 十一月己卯懷慎去官養疾 丙申尚書左丞源乾曜爲黃門侍郎同紫微黃門平章事 閏十二月己亥元之幽求罷爲開府儀同三司乾曜罷爲京兆尹刑部尚書宋璟爲吏部尚書兼黃門監紫微侍郎蘇頲同紫微黃門平章事		
五年丁巳			
六年戊午			

七年 己未	
八年 庚申	正月辛巳頲罷為禮部尚書璟罷為開府儀同三司京兆尹源乾曜為黃門侍郎同中書門下平章事并州大都督府長史張嘉貞守中書侍郎同中書門下平章事 五月丁卯乾曜為侍郎嘉貞為中書令
九年 辛酉	九月辛亥天平軍節度使張說守兵部尚書同中書門下三品
十年 壬戌	
十一年 癸亥	二月己酉嘉貞貶豳州刺史 癸亥說兼中書令 四月甲子說為中書令吏部尚書王晙為兵部尚書同中書門下三品 五月己丑晙持節朔方節度使兼知河北河東隴右河西兵馬使 六月巡邊 十二月庚申晙貶蘄州刺史

年			
十二年 甲子			十一月辛巳申王撝薨
十三年 乙丑	十一月壬辰說爲尚書右丞相兼中書令乾曜爲尚書左丞相兼侍中		
十四年 丙寅	四月丁巳戶部侍郎李元紘爲中書侍郎同中書門下平章事 四月庚申說罷爲尚書右丞相 九月己丑磧西節度使杜暹檢校黃門侍郎同中書門下平章事		
十五年 丁卯			
十六年 戊辰	十一月癸巳河西節度使蕭嵩守兵部尚書同中書門下平章事		
十七年 己巳	六月甲戌元紘罷爲曹州刺史乾曜罷爲左丞相暹罷爲荊州大都督府長史嵩爲兼中書令兵部侍郎裴光庭爲中書侍郎戶部侍郎宇文融爲黃門侍郎並同中書門下平章事 八月己卯光庭兼御史大夫		

年			
年 巳	九月壬子融貶汝州刺史		
十八年 庚午	正月辛卯光庭爲侍中 四月乙丑兼吏部尚書		
十九年 辛未			
二十年 壬申	十二月壬申嵩爲兵部尚書		六月丁丑忠王浚爲司徒
二十一年 癸酉	三月乙巳光庭薨 甲寅尚書右丞韓休爲黃門侍郎同中書門下平章事 十二月丁巳嵩罷爲右丞相休罷爲檢校工部尚書京兆尹裴耀卿守黃門侍郎同中書門下平章事兼檢校中書侍郎起復張九齡爲中書侍郎同中書門下平章事		四月丁巳宋王憲爲太尉薛王業爲司徒
二十二年 甲戌	五月戊子耀卿爲侍中九齡爲中書令黃門侍郎李林甫爲禮部尚書同中書門下三品 七月甲申九齡爲河南開稻田使 八月耀卿爲江淮以南回造使		七月己巳薛王業薨

二十三年 乙亥	十一月壬寅林甫爲戶部尚書		
二十四年 丙子	七月庚子林甫爲兵部尚書 十一月壬寅耀卿罷爲左丞相九齡罷爲右丞相林甫兼中書令朔方節度使牛仙客守工部尚書同中書門下三品 十二月丙寅仙客知門下省事		十二月戊申慶王琮爲司徒
二十五年 丁丑			
二十六年 戊寅	正月乙亥仙客守侍中 正月壬辰林甫持節遙領隴右節度副大使知節度事 二月乙卯仙客遙領河東節度使 五月乙酉林甫遙領河西節度副大使知節度事仍判涼州事		六月庚子忠王浚爲皇太子
二十七年 己卯	四月己丑林甫爲吏部尚書仙客爲兵部尚書兼侍中		

二十八年庚辰	二十九年辛巳	天寶元年壬午	二年癸未	三載甲申	四載乙酉	五載丙戌
十一月仙客罷節度使		七月辛丑仙客薨 八月丁丑刑部侍郎李適之爲左相 壬辰林甫爲尚書左僕射適之兼兵部尚書				四月庚寅適之罷爲太子少保 丁酉門下侍郎陳希烈同中書門下平章事
	十一月庚戌邠王守禮薨辛未宋王憲薨					

年			
六載丁亥	二月甲辰希烈爲左丞相兼兵部尚書		
七載戊子			
八載己丑			
九載庚寅			
十載辛卯	正月丁酉林甫遙領單于安北副大都護充朔方節度等使		
十一載壬辰	四月丙戌林甫罷都護 十一月乙卯林甫死 庚申御史大夫判度支事劍南節度使楊國忠爲右相兼文部尚書		五月戊申慶王琮薨
十二載癸巳	十二月戊子希烈爲祕書省圖書使		

年			
十三載 甲午	八月丙戌希烈罷爲太子太師文部侍郎韋見素爲武部尚書同中書門下平章事知門下省事		二月丁丑楊國忠爲司空
十四載 乙未			
至德元載 丙申	六月丙午劍南節度使崔圓爲中書侍郎同中書門下平章事 七月甲子憲部侍郎房琯爲文部尚書河西行軍司馬裴冕爲中書侍郎並同中書門下平章事 庚午見素爲左相蜀郡太守崔渙爲門下侍郎同中書門下平章事 八月庚子見素琯渙赴靈武 十一月甲寅憲部尚書李麟同中書門下平章事 戊午渙爲江南宣慰使		六月丙申國忠死
二 丁酉	正月甲寅圓自蜀來 三月辛酉見素罷爲左僕射冕罷爲右僕射憲部尚書致仕苗晉卿爲左相 五月丁巳琯罷爲太子少師諫議大夫兼侍御史張鎬爲中書侍郎同中書門下平章事 八月甲申渙罷爲左散騎常侍餘杭郡太守鎬兼河南節度使都統淮南諸軍事 十二月甲寅晉卿爲中書侍郎同中書門下平章事 戊午圓爲中書令麟同中書門下三品晉卿行侍中		四月戊寅朔方節度使同平章事郭子儀爲司空 五月甲子子儀罷司空 十二月戊午河東節度使同平

……載

章事李光弼守司空子儀爲司徒廣平郡王俶爲太尉進封楚王

乾元元年 戊戌

五月戊子鎬罷爲荊州大都督府長史

乙未圓罷爲太子少師麟罷爲太子少傅太常少卿王嶼爲中書侍郎同中書門下平章事

三月甲戌楚王俶封成王

五月庚寅俶爲皇太子

八月丙辰光弼爲侍中子儀兼中書令

二年 己亥

三月甲午兵部侍郎呂諲同中書門下平章事判度支

乙未晉卿罷爲太子太傅嶼罷爲刑部尚書御史大夫

京兆尹李峴爲吏部尚書中書舍人李揆爲中書侍郎

戶部侍郎第五琦並同中書門下平章事

五月辛巳峴貶蜀州刺史

七月辛卯諲以母喪罷

十月壬戌起復

十一月庚午琦貶忠州刺史

十二月甲午諲充句當度支使

丙午爲黃門侍郎

年	宰相		三公
上元元年庚子	五月丙午晉卿爲侍中 壬子諲罷爲太子賓客		正月辛巳光弼加太尉兼中書令閏四月丁卯河東節度副大使王思禮爲司空
二年辛丑	二月癸未揆貶袁州長史河中節度使蕭華爲中書侍郎同中書門下平章事 四月己未吏部侍郎裴遵慶爲黃門侍郎同中書門下平章事		三月戊戌光弼罷太尉復兼侍中五月庚子光弼復爲太尉思禮薨
寶應元年壬寅	建辰月戊申華罷爲禮部尚書戶部侍郎元載同中書門下平章事 五月丙寅載行中書侍郎句當轉運租庸支度使		正月壬午李輔國爲司空十月壬戌死
廣德癸	正月癸未京兆尹劉晏爲吏部尚書同中書門下平章事 七月壬子雍王适兼中書令 十月壬辰載判元帥行兵司馬		六月癸未澤潞節度使李抱玉爲司空兼

年	宰相		
元年卯	十二月乙未晉卿罷爲太子太保檢校禮部尚書李峴爲黃門侍郎同中書門下平章事遲慶罷爲太子少傅		兵部尚書
二年甲辰	正月乙卯雍王适爲皇太子 癸亥峴罷爲太子詹事晏罷爲太子賓客右散騎常侍王縉爲黃門侍郎太常卿杜鴻漸爲兵部侍郎並同中書門下平章事 丁卯鴻漸加莊宅使 四月甲午爲中書侍郎 八月丙寅縉爲侍中持節都統河南淮南淮西山東道行營節度使 壬申縉罷侍中 甲午兼東都留守	四月壬子朔方行營節度使尚書左僕射同平章事兼太保僕固懷恩爲太保	七月乙酉光弼薨九月辛亥子儀爲太尉抱玉爲司徒甲寅子儀罷讓之十二月乙丑子儀爲尚書令辛未子儀讓罷之
永泰元年乙巳	八月庚辰縉爲河南副元帥	九月丁酉懷恩死	三月丙午抱玉讓司徒
大曆元年丙午	二月壬子鴻漸爲黃門侍郎同中書門下平章事兼成都尹持節山南西道劍南東川西川邛南西山等道副元帥仍充劍南西川節度副大使		
二年丁未	六月丙戌鴻漸自劍南追至		

年	宰相		
三年 戊申	閏六月庚午縉兼幽州盧龍節度使 八月庚午兼河東節度使		閏六月己酉子儀爲司徒庚午魏博節度使田承嗣爲司空兼檢校尚書左僕射
四年 己酉	二月乙卯鴻漸讓山劍副元帥 六月戊申縉罷副元帥都統行營節度使 十一月壬申鴻漸罷 癸酉載權知門下省事 丙子尚書左僕射裴冕爲同中書門下平章事 十二月戊戌冕薨		
五年 庚戌	四月庚申縉至自太原		
六年 辛亥			
七年 壬子			

年			
八年 癸丑			二月戊申承嗣爲太尉
九年 甲寅			
十年 乙卯			
十一年 丙辰			
十二年 丁巳	三月辛巳載誅縉貶括州刺史 四月壬午太常卿楊綰爲中書侍郎禮部侍郎常衮爲門下侍郎並同中書門下平章事 七月己巳綰薨		
十三年 戊午			

年	宰相	三公
十四年 己未	三月丁未前淮西節度使檢校司空同平章事李忠臣本官同平章事 閏五月甲戌袞貶河南少尹河南少尹崔祐甫爲門下侍郎同中書門下平章事 八月甲辰懷州刺史喬琳爲御史大夫道州司馬炎爲門下侍郎並同中書門下平章事 十一月壬午琳罷爲工部尚書	二月癸未承嗣死 閏五月甲申子儀加尚父兼太尉中書令 六月己亥平盧淄青節度使檢校司空同平章事李正己爲司徒成德軍節度使檢校司空同平章事李寶臣爲司空
建中元年 庚申	六月甲午祐甫薨	
二		正月戊辰寶臣死 六月辛丑子儀薨 七月庚申

年 辛酉	三年 壬戌	四年 癸亥
二月乙巳炎爲中書侍郎御史大夫盧杞爲門下侍郎同中書門下平章事 七月庚申永平軍節度使張鎰爲中書侍郎平章事炎罷爲左僕射	四月戊寅鎰罷爲鳳翔節度使 十月丙辰吏部侍郎關播爲中書侍郎同中書門下平章事	十月丁巳戶部尚書蕭復爲吏部尚書吏部郎中劉從一爲刑部侍郎京兆府戶曹參軍翰林學士姜公輔爲諫議大夫並同中書門下平章事 十一月癸巳朔方節度使李懷光爲中書令朔方邠寧同華陝虢河中晉絳慈隰行營兵馬副元帥 十二月壬戌杞貶新州司馬
檢校右僕射侯希逸爲司空是日卒 壬午幽州隴右兼四鎮北庭行軍涇原節度使檢校司空兼中書令朱泚爲太尉 八月辛卯正己死		

年	宰相		
興元元年 甲子	正月癸酉播罷爲刑部尚書 丙戌吏部侍郎盧翰爲兵部侍郎同中書門下平章事 戊子復爲山南東西荊湖淮南淮西鄂岳浙江東西福建嶺南宣慰安撫使 四月甲寅公輔罷爲左庶子 六月己酉李晟爲中書令　癸丑從一爲中書侍郎翰爲門下侍郎　甲寅朔方節度使邠寧振武永平奉天行營兵馬副元帥檢校尚書右僕射同平章事渾瑊爲侍中　丙辰忠臣誅 八月癸卯瑊爲河中同絳陝虢諸軍行營兵馬副元帥 丙午瑊兼朔方行營兵馬副元帥 十月辛丑檢校司徒李勉本官同中書門下平章事 十一月乙丑復罷爲左庶子 十二月己卯勉加太清宮使翰加太微宮使從一集賢殿大學士		二月甲子李懷光爲太尉不拜 六月己酉京畿渭北商華兵馬副元帥李晟爲司徒中書令 八月癸卯晟爲鳳翔隴右諸軍涇原四鎮北庭行營兵馬元帥
貞元元年 乙丑	四月丙戌瑊爲河中招撫使 六月辛卯西川節度使同平章事張延賞爲中書侍郎同中書門下平章事 八月己卯河東節度使檢校司徒同平章事馬燧兼侍中　延賞罷爲僕射 九月辛亥從一罷爲戶部尚書		八月甲戌懷光伏誅

年	進拜加官罷免		
二年丙寅	正月壬寅翰罷為太子賓客吏部侍郎劉滋為左散騎常侍給事中崔造中書舍人齊映並同中書門下平章事 癸丑映判兵部勉判刑部滋判吏部禮部造判戶部工部 十二月丁巳燧為綏銀麟勝招討使 庚申造罷為右庶子		
三年丁卯	正月壬寅尚書左僕射張延賞同中書門下平章事 壬子滋罷守左散騎常侍映貶夔州刺史兵部侍郎柳渾同中書門下平章事 三月辛亥燧罷副元帥 六月丙戌陝虢觀察使李泌為中書侍郎同中書門下平章事 七月壬申延賞薨 八月己丑渾罷為散騎常侍		三月丁未晟為太尉 六月丙戌馬燧為司徒兼侍中
四年戊辰	七月庚戌瑊為邠寧慶副元帥		
五年己巳	二月庚子御史大夫竇參為中書侍郎大理卿董晉為門下侍郎並同中書門下平章事 三月甲辰泌薨		

年	宰相		
六年庚午			
七年辛未			
八年壬申	正月丁丑參兼吏部尚書知選事 四月乙未參貶郴州別駕尚書左丞趙憬兵部侍郎陸贄並中書侍郎同中書門下平章事		
九年癸酉	五月甲辰憬為門下侍郎義成軍節度使賈耽為尚書右僕射尚書右丞盧邁並同中書門下平章事 五月丙午晉罷為禮部尚書		正月己亥抱真讓司徒為檢校左僕射 六月壬寅抱真卒 八月庚戌晟薨
十年甲戌	十二月壬戌贄罷為太子賓客		

年			
十一年 乙亥	正月乙亥邁爲中書侍郎		八月辛亥燧薨
十二年 丙子	二月乙丑瑊兼中書令 八月丙戌憬薨 十月甲戌右諫議大夫崔損給事中趙宗儒並同中書門下平章事		
十三年 丁丑	九月己丑邁罷爲太子賓客		
十四年 戊寅	四月丁丑損爲修八陵使 七月壬申宗儒罷爲太子右庶子工部侍郎鄭餘慶爲中書侍郎同中書門下平章事損爲門下侍郎		
十五年 己卯	十二月辛未瑊薨		
十六年 庚辰	九月庚戌餘慶貶郴州司馬 庚申太常卿齊抗爲中書侍郎同中書門下平章事		

年	宰相		
十七年辛巳			
十八年壬午			
十九年癸未	三月壬子淮南節度使檢校尚書左僕射同平章事杜佑檢校司空同中書門下平章事 七月己未抗罷爲太子賓客 閏十一月丁巳損薨 十二月庚申太常卿高郢爲中書侍郎吏部侍郎鄭珣瑜爲門下侍郎並同中書門下平章事		
二十年甲申			
永貞	二月辛亥吏部侍郎韋執誼爲尚書右丞同中書門下平章事 三月丙戌佑檢校司徒 庚寅郢爲刑部尚書珣瑜爲吏部尚書執誼爲中書侍郎 七月乙未郢罷守刑部尚書珣瑜罷守吏部尚書太常		

年	宰相		
元年 乙酉	卿杜黃裳爲門下侍郎左金吾衛大將軍袁滋爲中書 侍郎並同中書門下平章事 八月己未滋爲劍南東西川山南西道安撫大使 癸亥尚書左丞鄭餘慶同中書門下平章事 十月丁酉耽薨 戊戌滋罷爲檢校吏部尚書同平章事西川節度使 十一月壬申執誼貶崖州司馬 十二月壬戌中書舍人鄭絪爲中書侍郎同中書門下 平章事		
元和元年 丙戌	十一月庚戌餘慶罷爲河南尹		四月丁未佑爲司徒
二年 丁亥	正月乙巳黃裳罷爲檢校司空同平章事河南節度使 己酉御史中丞武元衡爲門下侍郎中書舍人李吉甫 爲中書侍郎並同中書門下平章事 八月辛酉元衡兼判戶部 十月丁卯檢校吏部尚書兼門下侍郎同平章事西川 節度使		
三年 戊子	九月庚寅山南東道節度使檢校尚書左僕射于頔守 司空同中書門下平章事 丙申戶部侍郎裴垍守中書侍郎同中書門下平章事 絪爲門下侍郎 戊戌吉甫檢校兵部尚書兼中書侍郎同平章事淮南 節度使		九月庚寅頔守司空

年	宰相		
四年 己丑	二月丁卯絪罷爲太子賓客給事中李藩爲門下侍郎同中書門下平章事		
五年 庚寅	九月丙寅太常卿權德輿爲禮部尚書同中書門下平章事 十一月庚申垍罷爲兵部尚書		
六年 辛卯	正月庚申李吉甫爲中書侍郎同書中門下平章事 二月壬申藩罷爲太子詹事 十一月己丑戶部侍郎李絳爲中書侍郎同中書門下平章事		
七年 壬辰		六月癸巳佑爲太保致仕	
八年 癸巳	正月辛未德輿罷爲禮部尚書 三月甲子武元衡爲門下侍郎平章事 己巳至自西川		三月丁酉頔貶恩王傅
九年 甲午	二月癸卯絳罷爲禮部尚書 六月壬寅河中節度使張弘靖爲刑部尚書同中書門下平章事 十月丙午吉甫薨		

年	事		
年	十二月庚戌弘靖守中書侍郎 戊辰尚書右丞韋貫之同中書門下平章事		
十年 乙未	六月癸卯元衡爲盜殺 乙丑御史中丞裴度爲中書侍郎同中書門下平章事		正月乙酉宣武軍節度使韓弘守司徒
十一年 丙申	正月己巳弘靖罷檢校吏部尚書河東節度使 二月乙巳中書舍人李逢吉爲門下侍郎同中書門下平章事貫之爲中書侍郎 八月壬寅貫之罷爲吏部侍郎 十二月丁未翰林學士工部侍郎王涯爲中書侍郎同中書門下平章事		
十二年 丁酉	七月丙辰度守門下侍郎同平章事彰義節度淮西宣慰處置使戶部侍郎崔羣爲中書侍郎同中書門下平章事 九月丁未逢吉罷爲劍南東川節度使 十月甲戌淮南節度使檢校尚書左僕射李鄘爲門下侍郎同中書門下平章事 十二月戊寅鄘至		

年	干支	宰相		
十三年	戊戌	三月戊戌鄘罷爲戶部尚書御史大夫李夷簡爲門下侍郎同中書門下平章事 七月辛丑夷簡檢校左僕射同平章事淮南節度使 八月壬子涯罷爲兵部侍郎 九月甲辰戶部侍郎判度支皇甫鎛工部侍郎諸道鹽鐵轉運使程异並同中書門下平章事判使各如故		
十四年	己亥	四月辛未异薨 丙子度檢校左僕射兼門下侍郎同平章事河東節度使 七月丁酉鎛守門下侍郎河陽節度使令狐楚守中書侍郎同中書門下平章事 八月己酉宣武節度使守司徒兼侍中同平章事韓弘兼中書令 十二月己卯羣罷爲湖南觀察使		
十五年	庚子	正月壬午鎛罷度支 閏月丁未鎛貶崖州司戶參軍 辛亥楚爲門下侍郎御史中丞蕭俛中書舍人翰林學士段文昌並守中書侍郎同中書門下平章事 七月丁卯楚罷爲宣歙觀察使 八月戊戌俛爲門下侍郎御史中丞崔植守中書侍郎同中書門下平章事		九月戊午檢校左僕射河東節度使裴度守司空

唐書卷六十二

唐書卷六十二考證

宰相表中開元二年正月己卯懷慎檢校黃門監○沈炳震曰按兩書本紀懷慎皆以三年正月癸卯檢校黃門監此表二年文重出

貞元十九年閏十一月○臣酉按是年閏十月非閏十一月也一字疑衍

唐書卷六十二考證

唐書卷六十三

宋　翰　林　學　士　歐　陽　修　撰

表第三

宰相表下

	宰相	三師	三公
長慶元年辛丑	正月壬戌俛罷爲尚書右僕射 二月壬午文昌檢校刑部尚書同平章事西川節度使 戶部侍郎翰林學士杜元穎守戶部侍郎同中書門下平章事 十月丙寅諸道鹽鐵轉運使刑部尚書王播守中書侍郎同中書門下平章事		
二年壬寅	二月辛巳植罷爲刑部尚書工部侍郎元稹守工部侍郎同中書門下平章事元穎爲中書侍郎 三月戊午度守司空兼門下侍郎平章事播檢校尚書右僕射平章事淮南節度使 六月甲子度罷爲尚書左僕射稹罷爲同州刺史兵部尚書李逢吉守門下侍郎同中書門下平章事 戊寅夷簡分司東都		三月戊午度守司空 十二月庚寅弘卒

年	宰相		
三年癸卯	三月壬戌御史中丞牛僧孺爲戶部侍郎同中書門下平章事丁卯復判戶部 十月己丑元穎檢校禮部尚書同平章事西川節度使 庚寅僧孺爲中書侍郎		八月癸卯度守司空山南西道節度使
四年甲辰	五月乙卯吏部侍郎李程戶部侍郎判度支竇易直並同中書門下平章事 六月丙申度同平章事 乙酉逢吉爲尚書右僕射		六月丙申橫海軍節度使李光顏守司徒
寶曆元年乙巳	正月乙卯僧孺檢校禮部尚書同平章事武昌節度使 辛酉程守中書侍郎易直守門下侍郎 十一月庚午易直罷度支		
二年丙午	二月丁未裴度守司空同中書門下平章事 八月丙申度判度支 九月壬午程檢校兵部尚書同平章事河東節度使 十一月甲申逢吉檢校司空同平章事山南東道節度使 十二月庚戌兵部侍郎翰林學士韋處厚爲中書侍郎同中書門下平章事 庚申度兼門下侍郎易直尚書右僕射		二月丁未度守司空 九月戊寅光顏卒

年	宰相	三師	三公
太和元年 丁未	六月癸巳淮南節度副大使王播爲尚書左僕射同中書門下平章事 十月丙寅度罷度支		正月癸未天平軍節度使烏重胤守司徒丙寅重胤卒
二年 戊申	十月癸酉易直檢校尚書左僕射平章事山南東道節度使 十二月壬申處厚薨 戊寅兵部侍郎翰林學士路隋守中書侍郎同中書門下平章事		九月甲午武寧節度使王智興守司徒
三年 己酉	八月甲戌吏部侍郎李宗閔同中書門下平章事 十二月己酉元穎貶邵州刺史	十一月乙巳智興爲太傅	
四年 庚戌	正月辛卯牛僧孺爲兵部尚書同中書門下平章事 六月丁未度平章軍國重事 己酉隋爲門下侍郎宗閔爲中書侍郎 七月癸未尚書右丞宋申錫同中書門下平章事 九月壬午度爲司徒兼侍中山南東道節度使	六月己巳檢校司徒平章事李載義守太保	六月丁未度守司空 九月壬午度爲司徒

五年辛亥	六年壬子	七年癸丑	八年甲寅	九年
三月庚子申錫罷爲太子右庶子 乙丑僧孺爲中書侍郎	十二月乙丑僧孺檢校尚書右僕射平章事淮南節度使	二月丙戌兵部尚書李德裕守本官同中書門下平章事 六月乙亥宗閔檢校禮部尚書平章事興元節度使 七月丁酉德裕爲中書侍郎壬寅尚書右僕射諸道鹽鐵轉運使王涯守右僕射同中書門下平章事 是年隋爲太子太師	三月戊午涯檢校司空兼門下侍郎 十月庚寅李宗閔守中書侍郎同平章事 甲午德裕檢校兵部尚書同平章事山南西道節度使	四月丙申隋檢校尚書右僕射平章事鎮海軍節度使 戊戌浙西觀察使賈餗守中書侍郎同中書門下平章事 六月壬寅宗閔貶明州刺史 七月辛亥御史大夫李固言守門下侍郎同中書門下平章事
				七月癸酉智興卒
				五月辛未涯爲司空

年	宰相		
年 己卯	九月丁卯固言檢校兵部尚書山南西道節度使 己巳御史中丞舒元輿爲刑部侍郎兵部侍郎翰林學士李訓爲禮部侍郎並同中書門下平章事 十月乙亥涯兼諸道鹽鐵榷茶使 庚子度兼中書令 十一月甲子訓斬首於昆明池尚書右僕射鄭覃同中書門下平章事 乙丑元輿餗爲仇士良所殺戶部侍郎判度支李石守本官同中書門下平章事	十一月癸丑戴義守太傅	十一月乙丑仇士良殺涯
開成元年 丙辰	正月甲子覃兼門下侍郎石爲中書侍郎 四月甲午李固言守門下侍郎同中書門下平章事石兼鹽鐵使 丙申固言判戶部 五月己巳罷 八月己酉覃兼國子祭酒石罷度支		
二年 丁巳	四月戊戌翰林學士工部侍郎陳夷行以本官同中書門下平章事 十月戊申固言爲門下侍郎同平章事西川節度使 十一月壬戌石罷鹽鐵使	四月庚申戴義卒	

年	宰相		
三年 戊午	正月戊辰戶部尚書諸道鹽鐵轉運使楊嗣復戶部侍郎判戶部李珏並同中書門下平章事 丙子石以中書侍郎同中書門下平章事荊南節度使 三月庚午覃爲太子太師 四月丙申珏罷戶部 七月戊辰嗣復罷鹽鐵使 九月己巳夷行爲門下侍郎珏嗣復爲中書侍郎 十二月辛丑度守司徒兼中書令 丙午覃罷太子太師五日一入中書		
四年 己未	閏正月己亥度來朝 五月丙申覃罷爲尚書左僕射夷行罷爲吏部侍郎 七月甲辰太常卿崔鄲同中書門下平章事 十一月壬午嗣復爲門下侍郎鄲爲中書侍郎		三月丙戌度薨
五年 庚申	二月癸丑珏兼戶部尚書嗣復兼吏部尚書鄲兼禮部尚書 五月己卯珏爲門下侍郎嗣復罷守吏部尚書刑部尚書諸道鹽鐵轉運使刑部尚書崔珙同中書門下平章事 八月庚午珏貶太常卿 九月丁丑淮南節度副大使檢校右僕射李德裕爲門下侍郎同中書門下平章事 庚辰珙爲中書侍郎		

年	宰相		三公
會昌元年辛酉	三月甲戌御史大夫陳夷行爲門下侍郎同中書門下平章事 十一月癸亥鄲檢校吏部尚書同平章事劍南西川節度使		
二年壬戌	正月己亥夷行爲尚書左僕射珙爲尚書右僕射 二月丁丑檢校尚書右僕射淮南節度使李紳爲中書侍郎平章事 三月丙申紳權判度支 六月夷行罷爲太子太保 七月尚書左丞兼御史中丞李讓夷爲中書侍郎同中書門下平章事		正月己亥李德裕爲司空
三年癸亥	二月辛未珙罷守尚書右僕射 五月壬寅紳爲門下侍郎 戊申翰林學士承旨中書舍人崔鉉爲中書侍郎同中書門下平章事 庚戌紳爲尚書右僕射		六月辛酉德裕爲司徒
四年甲子	閏七月壬戌淮南節度使檢校尚書右僕射駙馬都尉杜悰爲尚書右僕射兼中書侍郎同中書門下平章事諸道鹽鐵轉運使紳檢校尚書右僕射同平章事淮南節度使 八月庚戌讓夷爲檢校尚書右僕射兼中書侍郎鉉兼戶部尚書悰爲尚書左僕射兼門下侍郎		八月戊申德裕守太尉
	正月己未德裕加特進		

年			
五年乙丑	五月壬戌鉉罷爲戶部尚書悰罷爲尚書右僕射乙丑戶部侍郎判戶部李回爲中書侍郎同中書門下平章事兼判戶部 七月山南東道節度使檢校尚書右僕射鄭肅本官同中書門下平章事		
六年丙寅	四月丙子德裕檢校司徒同平章事荊南節度使辛卯肅檢校尚書左僕射兼中書侍郎讓夷爲司空兼門下侍郎 五月乙巳翰林學士承旨兵部侍郎白敏中本官同中書門下平章事 九月肅本檢校官荊南節度使兵部侍郎判度支盧商爲中書侍郎兼工部尚書同中書門下平章事回爲門下侍郎敏中爲中書侍郎		四月辛卯讓夷爲司空 七月讓夷檢校司空同平章事淮南節度使
大中元年丁卯	三月商檢校兵部尚書武昌軍節度使刑部尚書判度支崔元式爲門下侍郎兼刑部尚書翰林學士承旨戶部侍郎韋琮爲中書侍郎並同中書門下平章事 八月丙申回檢校吏部尚書同平章事劍南西川節度使		
二年戊辰	正月丙寅敏中兼刑部尚書元式兼戶部尚書琮兼禮部尚書 己卯刑部侍郎諸道鹽鐵轉運使馬植同中書門下平章事元式罷爲刑部尚書兵部侍郎判度支周墀同中書門下平章事 六月庚戌敏中琮爲門下侍郎植墀爲中書侍郎		

十一月壬午琮罷爲太子賓客分司東都

三年　己巳

三月擢兼刑部尚書敏中爲尚書右僕射植檢校禮部尚書天平軍節度使

四月乙酉御史大夫崔鉉守中書侍郎同中書門下平章事擢檢校刑部尚書東川節度使兵部侍郎判戶部事魏扶守本官同中書門下平章事

四年　庚午

六月戊申扶薨戶部侍郎判度支崔龜從守戶部尚書同中書門下平章事判如故

八月庚戌罷判

十月辛未翰林學士承旨兵部侍郎令狐綯守本官同中書門下平章事

五年　辛未

三月甲申敏中爲特進守司空兼門下侍郎同平章事招討南山平夏党項行營兵馬都統制置使幷南北路供軍使兼邠寧慶等州節度使

四月乙卯鉉守尚書右僕射兼門下侍郎龜從爲中書侍郎兼吏部尚書綯爲中書侍郎兼禮部尚書

十月戊辰戶部侍郎判戶部魏謩守本官同中書門下平章事判如故

十一月庚寅龜從檢校吏部尚書同平章事宣武節度使

三月甲申敏中守司空

十月敏中守司空同中書門下平章事兼邠寧慶等州節度使

六年壬申	七年癸酉	八年甲戌	九年乙亥	十年丙子
正月癸巳綯兼戶部尚書 八月禮部尚書諸道鹽鐵轉運使裴休本官同中書門下平章事使如故 十二月壬午謩爲中書侍郎		十一月乙酉休罷使 十二月癸巳謩罷戶部	二月甲戌鉉爲尚書左僕射綯爲門下侍郎謩兼禮部尚書休爲中書侍郎兼戶部尚書 七月丙辰鉉檢校尚書左僕射同平章事淮南節度使	正月丁巳御史大夫鄭朗守工部尚書同中書門下平章事 十月戊子休爲檢校戶部尚書同平章事宣武節度使綯爲尚書右僕射謩爲門下侍郎兼戶部尚書朗爲中書侍郎兼禮部尚書 十一月壬辰戶部侍郎判戶部事崔慎由爲工部尚書同中書門下平章事
四月甲辰敏中檢校司徒平章事西川節度使				

十一年 丁丑

二月辛巳蕃爲檢校戶部尚書平章事西川節度使
七月庚子兵部侍郎判度支蕭鄴本官同中書門下平
章事判如故
十月鄴罷度支
壬申朗罷爲檢校尚書右僕射兼太子少師
十一月己未愼由爲中書侍郎禮部尚書鄴爲工部尚
書

十二年 戊寅

正月戊戌戶部侍郎判度支劉瑑本官同中書門下平
章事判如故
二月壬申愼由罷爲檢校禮部尚書劍南東川節度使
四月戊申兵部侍郎諸道鹽鐵轉運使夏侯孜本官同
中書門下平章事使如故
己酉鄴爲中書侍郎兼禮部尚書瑑爲工部尚書
五月丙寅瑑薨
十月癸巳孜爲工部尚書
十一月己未綯爲尚書左僕射
十二月甲寅兵部侍郎判戶部蔣伸本官同中書門下
平章事判如故

十三年 己卯

三月甲戌伸罷戶部
八月癸卯鄴爲門下侍郎伸爲中書侍郎並兼兵部尚
書孜爲中書侍郎兼刑部尚書
十一月戊午鄴檢校尚書右僕射同平章事荊南節度

八月癸卯
綯爲司空
十二月丁
酉檢校司
徒兼太子
太師同平

年	宰相		三公
年	使 十二月甲申翰林學士承旨兵部侍郎杜審權本官同中書門下平章事 丁酉敏中守司徒兼門下侍郎同中書門下平章事		章事荊南節度使白敏中守司徒綯爲檢校司徒同平章事河中節度使
咸通元年庚辰	九月癸酉孜爲門下侍郎兼兵部尚書伷兼刑部尚書審權爲中書侍郎兼工部尚書 戊申敏中爲中書令 十月己亥孜爲檢校尚書右僕射同平章事劍南西川節度使戶部尚書判度支畢諴爲禮部尚書同中書門下平章事		十二月癸亥福王綰爲司空
二年辛巳	二月尚書左僕射判度支杜悰本官兼門下侍郎同中書門下平章事判如故 庚戌敏中檢校司徒兼中書令鳳翔節度使		二月庚戌敏中遷福王綰薨
三年壬午	正月己酉伷檢校兵部尚書同平章事河中節度使 二月庚子審權爲門下侍郎兼吏部尚書諴爲中書侍郎兼兵部尚書 七月夏侯孜爲尚書左僕射兼門下侍郎同中書門下平章事		二月庚子悰守司空 十月丙申悰爲司徒

年	宰相		三公
四年 癸未	四月癸巳，誠罷爲兵部尚書。五月己巳，翰林學士承旨兵部侍郎楊收守本官同中書門下平章事。戊子，審權檢校吏部尚書同平章事鎭海軍節度使。閏六月，兵部侍郎判度支曹確本官同中書門下平章事。悰檢校司徒同平章事鳳翔節度使。十月，收爲中書侍郎。		正月庚辰，撫王紘守司空。
五年 甲申	三月己亥，確爲中書侍郎。四月，兵部侍郎判戶部蕭寘本官同中書門下平章事。五月戊戌，伸爲太子少保分司東都。八月乙卯，收爲門下侍郎兼刑部尚書，確兼工部尚書，寘爲中書侍郎。十一月壬寅，翰林學士承旨兵部侍郎路巖本官同中書門下平章事。		八月丁卯，孜爲司空。十一月戊戌，孜檢校尚書右僕射同平章事河中節度使。
六年 乙酉	三月，寘薨。四月，劍南東川節度使高璩爲兵部侍郎同中書門下平章事。六月，收爲尚書右僕射兼門下侍郎，確兼工部尚書，巖爲中書侍郎。庚戌，璩薨。御史大夫徐商爲兵部侍郎同中書門下平章事。		
七年 丙戌	十月壬申，收檢校工部尚書宣歙池觀察使。十一月戊辰，確爲門下侍郎，巖兼刑部尚書，商爲中書侍郎兼工部尚書。		

八年丁亥	七月甲子兵部侍郎諸道鹽鐵轉運使駙馬都尉于琮本官同中書門下平章事 十月確兼吏部尚書巖爲門下侍郎兼戶部尚書商兼刑部尚書		
九年戊子			
十年己丑	六月癸卯商檢校尚書右僕射平章事荊南節度使翰林學士承旨戶部侍郎劉瞻本官同中書門下平章事 九月瞻爲中書侍郎		
十一年庚寅	正月戊午確加尚書左僕射巖加右僕射瞻刑部尚書 三月確檢校司徒同平章事鎮海軍節度使 四月丙午翰林學士承旨兵部侍郎駙馬都尉韋保衡本官同中書門下平章事 九月丙辰瞻檢校刑部尚書同平章事荊南節度使 十一月辛亥禮部尚書判度支王鐸本官同中書門下平章事		
十二年辛卯	四月癸卯巖檢校司徒平章事劍南西川節度使鐸爲中書侍郎兼刑部尚書 十月兵部侍郎諸道鹽鐵轉運使劉鄴爲禮部尚書同中書門下平章事使如故鐸爲門下侍郎兼吏部尚書		

年	宰相		三公
十三年 壬辰	三月丁巳琮檢校尚書左僕射山南東道節度使保衡為右僕射鐸為尚書左僕射鄴為中書侍郎以刑部侍郎判戶部趙隱為戶部侍郎同中書門下平章事 十月保衡為門下侍郎兼兵部尚書 十一月庚辰鄴兼戶部尚書蔚為門下侍郎隱為中書侍郎		十一月保衡為司空鐸為司徒
十四年 癸巳	六月鐸檢校尚書左僕射同平章事宣武軍節度使 八月乙卯鄴兼吏部尚書隱兼禮部尚書 十月乙未鄴為尚書左僕射隱兼戶部尚書尚書左僕射蕭倣為中書侍郎兼兵部尚書同中書門下平章事		八月乙卯保衡為司徒 九月癸亥保衡貶賀州刺史
乾符元年 甲午	二月癸丑隱檢校兵部尚書鎮海軍節度使檢校戶部尚書兼華州刺史裴坦為中書侍郎同中書門下平章事 五月乙未坦薨刑部尚書劉瞻為中書侍郎同中書門下平章事 八月辛未瞻薨兵部侍郎判度支崔彥昭為中書侍郎同中書門下平章事 十月丙辰鄴檢校尚書左僕射同平章事淮南節度使吏部侍郎鄭畋為兵部侍郎翰林學士承旨戶部侍郎盧攜並同中書門下平章事 十一月彥昭為門下侍郎兼刑部尚書畋為中書侍郎兼禮部尚書攜為中書侍郎		十一月倣為司空

年			
二年乙未	六月吏部尚書李蔚爲中書侍郎同中書門下平章事彥昭爲尚書右僕射兼門下侍郎畋爲門下侍郎攜兼工部尚書		五月倣薨
三年丙申			六月乙丑撫王紘爲太尉未幾紘薨
四年丁酉	正月畋兼兵部尚書攜兼刑部尚書 閏二月彥昭罷爲太子太傅王鐸檢校司徒兼門下侍郎同中書門下平章事 九月攜兼戶部尚書		正月丁丑彥昭爲司空 六月癸酉鐸爲司徒
五年戊戌	五月丁酉畋攜並罷爲太子賓客分司東都翰林學士承旨戶部侍郎豆盧瑑爲兵部侍郎吏部侍郎崔沆爲戶部侍郎並同中書門下平章事 九月吏部尚書鄭從讜爲中書侍郎兼禮部尚書同中書門下平章事蔚檢校司空判東都尚書省都畿汝防禦使		
六年己亥	四月鐸檢校司空兼侍中荊南節度使南面行營招討都統從讜兼禮部尚書 十二月兵部尚書盧攜爲門下侍郎同中書門下平章事瑑爲中書侍郎兼戶部尚書沆爲中書侍郎兼工部尚書從讜爲門下侍郎兼兵部尚書鐸貶太子賓客分司東都		

廣明元年 庚子	中和元年 辛丑
正月壬子從讜檢校司空兼平章事河東節度行營招討等使 六月丙午攜兼兵部尚書 十二月甲申攜貶爲太子賓客分司東都翰林學士承旨尚書左丞王徽爲戶部侍郎翰林學士戶部侍郎裴澈爲工部侍郎並同中書門下平章事 庚子黃巢殺瑑沆	正月壬申兵部侍郎判度支蕭遘爲工部侍郎同中書門下平章事 二月澈兼禮部尚書己卯太子少師王鐸爲司徒兼門下侍郎同中書門下平章事 三月徽罷爲兵部尚書 四月庚寅澈爲門下侍郎兼兵部尚書遘爲中書侍郎兼禮部尚書鐸兼侍中 六月戊戌檢校司空同平章事京城西面行營都統鄭畋守司空兼門下侍郎同中書門下平章事京城四面行營都統鐸守司徒兼太子太保 七月庚申翰林學士承旨兵部侍郎韋昭度本官同中書門下平章事 十一月畋罷爲太子少傅分司東都澈爲檢校兵部尚書鄂岳觀察使遘兼戶部尚書昭度爲中書侍郎兼禮部尚書
八月榮王憤守司空是月憤薨	二月己卯鐸爲司徒騈爲太尉六月丁丑鐸守司徒畋爲司空十一月畋爲太子少傅分司東都

年	宰相	三師	三公
二年 壬寅	正月辛亥鐸爲諸道行營都統兼指揮諸軍兵馬收復京城及諸道租庸等使權知義成軍節度使 二月讜判度支鐸兼戶部 己卯鄭畋爲司空兼門下侍郎同中書門下平章事 四月讜爲門下侍郎兼吏部尚書 五月昭度兼吏部尚書讜爲尚書左僕射		二月己卯畋爲司空
三年 癸卯	正月乙亥鐸檢校司徒兼中書令義成軍節度使 五月東都留守檢校司空兼侍中鄭從讜爲司空兼門下侍郎同中書門下平章事 七月昭度爲門下侍郎檢校兵部尚書判度支裴澈爲中書侍郎同中書門下平章事	二月建王震守太保	五月畋爲司徒從讜爲司空 七月畋罷爲檢校司徒守太子太保
四年 甲辰	十月澈加尚書右僕射昭度加左僕射並兼門下侍郎		十月建爲司空
光啓元年 乙巳	三月澈爲尚書左僕射		二月讜爲司徒昭度爲司空

年	宰相		
二年丙午	二月戊戌御史大夫孔緯翰林學士承旨兵部尚書杜讓能並爲兵部侍郎同中書門下平章事 四月緯爲中書侍郎讓能爲工部尚書		二月從讜爲太傅兼侍中
三年丁未	三月癸未澈伏誅緯爲門下侍郎讓能爲中書侍郎 六月緯兼吏部尚書充諸道鹽鐵轉運等使讓能兼兵部尚書昭度兼侍中 九月戶部侍郎判度支張濬爲兵部侍郎同中書門下平章事	八月昭度爲太保兼侍中	三月從讜爲太子太保 癸未遘伏誅 壬辰昭度爲司徒
文德元年戊申	二月讓能爲尚書右僕射緯爲左僕射濬爲中書侍郎 四月昭度守中書令讓能爲尚書左僕射濬守戶部尚書 六月昭度檢校太尉兼中書令劍南西川節度兼兩川招撫制置等使 九月緯兼國子祭酒	二月昭度兼中書令 四月昭度守中書令	四月緯爲司空
龍紀元年己酉	正月翰林學士承旨兵部侍郎劉崇望本官同中書門下平章事 三月濬兼吏部尚書崇望爲中書侍郎讓能兼門下侍郎 十一月己酉崇望兼吏部尚書	十一月戊午緯爲太保	三月緯爲司徒讓能爲司空 十二月戊午讓能爲司徒

年			
大順元年 庚戌	五月濬爲河東行營都招討制置宣慰使		
二年 辛亥	正月庚申緯檢校太保兼御史大夫荊南節度使濬罷爲檢校尙書右僕射鄂岳觀察使翰林學士承旨兵部侍郎崔昭緯御史中丞徐彥若爲戶部侍郎並同中書門下平章事崇望判度支 二月崇望爲門下侍郎昭緯彥若並爲中書侍郎 十月崇望爲尙書右僕射 十二月昭緯兼吏部尙書彥若兼兵部尙書	正月庚申緯遷	
景福元年 壬子	二月崇望罷爲檢校司徒同中書門下平章事武寧軍節度使 三月戶部尙書鄭延昌爲中書侍郎同中書門下平章事 八月昭緯爲門下侍郎		四月讓能守太尉
二年 癸丑	正月彥若爲檢校尙書左僕射同平章事鳳翔節度使 六月昭緯爲尙書左僕射延昌兼刑部尙書 九月壬辰檢校司徒東都留守韋昭度爲司徒兼門下侍郎御史中丞崔胤爲戶部侍郎並同中書門下平章事 十月昭緯充諸道鹽鐵轉運使	十二月昭度爲太傅	九月讓能貶梧州刺史再貶雷州司戶參軍昭度守司徒 十月讓能

			賜死
乾寧元年甲寅	二月延昌為尚書右僕射兼門下侍郎右散騎常侍鄭綮為禮部侍郎同中書門下平章事 五月延昌罷為尚書右僕射 六月胤為中書侍郎 戊午翰林學士承旨禮部尚書李磎本官同中書門下平章事 庚申磎罷為太子少傅御史大夫徐彥若為中書侍郎兼吏部尚書同中書門下平章事 七月綮為太子少保致仕	二月昭度守太傅	
二年乙卯	正月己巳給事中陸希聲為戶部侍郎同中書門下平章事 二月乙未李磎為戶部侍郎同中書門下平章事判度支 三月胤檢校尚書右僕射同平章事護國節度使磎罷為檢校吏部尚書守太子少師戶部侍郎判戶部王摶為中書侍郎同中書門下平章事 四月希聲罷為太子少師昭度太保致仕 六月癸巳吏部尚書孔緯為司空兼門下侍郎同中書門下平章事彥若為尚書左僕射兼門下侍郎 七月庚申京兆尹檢校司徒兼戶部尚書判度支諸道鹽鐵轉運使嗣薛王知柔權知中書事及隨駕置頓使甲子崔胤為中書侍郎兼禮部尚書同中書門下平章事	八月辛丑河東節度使檢校太傅同平章事李克用兼守太師兼中書令充邠寧四面行營諸軍都統	六月癸巳孔緯為司空九月丙辰彥若為司空癸亥緯薨

年

辛未知柔為海清軍節度使同平章事仍權知京兆尹
判度支充諸道鹽鐵轉運等使
八月壬子昭緯罷為尚書左僕射搏為門下侍郎兼戶
部尚書判度支諸道鹽鐵轉運使
九月胤判戶部
十月京兆尹孫偓為戶部侍郎同中書門下平章事判
戶部

三年

丙辰

五月偓為兵部侍郎
七月乙巳胤檢校禮部尚書同平章事武安軍節度使
偓為中書侍郎
丙午翰林學士承旨尚書左丞陸扆為戶部侍郎同中
書門下平章事
八月甲寅搏檢校戶部尚書同平章事威勝軍節度使
戊午扆為中書侍郎判戶部
乙丑國子監毛詩博士朱朴為左諫議大夫同中書門
下平章事
九月乙未崔胤為中書侍郎兼戶部尚書同中書門下
平章事翰林學士承旨兵部侍郎崔遠本官同中書門
下平章事
丁酉扆貶峽州刺史
己亥朴判戶部
戊申偓為門下侍郎兼諸道鹽鐵轉運使判度支
十月壬子偓兼禮部尚書持節鳳翔四面行營節度諸
軍都統招討處置等使

三月彥若兼侍中大明宮留守京畿安撫制置使

年			
	戊午王摶爲吏部尚書同中書門下平章事 十一月癸卯朴爲中書侍郎		
四年丁巳	正月己亥偓罷都統招討使 二月己亥偓罷守禮部尚書朴罷守祕書監 三月遠判戶部 四月摶爲門下侍郎兼吏部尚書諸道轉運等使遠爲兵部尚書 六月乙巳遠爲中書侍郎胤兼戶部尚書		
光化元年戊午	正月摶爲尚書右僕射兼門下侍郎胤兼吏部尚書遠兼工部尚書	九月鎮國匡國軍節度使檢校太尉兼侍中韓建守太傅兼中書令	正月彥若爲司徒
二年己未	正月丁未胤罷守吏部尚書兵部尚書陸扆本官同中書門下平章事未幾爲中書侍郎兼戶部尚書平章事 彥若兼門下侍郎	十一月彥若爲太保	十一月摶爲司空
三年庚申	四月遠兼吏部尚書 六月丁卯崔胤爲尚書左僕射兼門下侍郎同中書門下平章事諸道鹽鐵轉運等使 九月乙巳彥若檢校大尉同平章事清海軍節度使 丙午遠罷爲兵部尚書 戊申刑部尚書裴贄爲中書侍郎兼刑部尚書同中書門下平章事扆爲門下侍郎兼戶部尚書		六月摶罷爲工部侍郎

天復元年 辛酉

二月翰林學士戶部侍郎王溥爲中書侍郎吏部侍郎
裴樞爲戶部侍郎並同中書門下平章事
五月扆爲兵部尚書贊兼戶部尚書
十一月辛酉兵部侍郎盧光啓權句當中書事兼判三
司
丁卯光啓爲右諫議大夫參知機務
甲戌胤樞罷並守工部尚書

正月胤爲司空

二年 壬戌

正月丁卯給事中韋貽範爲工部侍郎同中書門下平
章事判度支
四月光啓罷爲太子少保
五月庚午貽範以母喪罷
六月丙子中書舍人蘇檢爲工部侍郎同中書門下平
章事
八月己亥貽範起復守戶部侍郎同中書門下平章事
依前充諸道鹽鐵轉運等使判度支
十一月丙辰貽範薨

三年

正月壬子崔胤守司空兼門下侍郎同中書門下平章
事判使如故
辛未兼判六軍十二衞事
二月甲戌扆貶沂王傅分司東都
丙子胤兼侍中檢爲全忠所害溥罷爲戶部侍郎
乙未清海軍節度使檢校尚書右僕射同平章事裴樞

二月庚辰胤守司徒宣武宣義天平護國軍節度晉絳慈隰觀察處置安邑解縣兩池榷鹽制

年	宰相		節度使
（續）年 癸亥	爲門下侍郎同中書門下平章事 十二月贄罷爲尚書左僕射 辛巳禮部尚書獨孤損爲兵部侍郎同中書門下平章事		置等使檢校太師兼中書令梁王朱全忠守太尉中書令充諸道兵馬副元帥 四月己卯判元帥府事 八月庚辰劍南東西川節度使檢校太師王建守司徒
天祐元年 甲子	正月乙巳胤罷爲太子少傅分司東都兵部尚書崔遠爲中書侍郎翰林學士左拾遺柳璨爲右諫議大夫並同中書門下平章事樞判左三軍事諸道鹽鐵轉運等使損判右三軍事判度支 閏四月己卯損爲門下侍郎兼戶部尚書遠兼兵部尚書樞爲尚書右僕射		三月丁未全忠兼判左右神策及六軍諸衛事
	三月甲子樞罷爲尚書左僕射 戊寅損檢校尚書左僕射同平章事靜海軍節度使禮		十一月辛巳全忠進封魏王授

年	宰相		
二年乙丑	部侍郎張文蔚同中書門下平章事甲申吏部侍郎楊涉同中書門下平章事判戶部文蔚為中書侍郎判度支璨為門下侍郎兼戶部尚書遠罷為尚書右僕射十二月癸卯璨為司空諸道鹽鐵轉運使癸丑貶登州刺史		相國總百揆十二月丁酉全忠為天下兵馬元帥癸卯璨為司空癸丑璨貶登州刺史
三年丙寅			三月戊寅全忠為諸道鹽鐵等使判度支戶部事充三司都制置使閏十二月丙寅建削奪官爵
四年丁卯			

唐書卷六十三考證

宰相表下長慶二年三月戊午度守司空○舊書本紀作司徒

咸通六年三月寘薨○臣酉按舊書本紀是年四月寘猶轉中書侍郎表三月已卒未知孰是

四月高璩同中書門下平章事○臣酉按舊書本紀四年十一月拜六年二月免璩之表則其罷免之月尚未入相也未知孰是

乾符二年五月倣薨○舊書本紀三年正月免臣酉按傳當從本紀

中和元年六月鄭畋同中書門下平章事○臣酉按本紀畋爲鳳翔節度加司空同平章事充京城諸道行營都統耳非入相也並下十一月畋罷之文亦誤

唐書卷六十三考證

珍倣宋版印

唐書卷六十四

宋 翰 林 學 士 歐 陽 修 撰

表第四

方鎮表

高祖太宗之制兵列府以居外將列衞以居內有事則將以征伐事已各解而去兵者將之事也使得以用而不得以有之及其晚也土地之廣人民之衆城池之固器甲之利舉而予之何慮於其始也深而易於其後也忽如此之異哉豈其弊有漸馴而致之勢有不得已而然哉方鎮之患始也各專其地以自世既則迫於利害之謀故其喜則連衡而叛上怒則以力而相并及其甚則起而弱王室唐自中世以後收功弭亂雖常倚鎮兵而其亡也亦終以此可不戒哉作方鎮表

	京畿	與鳳隴	涇原	邠寧	渭北鄜坊	朔方	東畿
景雲元年							

年							
二年							
先天元年							
開元元年							
二年							
三年							
四年							
五年							
六年							
七年							
八年							
九年						置朔方軍節度使領單于大都護府夏鹽綏銀豐勝六州定遠	

	十年	十一年	十二年	十三年	十四年	十五年	十六年	十七年
豐安二軍東中西三受降城	朔方節度增領魯麗契三州				朔方節度領關內支度營田使	朔方節度兼關內鹽池使	廢達渾都督府朔方節度兼檢校渾部落使	

十八年	十九年	二十年	二十一年	二十二年	二十三年	二十四年
		朔方節度增領押諸蕃部落使及閑廐宮苑監牧使		朔方節度兼關內道採訪處置使增涇原寧慶隴鄜坊丹延會宥麟十二州以匡長二州隸慶州安樂二州隸原州		

二十五年							
二十六年							
二十七年							
二十八年							
二十九年						朔方節度兼六城水運使	
天寶元年						朔方節度增領邠州	
二年							
三載							
四載							
五載							
六載							
七載							

八載						朔方節度兼隴右兵馬使	
九載							
十載							
十一載							
十二載							
十三載						以豐州置九原朔方節度隴右兵馬使	
十四載							
至德元載	置京畿節度使領京兆同岐金商五州是年以金商岐州隸興平鳳翔同州隸河中					別置關內節度使以代採訪使徙治安化郡	置東畿觀察使領懷鄭汝陝四州尋以鄭州隸淮西

二載	乾元元年	二年	上元元年	二年
				以華州置鎮國節度亦曰關東節度
			置興鳳隴節度使	
		置邠寧節度使領州九邠寧慶涇原鄜坊丹延	罷領鄜坊丹延	
			置渭北鄜坊節度使治坊州幷領丹延二州	
	置振武節度押蕃落使領鎮北大都護府麟勝二州			廢關內節度使罷領單于大都護以涇原寧慶坊丹延隸邠寧節度麟勝隸振武節度
	陝州隸陝虢華節度汝州隸豫許汝節度	置陝虢華節度領潼關防禦團練鎮守等使治陝州	改陝虢華節度爲陝西節度兼神策軍使尋置觀察使	陝西節度罷領華州

寶應元年	廣德元年	二年	永泰元年
京畿節度使復領金商是年廢節度使	罷鎮國軍節度	置京畿觀察使以御史中丞兼之	以御史大夫兼京畿觀察使
			渭北鄜坊節度使罷領丹延二州增領綏州以丹延二州別置都團練使治延州是年增領安塞軍使尋升爲觀察
振武節度增領鎮北大都護府以鎮北隸朔方		朔方節度復兼單于大都護罷河中振武節度以所管七州隸朔方	
陝西觀察使增領都防禦使	懷州隸昭義陝西觀察使增領虢州	罷東畿觀察使	

					使		
大曆元年							
二年							
三年			置涇原節度使治涇州	罷邠寧節度使		朔方節度增領邠寧慶三州	
四年							
五年			涇原節度使馬璘訴地貧軍廩不給遙領鄭潁二州				
六年						渭北鄜坊節度使更名渭北節度使復領丹延二州廢丹延觀察使	
七年							

八年						
九年						
十年						
十一年						
十二年						
十三年						
十四年			頴州隸永平節度使	復置邠寧慶觀察使	罷渭北節度置都團練觀察使	析置河中振武邠寧三節度朔方所領靈鹽夏豐四州西受降城定遠天德二軍振武節度復領鎮北大都護府及綏銀二州東中二受降城	復置東畿觀察使以留臺御史中丞兼之復領汝州廢陝西防禦觀察使

建中元年	二年	三年	四年
			置京畿渭南節度觀察使領金商二州是年兼渭北鄜坊丹延綏五州未幾罷五州
	定州隸永平節度		興鳳隴節度賜號保義節度是年罷保義以隴州置奉義軍節度使尋廢
			復置渭北節度如上元之舊尋罷未幾復置徙治鄜州其後置都團練觀察防禦使
	以汝州隸河陽尋復舊復置陝西防禦使置河陽三城節度使以東都畿觀察使兼之領懷鄭汝陝四州尋置使增領東畿五縣及衞州亦曰懷衞節度使		罷觀察置東畿汝州節度置陝西都防禦使尋升爲節度使

	興元元年	貞元元年
及金州爲京畿商州節度使	罷京畿節度使以同州爲奉誠軍節度領同晉慈隰四州是年罷以華州置潼關節度使	
		保義節度增領臨洮軍使
	廢陝西節度使	廢東都畿汝州節度置都防禦使以東都留守兼之增領唐鄧二州置陝虢都防禦使治陝州踰月又爲都防禦觀察陸運使罷河陽節度置都團

	二年	三年
		罷保義節度置都團練觀察防禦使未幾復置節度兼右神策軍行營節度使初隴右節度兵入屯秦州尋徙岐州及吐蕃陷隴右德宗置行秦州以刺史兼隴右經略使治普潤以鳳翔節度使領隴右支度營
		復置渭北節度使以綏州隸銀夏節度
		置夏州節度觀察處置押蕃落使領綏鹽二州其後罷領鹽州
練使	升東都畿汝州都防禦使爲都防禦觀察使	唐鄧二州隸山南東道

年							
		田觀察使					
四年							
五年							罷東都畿汝州觀察使置都防禦使汝州別置防禦使
六年			涇原節度領四鎮北庭行軍節度使				
七年							
八年							
九年	罷潼關節度						
十年							
十一年							

十二年	十三年	十四年	十五年	十六年	十七年	十八年	十九年
朔方節度罷領豐州及四受降城天德軍以振武之東中二受降城隸天德軍以天德軍置都團練防禦使領豐會二州三受降城							
復置河陽懷節度治河陽							

年							
二十年							
永貞元年							
元和元年		升隴右經略使爲保義節度尋罷保義復舊名是年增領靈臺長原崇信三鎮			析丹州置防禦使		
二年							
三年							罷東都畿汝州都防禦使
四年			涇原節度增領行渭州				
五年							
六年							

七年	八年	九年	十年	十一年	十二年	十三年	十四年	十五年
		夏州節度增領宥州						
		河陽節度增領汝州徙治汝州				汝州隸東畿復置東都畿汝州都防禦使兼東都留守如故罷河陽節度		

長慶元年						東都畿防禦罷領汝州
二年						東都畿復領汝州
三年						
四年						
寶曆元年						
二年						
太和元年						
二年						
三年						以陝虢地近京師罷陝虢都防禦使
四年						
五年						

六年	七年	八年	九年	開成元年	二年	三年	四年	五年	會昌元年
	以銀州刺史領銀川監牧使					夏州節度使領採造供軍銀川監牧使			
				復置陝虢都防禦觀察使					

年							
二年						天德軍使賜號歸義軍節度使尋廢	
三年						改單于大都護爲安北都護	復置河陽節度徙治孟州
四年							河陽節度增領澤州
五年							
六年							
大中元年							
二年							
三年				邠寧節度以南山平夏部落叛徙治寧州及內附復徙故治			
四年		增領秦州					

年								
五年		罷領隴州以隴州置防禦使領黃頭軍使		增領武州			
六年							
七年							
八年						朔方節度增領威州	
九年							
十年						夏州節度使增領撫平党項等使	
十一年							
十二年							
十三年							
咸通元年							
二年							

三年							
四年							
五年		秦州隸天雄軍節度					
六年							
七年							
八年							
九年							
十年							
十一年							
十二年							
十三年							
十四年							
乾符元年							

二年	三年	四年	五年	六年	廣明元年	中和元年	二年	三年	四年
								隴州防禦使增京甸神勇軍使	
							渭北節度賜號保大軍節度增領翟州以延州置保塞軍節度		
							夏州節度賜號定難節度		
								升陝虢防禦觀察使爲節度使	

年	一	二	三	四	五	六	七
光啓元年				邠寧節度賜號靜難軍節度			置東畿觀察兼防遏使
二年							
三年							升東畿觀察兼防遏使爲佑國軍節度
文德元年							
龍紀元年							賜陝虢節度爲保義軍節度
大順元年							
二年							
景福元年							
二年							
乾寧元年	以乾州置威勝軍節度	鳳翔節度增領乾州未幾罷	涇原節度賜號彰義軍節度增領渭武二				汝州隸忠武軍節度

	二年	三年	四年	光化元年	二年	三年
	升同州爲匡國軍節度			以華州置鎮國軍節度鎮華同二州兼興德尹		罷鎮國軍節度及興德尹
州						
				更保塞軍節度曰寧塞軍節度後又更名衛國軍節度罷丹州防禦使以丹州隸衛國軍		
						復置東畿觀察使兼防遏使置祐國軍節度河陽節度罷領澤

年							
							州
天復元年		升隴州防禦使為保勝節度使					
二年							
三年							
天祐元年	以京畿置佑國軍節度使領金商二州						罷東畿觀察使兼防遏使
二年							
三年	置義勝軍節度使領耀鼎二州罷匡國軍						
四年							

唐書卷六十四考證

方鎭表一乾寧二年升同州爲匡國軍節度○沈炳震曰此條疑在元年

光化三年罷鎭國軍節度及興德尹○舊書昭宗紀在天祐三年通鑑在天復

三年

唐書卷六十四考證

珍倣宋版印

唐書卷六十五

宋翰林學士歐陽修撰

表第五

方鎮表

	滑衛	河南	鄭陳	淮南西道	徐海沂密	青密	北都
景雲元年							
二年							北都長史領持節和戎大武等諸軍州節度使
先天元年							
開元元年							
二年							
三年							

年						
四年						
五年						領天兵軍大使
六年						
七年						
八年						更天兵軍大使爲天兵軍節度使
九年						
十年						
十一年						更天兵軍節度爲太原府以北諸軍州節度河東道支度營田使兼北都留守領太原及遼右嵐汾代忻

年							
							朔蔚雲九州治太原
十二年							
十三年							
十四年							
十五年							
十六年							
十七年							以儀石二州隸潞州都督
十八年							更太原府以北諸軍州節度爲河東節度自後節度使領大同軍使副使以代州刺史領之復領儀石二

	十九年	二十年	二十一年	二十二年	二十三年	二十四年	二十五年	二十六年	二十七年	二十八年	二十九年	天寶元年

州

二年	三載	四載	五載	六載	七載	八載	九載	十載	十一載	十二載	十三載	十四載

至德元載		置河南節度使治汴州領郡十三陳留睢陽靈昌淮陽汝陰譙濟陰濮陽淄川瑯邪彭城臨淮東海		置淮南西道節度使領義陽弋陽潁川滎陽汝南五郡治潁川郡		置青密節度使領北海高密東牟東萊四郡治北海郡置鄆齊兗三州都防禦使治齊州
二載						
乾元元年		廢河南節度使置汴州都防禦使領州十三如故尋以滑濮二州隸青密節度亳州隸淮西節度		淮南西道節度徙治鄭州增領陳潁亳三州別置豫許汝節度使治豫州		青密節度增領淮濮二州
		廢汴州都防禦使置汴滑節度使治滑州	置鄭陳節度使領鄭	廢淮南西道節度使		青密節度使增領淄沂海三州滑州隸汴

二年		領州五滑濮汴曹宋又置河南節度使治徐州領州五徐泗海亳潁未幾潁州隸鄭陳節度尋復領潁州是年又以濮州隸兗鄆節度潁亳州隸鄭陳節度	陳亳潁四州治鄭州尋增領申光壽三州未幾以三州隸淮西	以陳潁亳隸陳鄭是年復置淮南西道節度使領申光壽安沔蘄黃七州治壽州		滑節度使濮州隸鄆齊兗節度使是年以海州隸汴滑節度升鄆齊兗三州都防禦使為節度使治兗州增領濮州尋以濮州隸河南節度
上元元年		以海州隸青密節度				海州復隸青密節度
二年	置滑衛節度使治滑州領州六滑衛相魏	廢汴滑河南二節度以徐泗汴宋曹五州	廢鄭陳節度以鄭陳	淮南西道節度使增領陳鄭潁亳汴曹宋徐泗九州徙治安州號淮西十		置淄沂節度使領淄沂滄德棣五州治沂州平盧軍節度使侯希逸引兵保青州授青密節度使遂廢淄

	寶應元年	廣德元年
德貝尋以德州隸淄沂節度而增領博州		滑衛節度增領亳州更號滑亳節度使增領德州以衛州隸澤
隸淮西節度滑州隸滑衛節度	復置河南節度使治汴州領州八汴宋曹徐潁兗鄆濮	
亳潁四州隸淮西		
六州節度使尋以亳州隸滑衛節度徐州隸兗鄆節度	淮西節度增領許隋唐三州以鄭州隸澤潞節度潁汴宋曹四州隸河南節度泗州隸兗鄆節度申州隸蔡汝節度	
沂節度幷所管五州號淄青平盧節度增領齊州以齊州隸青密而兗鄆節度增領徐州	登萊沂海泗五州隸兗鄆節度是年廢兗鄆節度以鄆兗濮徐四州隸河南節度登萊沂海泗隸淄青平盧節度	滄德二州隸魏博節度淄青平盧節度增領瀛州未

年							
	潞析相貝別置節度魏博別置防禦					幾瀛州復隸魏博節度	
二年							
永泰元年				沔蘄黃三州隸鄂岳節度		淄青平盧節度增領押新羅北海兩蕃使	
大曆元年							
二年							
三年				蔡汝節度增領仙州			
四年	滑亳節度增領陳州	河南節度增領泗州以潁州隸澤潞節度				淄青平盧節度罷領海沂密三州置海沂密都防禦使尋廢復以三州隸淄青平盧節度	
五年				省仙州			

六年	七年	八年	九年	十年	十一年	十二年
	賜滑亳節度爲永平節度				永平節度增領宋泗二州	
					廢河南節度使曹兗鄆濮徐五州隸淄青節度宋潁泗三州隸永平軍節度汴州隸淮西節度	
		淮西節度使徙治蔡州廢蔡汝節度使所管州皆隸淮西節度			淮西節度使增領汴州徙治汴州	
				淄青平盧節度又領德州	淄青平盧節度增領鄆曹濮徐兗五州以泗州隸永平軍節度	

年						
十三年						
十四年	永平節度增領汴潁二州徙治汴州			淮西節度使復治蔡州是年賜號淮寧軍節度尋更號申光蔡節度使汝州隸東都畿汴州隸永平軍節度		
建中元年						
二年	永平節度增領鄭州析宋亳潁別置節度使以泗州隸淮南是年以鄭州隸河陽三城節度既而復舊	置宋亳潁節度使治宋州尋號宣武軍節度使				

年							
三年					置徐海沂密都團練觀察使治徐州	廢淄青平盧節度使置淄青都團練觀察使領淄青登萊齊兗鄆七州治青州置曹濮都團練觀察使治濮州	
四年							
興元元年	永平軍節度以汴滑二州隸宣武軍尋復領滑州徙治滑州	宣武軍節度使徙治汴州		壽州別置觀察使	廢徐海沂密都團練觀察使	復置淄青平盧節度使領青淄登萊齊兗鄆徐海沂密曹濮十三州治青州廢曹濮都團練觀察使	賜河東節度號保寧軍節度
貞元元年	永平軍節度更號義			唐州隸東都畿許州			

年							
	成軍節度增領許州			隸義成軍節度			
二年							
三年	以許州隸陳許節度使		置陳許節度使治許州	安州隸山南東道			保寧軍節度復爲河東節度
四年					置徐泗濠三州節度使治徐州	淄青平盧節度使徙治鄆州以徐州隸徐泗節度	
五年							
六年							
七年							
八年							
九年							
十年			陳許節度賜號忠武軍節度				

年							
十一年							
十二年							
十三年							
十四年				申光蔡節度賜號彰義軍節度			
十五年							
十六年					廢徐泗濠三州節度使未幾復置泗濠二州觀察使隸淮南徐州領本州留後		
十七年							
十八年							
十九年							

年							
二十年							
永貞元年							
元和元年							
二年					廢泗濠二州觀察使置武寧軍節度使治徐州領徐泗濠三州		
三年							
四年					武寧軍節度增領宿州		
五年							
六年							
七年							
八年							

九年							
十年							
十一年				彭義軍節度增領唐隋鄧三州尋以三州別置節度使			
十二年			忠武節度增領溵州	彭義軍節度復爲淮西節度增領溵州未幾以溵州隸忠武軍節度			
十三年			忠武軍節度增領蔡州	廢淮西節度			
十四年						淄青平盧節度使領青淄齊登萊五州復治青州置鄆曹濮節度使治鄆	

	十五年	長慶元年	二年	三年	四年	寶曆元年	二年	太和元年
			義成軍節度使復領潁州					
			省溵州					
		宿州隸淮南節度						
州置沂海觀察使領沂海兖密四州治沂州	賜鄆曹濮節度使號天平軍節度使	升沂海觀察使爲節度使徙治兖州						齊州隸橫海節度
		河東節度使領押北山諸蕃使						

年							
二年						淄青平盧節度增領棣州	
三年							
四年							
五年							
六年							
七年					宿州復隸武寧節度		
八年					廢沂海節度使爲觀察使		
九年							
開成元年							
二年							
三年							

年							
四年							
五年							
會昌元年							
二年							
三年							河東節度使罷領雲朔蔚三州以雲蔚朔三州置大同都團練使治雲州
四年							升大同都團練使爲大同都防禦使
五年							
六年							
大中元年							

二年				置蔡州防禦使龍陂監牧使			
三年							
四年							
五年						升沂海觀察使爲節度使	
六年							
七年							
八年							
九年							
十年							
十一年							
十二年							

年							
十三年							
咸通元年							
二年							
三年					罷武寧軍節度置徐州團練防禦使隸兗海又置宿泗等州都團練觀察處置使治宿州	沂海節度使增領徐州	
四年					罷徐州防禦使以濠州隸淮南節度		
五年					置徐泗團練觀察處置使治徐州	天平軍節度增領齊棣二州沂海節度使罷領徐州	

六年							
七年							
八年							
九年							
十年					置徐泗節度使是年復置都團練防禦使增領濠宿二州		
十一年					置徐泗觀察使尋賜號感化軍節度使		
十二年							
十三年						淄青平盧節度復領齊棣二州	
十四年							

年							
乾符元年							
二年					感化軍節度罷領泗州		
三年							
四年							
五年							升大同都防禦使爲節度使
六年							
廣明元年							
中和元年							
二年				蔡州置奉國軍節度升蔡州防		河東節度增領麟州以忻代二州隸鴈門節度更大同節度爲鴈門節度領左	

年	1	2	3	4	5	6	7
				禦使爲奉國軍節度		神策軍天寧鎮遏觀察使徙治代州	
三年							賜鴈門節度爲代北節度
四年							河東節度復領雲蔚二州
光啓元年							
二年	義成軍節度使改爲宣義軍節度使朱全忠請改以避其父名						
三年							
文德元年							
龍紀元年							河東節度增領憲州

大順元年	二年	景福元年	二年	乾寧元年	二年	三年	四年
				忠武軍節度增領汝州			
							奉國軍節度增領申
					析齊州置武肅軍防禦使		賜沂海節度使爲泰寧軍節度

年	1	2	3	4	5	6	7
				和二州		使	
光化元年					感化軍節度復爲武寧軍節度未幾復爲感化軍節度		
二年							
三年			汝州隸東都				
天復元年						罷武肅軍防禦使	
二年					罷感化軍節度		
三年							
天祐元年							
二年							
三年							

四年

唐書卷六十五

唐書卷六十五考證

方鎮表二貞元十年陳許節度賜號忠武軍○舊書本紀在二十年疑表誤

唐書卷六十五考證

珍倣宋版印

唐書卷六十六

宋翰林學士歐陽修撰

表第六

方鎮表

	河中	澤潞沁	成德	義武	幽州	魏博	橫海
景雲元年							
二年							
先天元年							
開元元年					幽州置防禦大使		
二年					置幽州節度諸州軍管內經略鎮守大使領幽易平檀嬀燕六州治幽州置營平鎮		

年							
					守治太平州		
三年							
四年							
五年					營州置平盧軍使		
六年							
七年					升平盧軍使爲平盧軍節度經略河北支度管內諸蕃及營田等使兼領安東都護及營遼燕三州		
八年					幽州節度兼本軍州經略大使幷節度河北諸軍大使		

年							
九年							
十年							
十一年							
十二年							
十三年							滄州置橫海軍使
十四年							
十五年					幽州節度大使兼河北支度營田事		
十六年							
十七年							
十八年					幽州節度增領薊滄二州		
十九年							

年							
二十年					幽州節度使兼河北採訪處置使增領衞相洺貝冀邢德博棣營鄚十六州及安東都護府		
二十一年							
二十二年							
二十三年							
二十四年							
二十五年							
二十六年							
二十七年					幽州節度使增領河北海運使		

二十八年	二十九年	天寶元年	二年	三載
平盧軍節度使兼押兩蕃渤海黑水四府經略處置使	幽州節度副使領平盧軍節度副使治順化州	更幽州節度使爲范陽節度使增領歸順歸德二郡	平盧軍節度使治遼西故城副都護領保定軍使	

四載						
五載						
六載						
七載						
八載						
九載						
十載						
十一載						
十二載						
十三載						
十四載						
至德元載	置河中防禦守捉蒲關使	置澤潞沁節度使治潞州				

年	一	二	三	四	五	六	七
二載	升河中防禦爲河中節度兼蒲關防禦使領蒲晉絳隰慈虢同七州治蒲州						
乾元元年							
二年	河中節度兼河中尹耀德軍使虢州隸陝華節度						
上元元年							
二年	河中節度增領沁州以同州隸鎮國軍節度是年復以沁州隸澤潞節度	澤潞節度　增領沁州			滄德棣三州隸淄沂節度衛相貝魏博五州隸滑衛節度		

寶應元年	廣德元年
澤潞節度增領鄭州又增領陳邢洺趙四州是年以趙州隸成德軍節度	置相衞節度使治相州是年增領貝邢洺號洺相節度衞州復隸澤潞未幾復領號相衞六州節度使是年增領河陽三城澤
置成德軍節度使領恆定易趙深五州治恆州	成德軍節度增領冀
范陽節度使復爲幽州節度使及平盧陷又兼盧龍節度使以恆定易趙深五州隸成德軍節度邢州隸澤潞節度置平盧防禦本軍營田使	冀州隸成德軍節度罷領順易
	置魏博等州防禦使領魏博貝瀛滄五州治魏州是年升爲節度使增領德州以瀛滄二州隸淄青平盧節度貝州

	二年	永泰元年	大曆元年	二年	三年	四年
	廢河中節度置河中五州都團練觀察使					
潞節度增領懷衛二州尋以衛州還相衛州節度			相衛六州節度賜號昭義軍節度後田承嗣盜取相衛洺貝四州所存者二州			澤潞節度增領潁州
歸順三州						
隸洛相節度未幾復領瀛滄二州						

年							
五年		穎鄭二州皆隸涇源節度					
六年						魏博節度增領澶州	
七年							
八年							
九年							
十年			成德軍節度增領滄州				瀛州隸幽州盧龍節度滄州隸義武軍節度德州隸淄青平盧節度
十一年						魏博節度增領相衛洺貝四州	
十二年							

十三年	十四年	建中元年	二年	三年	四年	
						置晉慈隰節度使治
		昭義軍節度兼領澤潞二州徙治潞州	昭義軍節度罷領懷衛二州河陽三城	昭義軍節度增領洺州以趙州隸深趙節度		
				罷成德軍節度置恆冀都團練觀察使治恆州深趙都團練觀察使治趙州		廢恆冀深趙二觀察
				置義武軍		
			省燕州	幽州節度復領德棣二州後以二州復隸成德軍節度		

年							
興元元年	晉州尋罷復置河中節度使領河中府同絳虢陝四州		復置成德軍節度使領恆冀趙深四州治恆州				
貞元元年	河中節度罷領陝虢二州		成德軍節度增領德棣二州				置德棣二州都團練守捉使
二年							
三年		陳州隸陳許節度					置橫海軍節度使領滄景二州治滄州
四年	置晉慈隰防禦觀察使						
五年							
六年							
七年							

年							
八年							
九年							
十年							
十一年							
十二年							
十三年							
十四年							
十五年	罷河中節度置河中防禦觀察使						
十六年	復置河中節度使						
十七年							
十八年							
十九年							

年							
二十年							
永貞元年							
元和元年							
二年							
三年	罷晉慈隰觀察使以三州隸河中節度						
四年			德棣二州隸保信軍節度				置保信軍節度使領德棣二州治德州
五年			成德軍節度復領德棣二州				廢保信軍節度使以德棣二州隸成德軍節度
六年							
七年							

八年	九年	十年	十一年	十二年	十三年	十四年	十五年	長慶元年
						罷河中節度置河中都防禦觀察使	復置河中節度使	
					以德棣二州隸橫海節度			置深冀節度治深州尋罷復以深冀隸成德軍節度
								幽州節度罷領瀛莫二州置瀛莫都團練觀察使治瀛州尋升爲節度使
								置德棣二州觀察處置使省景州

年	一	二	三	四	五	六	七
二年	置晉慈都團練觀察使治晉州				幽州節度復領瀛莫二州廢瀛莫節度使		罷德棣二州觀察處置使橫海節度使復領景州
三年							
四年							
寶曆元年							
二年							
太和元年	升晉慈觀察使爲保義軍節度是年罷以二州隸河中節度						橫海節度增領齊州
二年							
三年						置相衞澶三州節度使治相州尋罷相州復隸魏博	罷橫海節度更置齊德節度使治德州尋廢復置更

年							
							號齊滄德節度使
四年							省景州
五年							齊德滄節度使賜號義昌軍節度
六年							
七年							
八年							
九年							
開成元年							
二年							
三年							
四年							
五年							

年							
會昌元年							
二年							
三年							
四年	澤州隸河陽節度						
五年							
六年							
大中元年							
二年							
三年							
四年							
五年							
六年							
七年							

年							
八年							
九年							
十年							
十一年							
十二年							
十三年							
咸通元年							
二年							
三年							
四年							
五年							
六年							
七年							

年						
八年						
九年						
十年						
十一年						
十二年						
十三年						
十四年						
乾符元年						
二年						
三年						
四年						
五年						
六年						

珍倣宋版印

年							
廣明元年							
中和元年							
二年		節度使孟方立徙昭義軍於邢州而兼領洺州自是五州有二昭義節度					
三年							
四年							
光啓元年	賜河中節度號護國軍節度						
二年							
三年							
文德元年							

龍紀元年							
大順元年							
二年							
景福元年							義昌軍節度復領景州
二年							
乾寧元年							
二年							齊州隸武肅軍節度
三年							
四年							
光化元年							
二年							
三年							

年	1	2	3	4	5	6	7
天復元年		二昭義軍節度合為一復領澤州			置平營瀛莫等州觀察使		
二年							
三年							
天祐元年						賜魏博節度號天雄軍節度	
二年			更成德軍節度號武順軍節度				
三年							
四年							

唐書卷六十六

唐書卷六十六考證

方鎮表三天祐元年賜魏博節度號天雄軍○通鑑在廣德元年

唐書卷六十六考證

珍倣宋版印

唐書卷六十七

宋翰林學士歐陽修撰

表第七

方鎮表

	景雲元年	二年
南陽		
山南西道		
荊南		
安西	安西都護四鎮經略大使	
河西	置河西諸軍州節度支度營田督察九姓部落赤水軍兵馬大使領涼甘肅伊瓜沙西七州治涼州副使治甘州領都知河西兵馬使	
隴右		
劍南		

年							
先天元年				北庭都護領伊西節度等使			
開元元年							
二年					河西節度使兼隴右羣牧都使本道支度營田等使		以益州長史領劍南道支度營田松當姚巂州防禦處置兵馬經略使
三年							
四年				安西大都護領四鎮諸蕃落大使			
五年						置隴右節度亦曰隴西節度兼隴右道經略大使領秦河渭鄯蘭臨武洮岷廓疊宕	

	六年	七年	八年
	安西都護領四鎮節度支度經略使副大都護領磧西節度支度經略等使治西州		
		河西節度增領經略大使	
十二州治鄯州			
		升劍南支度營田處置兵馬經略使爲節度使兼昆明軍使領益彭蜀漢眉綿梓遂邛劍榮陵嘉普資簡黎戎維茂翼龍雅瀘合二十五州治益州	

年						
九年						
十年						
十一年						
十二年						
十三年						
十四年						
十五年				分伊西北庭置二節度使		隴右節度副使兼關西兵馬使
十六年						
十七年						
十八年						
十九年				合伊西北庭二節度爲安西四		

年							
二十年				鎮北庭經略節度使			
二十一年							
二十二年							劍南節度兼山南西道採訪處置使號山劍西道增領文扶姚三州
二十三年							
二十四年							
二十五年							
二十六年							
二十七年							
二十八年							劍南節度增領鳳州

年							
二十九年				復分置安西四鎮節度治安西都護府北庭伊西節度使治北庭都護府			
天寶元年							劍南節度增領霸州
二年							
三載							
四載					以張掖郡太守領河西節度副使		
五載							
六載							
七載							
八載							劍南節度增領保寧都護府

年							
九載							
十載							
十一載							
十二載							
十三載				安西四鎮復兼北庭節度是年復置二節度			
十四載							
至德元年	襄陽南陽二郡皆置防禦守捉使尋升南陽防禦爲節度使置興平節度使領上洛安康武當房陵四郡治上洛郡	置山南西道防禦守捉使	置夔州防禦守捉使		河西節度兼隴右河西北路未幾而罷	天水郡太守兼防禦守捉使及大震關使	

二載	乾元元年	二年	上元元年
廢南陽節度使升襄陽防禦使爲山南東道節度使領襄鄧隋唐安均房金商九州治襄州			
		置興鳳二州都團練守捉使治鳳州	
置荊南節度亦曰荊澧節度領荊澧朗郢復夔峽忠萬歸十州治荊州升夔州防禦爲夔峽節度使	廢夔峽節度使	置澧朗溆都團練使治澧州以夔峽忠歸萬五州隸夔州	廢澧朗溆都團練使荊南節度使兼江南尹荊南節度復領澧朗忠峽四州
更安西曰鎮西			
更劍南節度號西川節度使兼成都尹增領果州以梓遂綿劍龍閬普陵瀘榮資簡十二州隸東川節度			

年							
二年	廢興平節度使置武關內外四州防禦觀察使領州如故		荊南節度增領涪衡潭岳柳邵永道連九州				
寶應元年	金商二州隸京畿罷武關內外四州防禦觀察使						劍南節度增領通巴蓬渠四州尋以四州隸山南西道其後又領松當悉柘翼恭靜環真九州
廣德元年		升山南西道防禦守捉使爲節度使尋降爲觀察使領梁洋集壁文通巴興鳳利開渠蓬十三州治梁州					

二年	永泰元年	大曆元年	二年
荊南節度罷領忠涪二州以衡渾邵永衡五州隸湖南觀察使罷夔忠涪都防禦使治夔州	荊南節度罷領岳州	荊南節度 復領澧朗涪三州	
			鎮西復爲安西其後增領五十七蕃使
		河西節度 徙治沙州	
劍南西川節度復領東川十五州		置邛南防禦使治邛州尋升爲節度使未幾廢置劍南西山防禦使治茂州未幾廢復以十五州還東川節度	

年							
三年							劍南節度 增領乾州
四年							
五年							
六年							
七年							
八年							
九年							
十年							
十一年							
十二年							
十三年							
十四年							

年							
建中元年		升山南西道觀察使為節度使					
二年							
三年							
四年							
興元元年	置金商二州都防禦使	山南西道節度使兼興元尹增領果閬二州					果州隸山南西道
貞元元年	鄧州隸東都畿						
二年							
三年	山南東道節度增領復州						
四年							
五年							

年							
六年				涇原節度使兼領安西四鎮北庭節度			
七年							
八年							
九年							
十年	安州隸奉義軍節度						
十一年							西川節度增領統押近界諸蠻及西山八國雲南安撫使
十二年							
十三年							
十四年							
十五年							

十六年							
十七年							
十八年							
十九年							
二十年							
永貞元年							西川節度增領古州
元和元年							
二年							
三年			涪州隸黔中節度				
四年							西川節度復領資簡二州
五年							
六年							

年	
七年	
八年	
九年	
十年	置唐鄧隋三州節度使治唐州
十一年	廢唐隋鄧節度使是年復置徙治隋州
十二年	廢唐隋鄧節度使以唐隋鄧三州還隸山南東道
十三年	
十四年	山南東道節度增領

	臨漢監牧使					
十五年						
長慶元年						
二年						
三年						
四年						
寶曆元年						
二年						
太和元年						
二年						
三年						
四年						
五年						

年							
六年			廢荊南節度使置都團練觀察使				
七年	山南東道節度罷臨漢監牧使						
八年							
九年							
開成元年							
二年							
三年			復置荊南節度使				
四年							
五年							
會昌元年							
二年							

年						
三年						
四年	廢山南東道節度是年復置					
五年						
六年						
大中元年						
二年			荊南節度復領涪州未幾復以涪州隸黔中			
三年						升秦州防禦守捉使爲秦成兩州經略天雄軍使
四年						

五年	六年	七年	八年	九年	十年	十一年	十二年	十三年
置歸義軍節度使領沙甘瓜肅鄯伊西河蘭岷廓十一州治沙州	秦成兩州經略領押蕃落副使							

年	1	2	3	4	5	6	7
咸通元年							
二年							
三年							
四年					置涼州節度領涼洮西鄯河臨六州治涼州	河鄯西三州隸涼州節度	
五年						升秦成兩州經略天雄軍使爲天雄軍節度觀察處置營田押蕃落等使增領階州	
六年							
七年							
							置定邊軍節度觀察

八年	九年	十年	十一年
處置統押近界諸蠻幷統領諸道行營兵馬制置等使領巂眉蜀邛雅嘉黎七州治邛州			西川節度復領統押近界諸蠻等使又增領管內置制指揮兵馬等使廢定邊軍節度使復以巂眉蜀邛雅嘉黎七州隸西川節度

十二年						
十三年						
十四年						
乾符元年						
二年						
三年						
四年						
五年						
六年						
廣明元年						
中和元年						
二年						置保勝軍防禦使治眉州綿漢二州皆置

	三年	四年	光啓元年	二年	三年
			升金商都防禦使爲節度兼京畿制置萬勝軍等使是年罷節度置昭信軍防禦使治金州		
			升興鳳二州都團練守捉使爲防禦使治鳳州置武定軍節度使治洋州	升興鳳二州防禦使爲感義軍節度使	
防禦使置彭州防禦使					

文德元年	龍紀元年	大順元年	二年	景福元年
賜山南東道節度號忠義軍節度				
感義軍節度增領利州			武定軍節度增領階扶二州	武定軍節度增領果閬二州是年以閬州
成州隸威戎軍節度				
置永平軍節度使領邛蜀黎雅四州治邛州升彭州防禦使爲威戎軍節度使領彭文成龍茂五州治彭州			廢永平軍節度使以邛蜀黎雅四州復隸西川節度使	彭州隸龍

年	一	二	三	四	五	六	七
		隸龍劍節度					劍節度
二年							
乾寧元年							
二年							
三年							
四年		更感義軍節度曰昭武軍節度					
光化元年	升昭信軍防禦爲節度使	蓬壁二州隸武定軍節度使	置貞武軍節度使領澧朗漵三州治澧州				
二年							
三年		巴州置防禦使					
天復元年							

二年	三年	天祐元年	二年	三年
			賜昭信軍節度號戎昭軍節度增領均房二州是年更戎昭軍曰武定軍徙治均州	忠義軍節度復爲山南東道節度廢武定軍節度復以均房二州隸山南東道節度
昭武軍節度罷領利州	置利州節度使		山南西道節度罷領巴渠開三州升巴州防禦使爲渠巴開三州團練觀察使	利州節度增領閬陵榮果蓬通六州更號利閬節度置興文節度使領興文集壁四州治興州
				升夔忠涪防禦使爲鎮江節度使
				文州隸興文節度

四年

唐書卷六十七

珍倣宋版印

唐書卷六十七考證

方鎭表四乾元二年以夔峽忠歸萬五州隸夔州○沈炳震曰疑當作隸澧州

唐書卷六十七考證

唐書卷六十八

宋翰林學士歐陽修撰

表第八

方鎮表

	東川	淮南	江東	浙東	福建	洪吉	鄂岳沔
景雲元年							
二年							
先天元年							
開元元年							
二年							
三年							
四年							
五年							

六年	七年	八年	九年	十年	十一年	十二年	十三年	十四年	十五年	十六年	十七年	十八年

年							
十九年							
二十年							
二十一年					置福建經略使領福泉建漳潮五州治福州		
二十二年					福建經略使增領汀州漳潮二州隸嶺南道經略使		
二十三年							
二十四年							
二十五年							
二十六年							
二十七年							

年							
二十八年							
二十九年							
天寶元年					福建經略使復領漳潮二州		
二年							
三載							
四載							
五載							
六載							
七載							
八載							
九載							
十載					漳潮二州隸嶺南經略使		

十一載	十二載	十三載	十四載	至德元載	二載
					置劍南東川節度使領梓遂綿劍龍閬普陵瀘榮資簡十二州治梓州
				置淮南節度使領揚楚滁和壽廬舒光蘄安黃申沔十二州治揚州尋以光州隸淮西	
					置江東防禦使治杭州

乾元元年	二年	三年
	劍南東川增領昌渝合三州	
	沔州隸鄂岳節度壽州隸淮西節度	
置浙江西道節度兼江寧軍使領昇潤宣歙饒江蘇常杭湖十州治昇州尋徙治蘇州未幾罷領宣歙饒三州副使兼餘杭軍使治杭州	廢浙江西道節度使置觀察處置都團練守捉及本道營田使更領丹陽軍使治蘇州復領宣歙饒三州	
置浙江東道節度使領越睦衢婺台明處溫八州治越州		
改福建經略使爲都防禦使兼寧海軍使		
置洪吉都防禦團練觀察處置使兼莫傜軍使領洪吉虔撫袁五州治洪州置宣歙饒觀察使治宣州	廢宣歙饒觀察使	
	置鄂岳沔三州都團練守捉使治鄂州	

年							
四年							
五年							
六年							
七年							
八年							
九年							
十年					漳潮二州隸嶺南經略使		
十一年							
十二年							
十三年							
十四年							
上元元年					升福建都防禦使爲節度使	洪吉觀察使增領信州	岳州隸荊南節度

年							
二年			浙江西道觀察使徙治宣州罷領昇州杭州刺史領防禦使				
寶應元年							
廣德元年							
二年	廢東川節度以所管十五州隸西川節度					洪吉都防禦團練觀察使更號江南西道	
永泰元年		蘄黃二州隸鄂岳節度					升鄂州都團練使爲觀察使增領岳蘄黃三州
大曆元年	復置劍南東川節度使領州如故		浙江西道觀察使罷領宣歙二州			復置宣歙池等州都團練守捉觀察處置使兼采石軍使	

年	1	2	3	4	5	6	7
二年	廢劍南東川節度置都防禦觀察使兼靜戎軍使治遂州尋復置節度使治梓州						
三年							
四年							
五年				廢浙江東道節度使置都團練守捉及觀察處置等使領州如故			
六年	劍南東川節度罷領昌州				廢福建節度使置都團練觀察處置使		
七年							

年							
八年							
九年							
十年	劍南東川節度復領昌州						
十一年							
十二年			浙江西道觀察使罷領丹陽軍使				鄂州觀察使兼防禦使
十三年							
十四年			合浙江東西道置都團練觀察使	廢浙江東道都團練觀察使以所管州隸浙江西道		廢宣歙池觀察處置團練使	罷鄂州觀察防禦使

建中元年	二年	三年	四年	興元元年
				閬州隸山南西道
	淮南節度增領泗州		置壽州團練使	淮南節度罷領濠壽廬三州升壽州團練使爲都團練觀察使領壽濠廬三州治壽州
分浙江東西道都團練觀察使爲二道	合浙江東西二道觀察置節度使治潤州尋賜號鎮海軍節度			
復置浙江東道都團練觀察使	廢浙江東道都團練觀察使以所管州隸浙江西道			
			升江南西道都防禦團練觀察使爲節度使	
	省沔州		復置鄂州都團練觀察使復領沔州	

年							
貞元元年						廢江南西道節度使復置都團練觀察使	
二年							
三年			分浙江東西爲二道復置浙江西道都團練觀察使領潤江常蘇杭湖睦七州治蘇州				
四年		淮南節度復領廬壽二州以泗州隸徐泗節度廢壽州都團練觀察使爲團練使	江州隸江西觀察使			江南西道觀察使增領江州	
五年							

六年						
七年						
八年						
九年						
十年						
十一年						
十二年						
十三年						
十四年						
十五年						置安黃節度觀察使治安州
十六年		置舒廬滁和四州都團練使隸淮南節度				

十七年							
十八年							
十九年							賜安黃節度觀察使號奉義軍節度
二十年							
永貞元年							
元和元年							罷奉義軍節度使升鄂岳觀察使爲武昌軍節度使增領安黃二州
二年		淮南節度罷領楚州尋復領楚州升壽州團練使爲都團練使領壽泗楚三州治泗	升浙江西道都團練觀察使爲				

	三年	四年	五年	六年	七年	八年
		資簡二州隸西川節度				
州尋廢都團練使復爲壽州團練使以泗州隸武寧節度楚州隸淮南節度						
鎮海軍節度使		廢浙江西道節度使復置觀察使領鎮海軍使		浙西觀察罷領鎮海軍使		
				宣歙團練使罷領采石軍使		
			罷武昌軍節度使置鄂岳都團練觀察使			

年						
九年						
十年						
十一年						
十二年						
十三年		淮南節度增領光州				鄂岳觀察使增領由州
十四年						
十五年						
長慶元年		淮南節度增領宿州				
二年						
三年						
四年						
寶曆元年						

年							
二年							省泗州
太和元年							
二年							
三年							
四年							
五年							
六年							
七年		宿州隸武寧軍節度					
八年							
九年			復置鎮海軍節度使數日廢既而復置踰月又廢				
開成元年							

二年							
三年							
四年							
五年							
會昌元年							
二年							
三年							
四年							
五年							
六年							
大中元年							復置武昌軍節度使
二年							罷武昌軍節度使
三年							

年	欄一	欄二	欄三	欄四	欄五	欄六	欄七
四年							復置武昌軍節度
五年							
六年							罷武昌軍節度
七年							
八年							
九年							
十年							
十一年							
十二年		淮南節度增領申州未幾復以申州隸武昌軍節度	復置鎮海軍節度使				
十三年			廢鎮海軍節度使置都團練觀察使				

年						
咸通元年						
二年						
三年			置鎮海軍節度使			
四年		淮南節度增領濠州				
五年						
六年						升江南西道團練觀察使爲鎮南軍節度使
七年						
八年			廢鎮海軍節度使			
九年						
十年		濠州隸武寧軍節度				
十一年			置鎮海軍節度使			

年							
十二年							
十三年							
十四年							
乾符元年						廢鎮南軍節度復置江南西道觀察使	
二年							
三年							
四年							
五年							
六年							
廣明元年							
中和元年							
二年							

年	1	2	3	4	5	6	7
三年				升浙江東道觀察使爲義勝軍節度使			
四年							
光啓元年							
二年							
三年				改義勝軍節度爲威勝軍節度			
文德元年	龍州隸威戎節度		置忠國軍節度使治湖州				復置武昌軍節度
龍紀元年			置杭州防禦使			復升江南西道觀察使爲鎮南軍節度使	
大順元年							
二年							

景福元年	二年	乾寧元年	二年	三年	四年	光化元年
置龍劍節度使領龍劍利閬四州					置武信軍節度使領遂合昌渝瀘五州	
賜杭州防禦使號武勝軍防禦使	升武勝軍防禦使爲都團練蘇杭等州觀察使尋廢徙鎮海軍節度使治杭州					
				改威勝軍節度爲鎮東節度		
					升福建都團練觀察處置使爲威武軍節度使	
升宣歙團練使爲寧國軍節度						

二年	三年	天復元年	二年	三年	天祐元年	二年	三年
							龍劍節度罷領閬州
					廢舒廬滁和四州都團練使置光州防禦使		
				廢寧國軍節度使復為都團練觀察使		置歙婺衢睦四州都團練觀察處置使	

四年

唐書卷六十八

珍倣宋版印

唐書卷六十八考證

方鎮表五元和四年廢浙江西道節度使復置觀察使○臣西按舊書本紀二年韓皐已拜浙西觀察使矣不應至四年始廢節度也疑表誤

唐書卷六十八考證

珍倣宋版印

唐書卷六十九

宋 翰林學士歐陽修撰

表第九

方鎮表

	衡州	黔州	嶺南	邕管	容管	桂管	安南
景雲元年						桂州開耀後置管內經略使領桂梧賀連柳富昭蒙嚴環融古思唐龔十四州治桂州	
二年							
先天元年							
開元元年							

二年	三年	四年	五年	六年	七年	八年	九年	十年	十一年	十二年	十三年	十四年

年							
十五年							
十六年							
十七年							
十八年							
十九年							
二十年							
二十一年							
二十二年							
二十三年							
二十四年							
二十五年							
二十六年		黔州置五溪諸州經略使					

年							
二十七年							
二十八年							
二十九年							
天寶元年							
二年							
三載							
四載							
五載							
六載							
七載							
八載							
九載							
							置安南管內經略使

十載	十一載	十二載	十三載	十四年	至德元載
				五溪經略使增領守捉使	
					升五府經略討擊使為嶺南節度使領廣韶循潮康瀧端新封春勤羅潘
				置邕州管內經略使領邕桂橫欽澄賓嚴羅淳瀼山田龍十三州治邕州	
				置容州管內經略使領容白禺牢繡黨竇廉義鬱林湯巖辯平琴十四州治容州	
領交陸峯愛驩長福祿芝武義演武安十一州治交州					

年							
			高思雷崖瓊震儋萬安滕二十二州治廣州				
二載	置衡州防禦使領衡涪岳潭郴邵永道八州治衡州						
乾元元年	衡州防禦使罷領郴州		置韶連郴三州都團練守捉使治韶州	邕州管內經略使兼都防禦使增領羅州			升安南管內經略使為節度使
二年	涪州隸荊南節度使岳州隸鄂岳團練使			升邕州管內都防禦經略使為節度使	容州管內經略使增領都防禦使		
上元元年				廢邕州管內節度使置都防禦經略使	升容州經略都防禦使為觀察使		
二年	廢衡州防禦使廢韶連郴都團練使三州復隸嶺南						

年							
	節度羅潘二州隸邕管觀察使						
寶應元年							
廣德元年							
二年	置湖南都團練守捉觀察處置使治衡州領衡潭邵永道五州治衡州			廢邕州管內都防禦使以所管州隸桂管經略使		置桂邕都防禦觀察招討處置等使增領邕管諸州	改安南節度使爲鎮南大都護都防禦觀察經略使
永泰元年							更鎮南曰安南
大曆元年							
二年							
三年							
四年	湖南觀察使徙治潭	置辰溪巫錦業五州都團練守捉觀察處					

年							
	州	置使治辰州					
五年				復置邕州管內都防禦使		桂管觀察使罷領邕管諸州	
六年							
七年							
八年				邕州管內都防禦使增領桂管諸州		罷桂管觀察使以諸州隸邕管	
九年							
十年							
十一年							
十二年		置黔州經略招討觀察使領黔施夷辰思費溪播南秦珍錦十					

年							
		二州治黔州					
十三年							
十四年							
建中元年					容管觀察使增領順藤二州		
二年					省平琴州		
三年							
四年							
興元元年							
貞元元年		黔州觀察使徙治辰州增領獎溪二州		邕州都防禦使罷領桂管諸州增領潯州		復置桂管經略招討使	
二年							
三年		黔州觀察使復治黔					

年							
		州					
四年							
五年							
六年							
七年						桂管經略使罷領招討使	
八年							
九年							
十年							
十一年							
十二年							
十三年							
十四年							

十五年	十六年	十七年	十八年	十九年	二十年	永貞元年	元和元年	二年
							嶺南節度復領潘辯二州	
						省瀼田山三州	邕州管內都防禦觀察經略使增領懷遠軍使嚴州隸容管觀察使羅州隸嶺南節度	
							辯州隸嶺南節度嚴州隸桂管觀察省湯州	
							桂管經略使增領嚴州	

年							
三年		黔州觀察增領涪州					
四年							
五年							
六年							
七年							
八年							
九年							
十年							
十一年							
十二年							
十三年							
十四年							
十五年				廢邕管經略使			

年						
長慶元年						
二年				復置邕管經略使		
三年						
四年						
寶曆元年						
二年						
太和元年						
二年						
三年						
四年						
五年						
六年						
七年						

八年	九年	開成元年	二年	三年	四年	五年	會昌元年	二年	三年	四年	五年	六年

年	1	2	3	4	5	6
大中元年						
二年		涪州隸荊南節度未幾復隸黔州觀察				
三年						
四年						
五年						
六年						
七年						
八年						
九年						
十年						
十一年						
十二年						

十三年	咸通元年	二年	三年	四年	五年	六年
			分嶺南節度爲東西道改嶺南節度爲嶺南東道節度			
	邕管經略使增領容管十一州尋皆罷領		升邕管經略使爲嶺南西道節度使增領蒙州			
	廢容管觀察使以所管十一州隸邕管經略使未幾復置領州如故					

年							
七年							升安南都護爲靜海軍節度使
八年							
九年							
十年							
十一年							
十二年							
十三年							
十四年							
乾符元年							
二年							
三年							
四年							

年	事
五年	
六年	
廣明元年	
中和元年	
二年	
三年	升湖南觀察使爲欽化軍節度
四年	
光啓元年	改欽化軍節度爲武安軍節度使
二年	
三年	

文德元年	龍紀元年	大順元年	二年	景福元年	二年	乾寧元年	二年	三年
		賜黔州觀察使號武泰軍節度						
							賜嶺南東道節度號青海軍節度	

年	一	二	三	四	五	六	七
四年					升容管觀察使爲寧遠軍節度使		
光化元年		漵州隸武貞軍節度					
二年							
三年						升桂管經略使爲靜江軍節度使	
天復元年							
二年							
三年		武泰軍節度徙治涪州					
天祐元年							

年							
二年							
三年							
四年							

唐書卷六十九

珍倣宋版印

唐書卷六十九考證

方鎭表六上元二年廢韶連郴都團練使○臣酉按韋倫傳代宗初拜倫三州都團練使是代宗時此官尙未廢也疑表誤

大曆八年罷桂管觀察使以諸州隸邕管○臣酉按是年李昌巙拜桂管觀察使至建中二年始遷荊南此時桂管未嘗罷也此疑廢邕管以隸桂管耳

唐書卷六十九考證

珍倣宋版印

西元二〇二〇年十一月一日重製一版

新唐書（附考證）冊三（宋 歐陽修 宋 祁 撰）

平裝十冊基本定價捌仟元正
（郵運匯費另加）

發行人：張敏君
發行處：中華書局
臺北市內湖區舊宗路二段一八一巷八號五樓（5FL., No. 8, Lane 181, JIOU-TZUNG Rd., Sec 2, NEI HU, TAIPEI, 11494, TAIWAN）
客服電話：886-2-8797-8396
公司傳真：886-2-8797-8909
匯款帳戶：華南商業銀行西湖分行
179100026931
印刷：維中科技有限公司
海瑞印刷品有限公司

No. N1054-3

國家圖書館出版品預行編目(CIP)資料

新唐書/(宋)歐陽修, 宋祁撰. -- 重製一版. -- 臺北市 : 中華書局, 2020.11
冊 ;　公分
ISBN 978-986-5512-34-7(全套 : 平裝)

1.唐史

624.101　109016734